flage September 2013

at: Lektoratsbüro Wille – Ulrich Wille
laggestaltung: Jennifer Hellwagner
d Layout: Christine Ibele
und Bindung: CPI – Clausen & Bosse, Leck

78-3-86445-078-5

MIX
Papier aus verantwortungsvollen Quellen
FSC® C083411

enden wir Ihnen unser Verlagsverzeichnis
erlag
Benz-Straße 10
ottenburg
nfo@kopp-verlag.de
4 72) 98 06-0
4 72) 98 06-11

chprogramm finden Sie auch im Internet unter:
p-verlag.de

Deutschland vor dem Kol

1. A

Cop
Kop

Lekt
Ums
Satz
Druc

ISBN

Gerne
Kopp
Bertha
72108
E-Mail
Tel.: (0
Fax: (0

Unser
www.k

Michael Grandt

Deutschland vor dem Kollaps

Warum es zum Staatsbankrott kommen muss!

KOPP VERLAG

Für Marina und Chantal genauso wie für meine Mutter Magda und meinen »Vater« Walter

»Stabile Preise, solide Staatsfinanzen und Soziale Marktwirtschaft sind die tragenden Pfeiler für die Europäische Währungsunion.«[1]

Auszug aus: *Der Euro – Stark wie die Mark*

»Die Politik wird den Euro über Wasser halten, koste es die Deutschen, was es wolle. Unsere Politiker sind unfähig, einen Fehler zuzugeben, und werden bis zum bitteren Ende weitermarschieren.«[2]

Hans-Olaf Henkel, Ex-BDI-Präsident

Was unsere Politiker von US-Präsident Abraham Lincoln (1809–1865) lernen sollten:

»Man kann einen Teil des Volkes die ganze Zeit täuschen und das ganze Volk einen Teil der Zeit. Aber man kann nicht das gesamte Volk die ganze Zeit täuschen.«

»Der Stimmzettel ist stärker als die Kugel.«

»Ihr werdet die Schwachen nicht stärken, indem ihr die Starken schwächt. Ihr werdet denen, die ihren Lebensunterhalt verdienen, nicht helfen, indem ihr die ruiniert, die sie bezahlen.«[3]

Wichtige Vorbemerkung des Autors:

Ich weise darauf hin, dass ich keine Finanzberatung oder Ähnliches ausübe und sich jeder Leser individuell informieren und seine Entscheidungen eigenverantwortlich treffen muss.

Die Angaben in diesem Buch beruhen auf sorgfältigen Recherchen. Einschätzungen, Prognosen und Tipps sind als persönliche Meinungsäußerung und als unverbindliche Informationen anzusehen. Es gilt jedoch zu beachten, dass diese Angaben Änderungen unterliegen. Verlag und Autor können daher keine Haftung für Vollständigkeit und Richtigkeit der Angaben in diesem Buch oder daraus abgeleitete Aktionen übernehmen. Wenden Sie sich für rechtlich verbindliche Empfehlungen an lizenzierte Finanzberater oder andere Institutionen.

Da sich die Ereignisse in der Krise fast stündlich überstürzen, musste ich die Informationen verarbeiten, die bis zum Redaktionsschluss des Buches zur Verfügung standen.

INHALTSVERZEICHNIS

Vorwort 15

1 Die Lage ist hoffnungslos! 19
1.1 So lügen Politiker 19
1.2 Die Welt taumelt am Schuldenabgrund 21
1.3 Einziger Ausweg: der Crash 23

2 Der Euro ist schlecht für Sie! 25
2.1 Deutschland scheitert am Euro 25
2.2 Ein schwacher Euro ist politisch und ökonomisch notwendig 26
2.3 Der Euro trennt mehr, als dass er zusammenbringt 29
2.4 Der »Rettungsschirm« ESM 34
2.4.1 Vorgeschichte: Parlamentarischer Betrug am Sparer – gestern und heute 34
2.4.1.1 Der US-Kongress wird ausgetrickst 34
2.4.1.2 Die Tricks der deutschen Parlamentarier 35
2.4.2 So funktioniert der ESM 37
2.4.3 Es kann nicht sein, was nicht sein *kann* 41
2.5 Sie sind der Zahlmeister Europas und der ganzen Welt 43
2.6 Rettungsschirm jetzt auch für Nicht-Euro-Länder? 45
2.7 Deutschlands Kreditwürdigkeit verschlechtert sich 46
2.8 Gibt es eine Alternative? 48

3 Vorspiel zum Kollaps: Inflation 50
3.1 Inflation oder Deflation? 50
3.1.1 Deflation 50
3.1.2 Inflation 52
3.2 Die Inflationsblase wird immer größer 53
3.3 Der Inflationstrick 55
3.4 So teuer ist das alltägliche Leben 57
3.5 Wie die Inflation Ihr Vermögen auffrisst 58
3.5.1 Auswirkungen einer »schleichenden« (niedrigen) Inflation 59
3.5.2 Eine Inflation ist für »Ältere« noch viel schlimmer 61

3.6 Wer schneidet besser ab: Euro oder D-Mark? 62
3.7 Billiges Geld – der Keim für eine Hyperinflation 63

4 Armut für alle – so will der Staat Ihr Geld abgreifen 66

4.1 Die Mittelschicht stirbt 66
4.1.1 »Garant« des Wohlfahrtsstaates 67
4.2 Held oder Depp Europas? 68
4.2.1 Die Steuer wird besteuert 69
4.3 Was ist Vermögen? 70
4.4 Angriff auf Ihr Erspartes 72
4.4.1 Wir Deutschen haben zu viel Geld 72
4.4.2 Die Bankenunion wird früher oder später kommen – garantiert! 73
4.4.3 Ihre Spareinlagen sind nicht mehr sicher 75
4.4.3.1 Das Merkel-Märchen 75
4.4.3.2 Gemeinsame Einlagensicherung 81
4.4.4 Die Abwertung Ihres Geldvermögens droht 82
4.5 Neue Steuern und Abgaben 83
4.6 Die Wahrheit über die Vermögenssteuer 84
4.7 Immobilienzwangsabgabe und -besteuerung 86
4.7.1 Staatliche Schnüffelei in Ihrem Vermögen 87
4.7.2 Aus der Vergangenheit für die Zukunft lernen 88
4.7.3 Laut Grundgesetz ist eine Enteignung möglich 88
4.7.4 Neue Steuern für Mieter und Immobilieneigentümer? 89
4.8 »CAC«: Enteignung durch die Hintertür 90
4.8.1 An Griechenland wurde es durchexerziert 91
4.8.2 Staatsanleihen sind tickende Zeitbomben 92
4.8.3 So funktioniert die Enteignungsklausel 92
4.8.4 Auch Sie ganz persönlich werden enteignet 93
4.9 Finanzielle Repression 95
4.9.1 »Geheime« Zusatzsteuer 97

5 Wann ist ein Staat bankrott? 99

5.1 Wir stehen vor einer Zeitenwende 99
5.2 Die Kreditwürdigkeit eines Staates 101

5.2.1 Indikatoren zur Messung des Staatenrisikos ... 103
5.3 So kann der Staat seinen Bankrott hinauszögern ... 104
5.4 Die Folgen eines Staatsbankrotts ... 106
5.5 Was Ihnen bei einem Staatsbankrott blühen kann ... 107
5.6 Checkliste: Was Sie jetzt schon tun können ... 109
5.6.1 Bei Abwertung der Währung ... 109
5.6.2 Bei Ihrer Altersvorsorge ... 110
5.6.3 Bei Einschränkung von Bargeldabhebungen/Schließung von Banken ... 111

6 Staatsbankrotte der jüngsten Vergangenheit ... 113
6.1 Russland (1998) ... 113
6.2 Argentinien (2001) ... 117
6.3 Island (2008) ... 121

7 Bankrotte Staaten ... 127
7.1 Griechenland (2009–2013) ... 127
7.1.1 Angela Merkel hat die Deutschen belogen ... 130
7.1.2 Sie haften für andere, die über ihre Verhältnisse gelebt haben ... 131
7.1.3 Hilfen ohne Ende ... 132
7.1.4 Ohne Knete keine Fete – oder doch? ... 133
7.1.5 So wurden und werden die Bürger in Griechenland zur Kasse gebeten ... 136
7.1.6 Schuldenschnitt und Schuldenschnitt? ... 139
7.2 Irland (2012) ... 142
7.2.1 Schulden ohne Ende ... 142
7.2.2 Neue Politikerlügen ... 144
7.2.3 Öffentliche Bankrotterklärung ... 145
7.2.4 Staatlicher Zugriff auf Renten ... 146
7.2.5 Der Musterknabe, der keiner ist ... 147
7.3 Portugal (2012) ... 148
7.3.1 Und täglich grüßt das Murmeltier ... 148
7.3.2 Verfassungsfeindliches Sparprogramm ... 150
7.4 Zypern (2013) ... 151
7.4.1 Reine Gier führte in den Abgrund ... 153

7.4.2 Nachtigall, ick hör dir trapsen 153
7.4.3 Bankensturm 154
7.4.4 Die Zyprer spielten nicht mit 155
7.4.5 »Merkel, stirb!« 156
7.4.6 Katastrophale Langzeitfolgen 158
7.4.7 Die Rettung wurde zur Vernichtung 159
7.4.8 Bankenschließungen sind auch in Deutschland möglich 160

8 Kurz-Check: drohende Staatsbankrotte 162
8.1 Spanien 163
8.2 Ungarn 164
8.3 Slowenien 164
8.4 Belgien 165
8.5 Italien 166
8.6 Großbritannien 166
8.7 Frankreich 167

9 Warum es zum deutschen Staatsbankrott kommen *muss* 169
9.1 »Geschönte Zahlen«: Haushaltstricks 170
9.2 Die Arbeitslosen-Lüge 173
9.2.1 Schöngefärbt, frisiert, gefälscht 174
9.2.2 Aus der Trickkiste 174
9.3 Der Wohlfahrtsstaat vor dem Kollaps 177
9.3.1 Das Rentensystem ist sicher unsicher 177
9.3.1.1 Mogelpackung »Rentengarantie« 179
9.3.2 Als Rentner sind Sie »arm« dran 180
9.3.3 Es ist schlimmer, als Sie denken 182
9.3.4 Billionenbombe Pensionen 183
9.3.5 Ohne staatliche Hilfe geht nichts mehr 184
9.3.6 Der »unsichtbare« Dritte 186
9.4 Die Mittelschicht stirbt 187
9.4.1 Armut für alle! 187
9.4.2 Leben und leben lassen 190
9.5 Schulden ohne Ende 191

9.5.1 Deutschlands Verschuldung nach Sektoren ... 192
9.5.2 Die Schuldenverteilung des deutschen Staates ... 192
9.5.3 Die Entwicklung der Staatsverschuldung ... 193
9.5.4 Staatsschuldenquoten ... 194
9.5.5 Die *ganze* Wahrheit über die deutsche Staatsverschuldung ... 196
9.5.6 Wann der deutsche Staatsbankrott kommt ... 198
9.6 Außen »hui« – innen »pfui«? – deutsche Banken als Risikofaktor ... 199
9.6.1 Deutsche Banken sind bis heute nicht gesund ... 199
9.6.2 Schwache Finanzkraft ... 202
9.6.3 Fazit ... 203
9.7 Der Target-Staatsbankrott ... 204
9.7.1 Schlesingers Gedanken ... 204
9.7.2 Target2: Versteckte Sprengsätze ... 205
9.7.2.1 Ein Beispiel, wie das (heutige) Target2-System funktioniert ... 205
9.7.3 Gefährliche Schieflagen ... 206
9.7.4 Deutschland sitzt in der Falle ... 207
9.7.5 Der Target-Staatsbankrott ... 208
9.8 Der Staatsbankrott rückt immer näher ... 209
9.8.1 Herr Hase und Herr Igel ... 210
9.8.2 Checkliste: Warum es zu einem deutschen Staatsbankrott kommen muss ... 212
9.8.3 Am Ende zahlen immer Sie! ... 213

10 Vorsicht Währungsreform! ... 215
10.1 Was ist eine Währungsreform? ... 216
10.2 Live: Währungsreformen in Deutschland ... 216
10.2.1 Von der Reichsmark zur D-Mark (1948) ... 217
10.2.2 D-Mark für alle (1990) ... 222
10.2.2.1 Auszüge aus dem »Gesetz zur Währungsunion« ... 228
10.2.2.2 Aus Planwirtschaft wird Marktwirtschaft ... 229
10.2.3 Der »Teuro«-Euro (2001) ... 234
10.2.3.1 »Mr. Euro« ... 234
10.2.3.2 Eine kurze Chronik des Euro ... 236
10.3 Checkliste: Warnindikatoren einer Währungsreform ... 242

10.4 Wie eine Währungsreform ablaufen kann ... 243
10.4.1 Währungsreform: Was passiert mit Ihrer Lebensversicherung? ... 246
10.5 Was Sie von vergangenen Währungsreformen lernen können ... 248

11 Machen Sie keine Schulden! ... 250

12 Was tun, wenn Ihre Bank Pleite macht? ... 255
12.1 Die Einlagensicherungssysteme ... 255
12.2 Wie Ihre Anlagen »geschützt« sind ... 256
12.2.1 Was Sie bei einem eigenen Tresor beachten müssen ... 257
12.3 Eine Sicherung, die keine ist ... 259

13 So schützen Sie sich vor dem Deutschland-Kollaps! ... 260
13.1 Wie Ihr Vermögen überleben kann ... 260
13.2 Geld- oder Sachwert? ... 261
13.2.1 Geld entsteht aus Schulden ... 261
13.2.2 Sachwert schlägt Geldwert ... 263
13.3 First: Risikoabsicherung ... 264
13.4 Sicherheit statt Zocken ... 265
13.5 Krisenmodul 1: Konjunkturunabhängige Aktien ... 266
13.5.1 Aktie ist nicht gleich Aktie! ... 267
13.5.2 Aktien und Währungsreform ... 268
13.6 Krisenmodul 2: Edelmetalle ... 270
13.6.1 Gold ist Gold ... 270
13.6.2 Gold als Altersvorsorge? ... 273
13.6.3 Silber, das Gold des kleinen Mannes ... 275
13.6.4 Gold oder Silber? ... 278
13.6.5 Edelmetalle und Währungsreform ... 279
13.6.6 Warum ich *nicht* an ein Goldbesitzverbot glaube ... 281
13.7 Krisenmodul 3: Anleihen ... 283
13.7.1 Norwegische-Kronen-Anleihen ... 284
13.7.2 Schweizer-Franken-Anleihen ... 285
13.7.3 Australischer-Dollar-Anleihen ... 285

13.7.4 Neuseeland-Dollar-Anleihen ... 285
13.8 Krisenmodul 4: Immobilieninvestments ... 286
13.9 Krisenmodul 5: Fremdwährungen ... 290
13.9.1 Schweizer Franken ... 291
13.9.2 Norwegische Krone ... 291
13.10 Krisenmodul 6: Rohstoffe ... 292
13.10.1 Öl ... 294
13.10.2 Bergbau- und Minenunternehmen ... 295
13.11 Zusammenfassung: Ihr Krisenvorsorge-Portfolio ... 296
13.12 Vergessen Sie sich selbst nicht! ... 297
13.12.1 Auch Sie selbst bringen »Rendite«! ... 297
13.12.2 Bleiben Sie gesund! ... 299

14 Ausblick ... 301

Quellen ... 305

VORWORT

Liebe Leser,

gleich zu Beginn des Buches möchte ich zwei absolut provokante Behauptungen aufstellen:

❶ **Deutschland droht der Kollaps, das heißt: der Staatsbankrott.**

Und:

❷ **Wir brauchen den Crash.**

Ja, Sie haben richtig gelesen – und beide Thesen kann ich auch belegen. Denn es gibt eine Vielzahl von Indizien, die genau dafür sprechen. Aber leider werden diese in unserer Mainstreampresse verschwiegen oder gehen im »Party-DSDS-GZSZ-Trubel« unter. Schon in meinem Buch *Der Staatsbankrott kommt!* habe ich Hunderte von Belegen für meine Thesen angeführt. Seither sind mehr als drei Jahre vergangen und die Lage ist heute noch viel schlimmer als damals beschrieben.

Vielleicht fragen Sie sich – völlig zu Recht –, warum sollen Sie ausgerechnet dem Autor Michael Grandt vertrauen? Ich weiß, viele »Propheten« tummeln sich am Markt, die alle mehr oder weniger etwas zu diesem Thema zu sagen haben. Aber es darf für Sie nicht wichtig sein, was diese »Experten« *verkünden,* sondern ob das, was sie prognostizierten, auch wirklich *eingetroffen* ist. Nur so können Sie seriöse Experten von unseriösen Quacksalbern unterscheiden. Denn schließlich vertrauen Sie ja auch diesen Leuten und richten Ihre Lebens- und Finanzstrategie nach deren Prognosen aus. In diesen schwierigen Zeiten ist es also wichtig, sich auf jemanden verlassen zu können.

Deshalb ein paar persönliche Worte zu mir: Ich bin nicht nur Autor und Journalist, der 25 Bücher und über 1200 Artikel geschrieben hat, sondern auch ausgebildeter Vermögensberater. Ich habe viele hundert Privatleute und Unternehmer in finanziellen Dingen beraten und ihnen geholfen. Sehen Sie in mir deshalb keinen Theoretiker, der die Finanzwelt nur im Hörsaal zu *kennen glaubt,* sondern jemanden, der jahrzehntelange *praktische* Erfahrung besitzt und die Sorgen und Nöte der Menschen *kennengelernt* hat. Aufgrund dessen werden Sie in diesem Buch **von Beginn** an viele **Praxistipps** von mir bekommen. In Kapitel ➔ **5.6** erläutere ich Ihnen zusätzlich, was Sie im Vorfeld gegen den drohenden Staatsbankrott unternehmen können. In Kapitel

➛ **10.5** erfahren Sie, was Sie von den vergangenen Währungsreformen lernen können, in Kapitel ➛ **11,** warum Sie in diesen schwierigen Zeiten keine Schulden machen sollten, in Kapitel ➛ **12,** was Sie tun können, wenn Ihre Bank Pleite macht, und im umfangreichen Kapitel ➛ **13,** wie Sie sich gegen den Deutschland-Kollaps schützen können und welches »Krisen-Portfolio« einen Sinn ergibt.

Zusätzlich erfahren Sie:

- Wie Ihr Vermögen überleben kann
- Warum Sachwerte wichtiger sind als Geldwerte
- Was eine Aktie krisenresistent macht
- Wieso Gold als Altersvorsorge geeignet ist
- Warum Anleihen ein wichtiger Krisenschutz sind
- Wie Sie sich mit Fremdwährungen gegen den Crash wappnen
- Warum Immobilien und Rohstoffe wichtige Krisenschutzbausteine darstellen
- Weshalb Sie Ihre Gesundheit und Qualifikation nicht vergessen sollten
- und vieles mehr.

Meine vielen Vorhersagen, für die ich vom Mainstream fälschlicherweise oft als »Crashprophet« oder »Verschwörungstheoretiker« abgetan wurde, sind (fast) alle eingetroffen. Hier einige Beispiele:

► Bereits im **Februar 2009** habe ich in meinem Buch *Der Crash der Lebensversicherungen*[4] geschrieben, dass das Modell der **Lebensversicherungen** auf wackligen Beinen steht, da die Kapitalanlagestrategien der Assekuranz höchst risikoreich sind. Damals interessierte sich niemand für meine Analyse. **Vier Jahre später** ist das Thema auch bei den Mainstreammedien angekommen. Sogar die BaFin (Bundesanstalt für Finanzdienstleistungsaufsicht) moniert jetzt die Kapitalausstattung und die Investitionen der Versicherer.

► Schon im **August 2009** habe ich vor der Unrentabilität der **Riesterrenten** gewarnt.[5] Auch das war damals kein großes Thema. **Vier Jahre später** will selbst die Regierung nachbessern.

► Dass unsere **privaten Krankenversicherungen** »krank« sind, enthüllte ich schon im **September 2009.**[6] Das wurde größtenteils ignoriert. Erst seit dem Jahr **2013** ist das ein Thema in den Mainstreammedien.

► Dass **Betriebsrenten** nicht mehr sicher sind, schrieb ich im **September 2009** und »Angst um **Pensionskassen**« im Juli **2011.**[7] Wieder Stillschweigen. **Heute** zeigt sich, dass viele Unternehmen große Probleme mit den Rückstellungen für diese Altersvorsorge haben.

Meine Vorhersagen in Bezug auf verschiedene EU-Länder:

- Spanien-Abstufung: **26 Monate zuvor.**
- Griechenland vor dem Staatsbankrott: **24 Monate zuvor.**
- Frankreich verliert seine AAA-Kreditwürdigkeit: **sieben Monate zuvor.**
- Der Irland-Crash: **vier Wochen zuvor.**
- Portugal muss unter den EU-Rettungsschirm: **sechs Monate zuvor.**
- Zypern-Abstufung: **zwölf Monate zuvor.**
- Belgien-Abstufung: **elf Monate zuvor.**
- Italien-Abstufung: **vier Monate zuvor.**
- Slowenien-Abstufung: **sechs Monate zuvor.**
- Österreich-Abstufung: **vier Monate zuvor.**
- Deutschland vor dem Staatsbankrott: **??? zuvor.**[8]

Dabei ist das alles keine Magie, sondern harte Arbeit. Vielfältige Recherchen gehören dazu. Viele Kontakte und Beziehungen sind notwendig. Ebenso ein Netzwerk von Menschen, die an den »richtigen« Stellen sitzen.

Für Sie als Leser dieses Buches bedeutet das: Sie wissen schon **heute,** was **morgen** auf Sie zukommt. Dieser Informationsvorsprung ist entscheidend für Sie, Ihre Familie, Ihre Lebensplanung und Ihre Finanzstrategie.

Sie erfahren viele wichtige Details, die Ihnen bisher vielleicht entgangen sind oder über die Sie wissentlich nicht aufgeklärt wurden. Ich will hinterfragen, Fakten durchleuchten und Aussagen auf ihren Wahrheitsgehalt hin überprüfen. Aber nicht nur Hintergründe und

Zusammenhänge sind mir wichtig, sondern auch Ihr finanzieller Krisenschutz und Ihre Krisenvorsorge. Versprochen ist versprochen!

Mir war eine klare Struktur und gute Leserlichkeit wichtig. Zu Beginn jedes Kapitels erfahren Sie deshalb, was Sie darin erwartet. Hintergründe und Tipps sind ebenso herausgestellt wie Dinge, auf die Sie besonders achten müssen. So erhalten Sie mit einem Blick die wichtigsten Informationen.

Auch in der Vergangenheit hat es Krisengewinner gegeben. Wenn Sie die Tipps und Ratschläge aus diesem Buch umsetzen, können Sie dazu gehören.

Nutzen Sie also Ihren Wissensvorsprung und retten Sie Ihr Vermögen, so lange Sie noch können.

Wir brauchen den Crash! Erst danach wird es uns und unseren Kindern wieder besser gehen.

Ich wünsche Ihnen und Ihrer Familie für Ihre Zukunft von Herzen alles Gute.

Ihr
Michael Grandt

1 Die Lage ist hoffnungslos!

Was Sie in diesem Kapitel erwartet:

- **So lügen Politiker**
- **Die Welt taumelt am Schuldenabgrund**
- **Es gibt nur einen Ausweg: den Crash**

1.1 SO LÜGEN POLITIKER

Das ist gewiss nicht neu, aber die Häufigkeit der Verstöße mehrt sich in erschreckender Weise: Politiker lügen, was das Zeug hält. Gerade der Euro und die EU scheinen dafür prädestiniert zu sein. Die Palette der Volksbeschwindler ist bunt: von Altbundeskanzler Helmut Kohl über den griechischen Ex-Regierungschef und den Ex-Chef der Euro-Gruppe bis hin zum EZB-Präsidenten und dem Bundesfinanzminister. Hier einige Lügenbeispiele, die enorme Auswirkungen auf die Menschen, ihre Ersparnisse und den Wohlstand in Europa haben:

► **Altbundeskanzler Helmut Kohl** sagte bei der Einführung des Euro im Jahr 2001: »*Dieses Geld wird eine große Zukunft haben.*«

LÜGE!

Die Wahrheit: Die Intelligenz war gegen den Euro, die Dummheit dafür. Das Euro-Währungssystem steht schon elf Jahre nach seiner Installierung vor dem Crash. Der Euro verlor seither 25 Prozent seines Wertes.

► **Der Ex-Chef der Euro-Gruppe, Jean-Claude Juncker,** sagte im März 2010 anlässlich des ersten Griechenland-Hilfspaketes: »*Ich bin* *fest davon überzeugt, dass Griechenland diese Hilfe nie in Anspruch nehmen muss, weil das griechische Konsolidierungsprogramm in höchstem Maße glaubwürdig ist.«*

LÜGE!

Die Wahrheit: Bis heute musste Griechenland schon zweimal gerettet werden. Trotz Milliardenhilfen und Schuldenschnitt steht es immer noch kurz vor dem Staatsbankrott.

► **(Noch-)Bundesfinanzminister Wolfgang Schäuble sagte im Juli 2010:** *»Die Rettungsschirme laufen aus. Das haben wir klar vereinbart.«*

LÜGE!

Die Wahrheit: Mittlerweile ist der »vorübergehende« Euro-Rettungsschirm EFSF durch den permanenten Rettungsschirm ESM ersetzt worden und immer mehr Hilfspakete wurden geschnürt.

► **EZB-Präsident Mario Draghi** sagte im Februar 2011: *»Italien ist kein Risikoland.«*

LÜGE!

Die Wahrheit: Italien ist inzwischen nicht nur ein Euro-Sorgenkind, sondern sogar zu einem Staatsbankrott-Kandidaten geworden.

► **Griechenlands Ex-Regierungschef Giorgos Papandreou** sagte im März 2011: *»Wir werden jeden Cent zurückzahlen. Deutschland bekommt sein Geld zurück – und zwar mit hohen Zinsen.«*

LÜGE!

Die Wahrheit: Nur wenige Monate später kam der Schuldenschnitt. Mehrere Milliarden musste auch die deutsche *Hypo Real Estate* abschreiben, die Griechenland-Anleihen im Wert von rund acht Milliarden Euro besaß. Durch die Verstaatlichung der Bank im Jahr 2009 tragen Sie als deutscher Steuerzahler die Lasten.[9]

An diesen fünf Lügen – und es gibt Hunderte mehr – erkennen Sie, wie weit es mit den Politikern, die das EU-Währungssystem repräsentieren, schon gekommen ist: **Ohne Lug und Betrug geht nichts mehr!**

1.2 DIE WELT TAUMELT AM SCHULDENABGRUND

Die Verschuldung der Staaten und Banken ist das größte globale Problem. Hier einige hard facts zum »Aufwärmen«:

- Seit 1980 hat sich die Verschuldung im Verhältnis zum Bruttoinlandsprodukt in den USA und in Westeuropa mehr als verdoppelt.
- Inflationsbereinigt ist die Verschuldung der privaten Haushalte sechsmal, die der Staaten mehr als viermal und die der Unternehmen dreimal so hoch.
- Die Verschuldung von Staaten, Unternehmen und Privathaushalten ist seit 1980 von 160 Prozent des Bruttosozialprodukts auf mehr als 320 Prozent angestiegen.[10]
- Nach Schätzungen der OECD liegen die ungedeckten Verbindlichkeiten der Staaten bei 400 bis 800 Prozent des BIP.[11]

Achtung!

Daniel Stelter von der *Boston Consulting Group* warnte schon im Frühjahr 2013 im *Handelsblatt: »Die nachfolgende Generation kann diese Last nicht schultern (…) Das Drucken von immer mehr Geld durch die Zentralbanken ist der letzte Versuch, das Unabwendbare aufzuschieben. Dadurch wird der Schaden nur noch größer. Wir alle unterliegen der Illusion, Vermögenswerte zu besitzen, weil Staaten und Notenbanken den offiziellen Bankrott der Schuldner hinauszögern (…) Wir alle werden durch eine Kombination aus Schuldenschnitt, erhöhter Besteuerung und Inflation einen erheblichen Teil unserer Forderungen verlieren.«*[12]

- Der Schuldenüberhang in den USA und in Europa beträgt über zehn Billionen Euro.
- Die USA bereiten sich auf die nächste Krise vor: Die Gesamtverschuldung (also Staat und Privathaushalte) beträgt schon fast 60 Billionen Dollar.[13]
- Auch China, die zweitgrößte Volkswirtschaft der Erde, strauchelt mehr und mehr: Das Wachstum hat sich auf den niedrigsten Stand seit drei Jahren verlangsamt. Seit Juni 2013 gerät sein Bankensystem in immer größere Schwierigkeiten.
- Indien bekommt immer größere Probleme mit seiner Inflation.
- Brasilien und Japan verzeichnen Handelsdefizite.
- Banken sitzen auf Forderungen aus Immobilienmärkten (einschließlich Chinas), deren realer Wert sich zwischen 30 und 50 Prozent des Werts bewegt, mit dem sie diese bilanzieren.
- Ein weiterer Crash der Finanzmärkte und des Bankensektors ist zu erwarten.
- Die Umverteilung von Privatvermögen zur Tilgung von Staatsschulden wird sich beschleunigen.

Aber auch in Deutschland ist die Lage viel schlimmer, als Sie denken. Das werde ich Ihnen insbesondere in den Kapiteln ➛ 4 »Armut für alle – so will der Staat Ihr Geld abgreifen« und ➛ 9 »Warum es zu einem Staatsbankrott kommen *muss*« anhand vieler Fakten näherbringen.

Achtung!

Die *Gesamt*verschuldung beträgt hierzulande rund 12,5 Billionen Euro und setzt sich wie folgt zusammen:
Acht Billionen Euro Staatsverschuldung (implizit und explizit).
1,5 Billionen Euro Privatverschuldung.
Drei Billionen Euro Unternehmensverschuldung.
Noch nicht mit eingerechnet sind dabei die rund **1,2 Billionen Euro** an Garantien, Haftungen und Barzahlungen aufgrund der verschiedenen Euro-Rettungsfonds (mehr dazu im Kapitel ➛ 7.2.1 »Schulden ohne Ende«).

Die Verschuldung von Bund, Ländern und Kommunen wächst inzwischen um **4481 Euro – pro Sekunde!** Jeden Tag nimmt der gesamte Schuldenberg um rund **890 Millionen Euro** zu. Ein trauriger Rekord. Noch nie hat es in Deutschland weniger Schulden als im Vorjahr gegeben. Seit 60 Jahren steigen diese rasant an.

1.3 EINZIGER AUSWEG: DER CRASH

Es sind fünf Parameter, die die globale Lage so hoffnungslos machen und auf die ich in diesem Buch immer wieder eingehen werde:

❶ **Keine Entschuldungen:** Es gibt auch im fünften Krisenjahr keine Entschuldungen. Die vielfältigen Sparbemühungen in den Krisenländern zielen nur darauf ab, keine *neuen* Schulden zu machen. Von echter Schulden*konsolidierung* also keine Spur (siehe ➜ Kapitel 2 »Der Euro ist schlecht für Sie!« und ➜ Kapitel 7 »Bankrotte Staaten«).

❷ **Zu niedriges Wachstum**
Damit die Weltwirtschaft wieder ein gesundes Wachstum generieren kann, müssen die Länder ihre Gesamtverschuldung um 150 Prozent des Bruttoinlandsprodukts verringern. Realistisch ist aber eine jährliche Reduzierung von lediglich zehn Prozent. Ein gesundes Wachstum kann in den meisten Schuldenländern also erst in 15 Jahren generiert werden.

❸ **Der Einnahmen-Ausgaben-Teufelskreislauf**
Um die Verschuldung wieder auf Vorkrisenniveau zu senken, müssen die Staaten ihr Verhältnis von Einnahmen zu Ausgaben um mindestens zehn Prozent in Richtung der Einnahmen erhöhen. Dies wird aber negative Auswirkungen auf die Wirtschaft und einen Rückgang des Sozialprodukts zur Folge haben. Ein Teufelskreislauf. Letzter Ausweg: privates Vermögen abschöpfen (siehe ➜ Kapitel 4 »Armut für alle – so will der Staat Ihr Geld abgreifen«).

❹ **Bewertungen lassen sich nicht halten**
Risiken wie Staatsbankrotte, Währungsreformen, Inflation, Deflation

und geopolitische Gefahren sind auf den Finanzhandelsplätzen noch gar nicht eingepreist. Die Bewertungen auf den Aktienmärkten werden sich auf gegenwärtigem Niveau nicht halten lassen. Grund: Unternehmensgewinne sind an den Verschuldungsgrad gekoppelt. Ein erstes Warnzeichen waren die »kleinen« Aktiencrashs im Juni 2013.[14] Umso wichtiger ist es also, in »krisenresistente« Unternehmen zu investieren (siehe ➔ Kapitel 13 »So schützen Sie sich vor dem Deutschland-Kollaps«).

❺ Krisenbekämpfungsinstrumente versagen
Bisherige wirtschaftspolitische Instrumente zur Krisenbekämpfung wirken nicht mehr: Zinssenkungen und Währungsabwertungen werden bereits durchgeführt. Ihre Wirkung verpufft. Eine höhere Inflation würde die Zinsen von Anleihen erhöhen. Die Belastung für den Schuldendienst der Staaten würde unweigerlich steigen. Rettungspakete sind weitgehend nutzlos, und Sparreformen führen zu Rezessionen (siehe ➔ Kapitel 2 »Der Euro ist schlecht für Sie!« und ➔ Kapitel 10 »Vorsicht Währungsreform!«).

Dies alles spricht *nicht* dafür, dass alles »gut« ist. Im Gegenteil: Neue, noch viel größere Krisen zeichnen sich ab.

Es gibt nur einen Ausweg daraus: den Crash!
Bei diesem Szenario werden wir alle Verluste hinnehmen müssen. Doch es ist *ehrlicher*, dies endlich zuzugeben und auch dementsprechend zu handeln, als dieses Sterben auf Raten hinzunehmen, das auch noch unsere Kinder und Kindeskinder bezahlen werden.

Wie Sie sich richtig auf den Crash vorbereiten, damit Sie nicht *alles* verlieren, zeige ich Ihnen insbesondere in den Kapiteln ➔ 5.6 »Checkliste: Was Sie jetzt schon tun können«, ➔ 10.5 »Was Sie von vergangenen Währungsreformen lernen können«, ➔ 11 »Machen Sie keine Schulden!« und ➔ 13 »So schützen Sie sich vor dem Deutschland-Kollaps!«

2 Der Euro ist schlecht für Sie!

Was Sie in diesem Kapitel erwartet:

- **Deutschland scheitert am Euro**
- **Sie sind der Zahlmeister der ganzen Welt**
- **Warum Deutschland erpressbar ist**

2.1 DEUTSCHLAND SCHEITERT AM EURO

Der Euro ist *nachweislich* **nicht** gut für unser Land. Trotzdem wollen uns Politiker aller Couleur und politisch korrekte »Experten« genau vom Gegenteil überzeugen. Doch die ökonomischen Tatbestände und fiskalischen Gegebenheiten, die ich Ihnen in diesem Kapitel zeige, sind nicht mehr wegzuleugnen.

»Scheitert der Euro, dann scheitert Europa.« Angela Merkels Credo ist zwischenzeitlich als Imperativ in die deutsche Politik eingegangen. Unbelehrbar hält sie an der Illusion fest, dass Europa nur durch eine gemeinsame Währung zusammengehalten werden kann. Auch nach der Bundestagswahl 2013 werden ihre eventuellen »Nachfolger« daran festhalten. Was aber ist mit den anderen europäischen Ländern, die keinen Euro haben? Sind Briten, Schweden und Norweger etwa keine Europäer?

Achtung!
In Wirklichkeit müsste das Statement heißen: »**Deutschland scheitert am Euro.**« Denn das krampfhafte Festhalten an der Währung wird unsere Finanzstabilität auf Jahre hinaus gefährden.

Von Anfang an war klar, dass der Euro nicht funktionieren kann, weil der politischen Einheit keine ökonomische Einheit zur Seite gestellt wurde. Mit der D-Mark hatten wir eine der stärksten Währungen der Welt, mit dem Euro nun eine immer schwächere. Letztlich wird der schwache Euro niemandem nutzen, auch die Ersparnisse in Versicherungen usw. sind dadurch in Gefahr, entwertet zu werden.

Diese grob fahrlässige Missachtung des Maastrichtvertrages wird den Rückhalt des Euro in der deutschen Bevölkerung noch weiter schmälern.

Die Erwartungshaltung nach Einführung des Euro war groß: Die europäische Gemeinschaftswährung sollte ein Bollwerk gegen Inflation, gegen ausufernde Staatsverschuldung und zu viele Markteingriffe des Staates sein. Doch dieses Währungssystem und damit auch die politische Union der europäischen Länder bricht gegenwärtig zusammen wie ein Kartenhaus. Der Traum einer stabilen, allen Krisen strotzenden gemeinsamen Währung und Wirtschaftsunion scheint ausgeträumt zu sein. Europa in dieser Form liegt in den letzten Zügen.

Umso wichtiger ist es für Sie, den Steuerzahler, den »kleinen Mann«, den der Staat auch künftig zur Kasse bitten wird, die Hintergründe der *tatsächlichen* Lage vor allem in Deutschland zu kennen. Diese werde ich Ihnen in diesem Buch schonungslos aufzeigen.

Tipp:
Lassen Sie sich von politischen Schönrednern und windigen Medienvertretern kein X für ein U mehr vormachen. Die Situation ist ernster denn je – denn es ist bereits eine Minute vor zwölf!

2.2 EIN SCHWACHER EURO IST POLITISCH UND ÖKONOMISCH NOTWENDIG

Offiziellen Statistiken zufolge hat der Euro seit seiner Einführung rund ein Viertel seiner Kaufkraft eingebüßt.[15] **Das entspricht einem Wertverlust von rund 25 Prozent in zehn Jahren!**

Aber es kommt noch schlimmer: Der unabhängigste Indikator für die Werthaltigkeit einer Währung ist Gold. Musste man 2002 für eine Unze Gold noch 300 Euro bezahlen, stieg der Preis auf gegenwärtig rund 1000 Euro. Das entspricht also rechnerisch einer Euro-Entwertung gegenüber dem Edelmetall von über 300 Prozent.

Was Inflation und die Verteilung der europäischen Schulden vor allem für Sie als deutschen Steuerzahler bedeuten, dürfte klar sein: Der Euro wird immer weniger wert.

Aber Halt! Der Euro wird doch immer stärker. Das jedenfalls gaukeln Ihnen die Mainstreammedien doch täglich zur besten Sendezeit vor. Lassen Sie sich auch davon nicht beirren. Der Euro wird nur deshalb stärker (wenn er zeitweise stärker wird), weil andere Staaten ihre Währungen gezielt schwächen.

Beispiel Japan: Um seine seit Jahren am Boden liegende Wirtschaft zu stimulieren, betreibt die Regierung in Tokio eine schonungslose Abwertungspolitik. Dadurch wurde der US-Dollar gegenüber dem Yen seit September 2012 bereits um 31 Prozent aufgewertet. Bis Ende 2013 sollen es sogar 40 Prozent sein. Eine Verdopplung der im Umlauf befindlichen Geldmenge soll bis 2015 geschehen und Staatsanleihen im Wert von 410 Milliarden Euro pro Jahr aufgekauft werden. Das Ziel: Durch die Geldschwemme soll Inflation erzeugt werden. Der Staat kurbelt dann mit kreditfinanzierten Konjunkturprogrammen das Wachstum an und will so mehr Steuereinnahmen generieren, die wiederum die Schulden abtragen sollen. Blase soll also Blase bekämpfen.

Beispiel USA: Auch die US-Notenbank *Fed* druckt eifrig Geld. Dadurch wird der Dollar absichtlich geschwächt, um den heimischen Unternehmen die Exporte zu erleichtern.[17] Zwar will Ben Bernanke, der Chef der *Fed,* dies 2014 *vielleicht* ändern, aber das Zuviel an Geld ist im System und wird sich auch nicht so schnell in Nichts auflösen.[18]

Das alles hat natürlich Auswirkungen auf »Ihren« Euro. Die vermeintliche Stabilität ist ein verhängnisvoller Trugschluss. Warum das so ist, erkläre ich Ihnen jetzt.

Noch immer ächzen die EU-Krisenstaaten unter ihren gigantischen Schuldenbergen und leiden unter hoher Arbeitslosigkeit. Das größte Problem dieser Länder ist ihre mangelnde Wettbewerbsfähigkeit. Wie aber soll diese hergestellt werden, wenn der Euro immer wieder zu

Höhenflügen ansetzt? Dadurch verteuern sich die Exporte und bringen die Länder in noch viel größere Schwierigkeiten.

Nicht umsonst mahnte der französische Industrieminister bereits im Februar 2013: *»Der Euro-Kurs ist zu hoch, um die Schwierigkeiten zu lösen.«* Und sein Regierungschef François Hollande ergänzte, der Euro müsse vor »irrationalen Bewegungen« geschützt werden.[20] Zudem mehren sich die Stimmen, dass die EU *dringend* eine *schwache* Währung braucht. Nur so könne die Wettbewerbsfähigkeit verbessert werden. Auch hier Klartext: Steigt der Euro zu stark, *muss* die EZB intervenieren, sonst müssten die Krisenländer mit neuem Geld versorgt werden, um nicht den endgültigen Bankrott erklären zu müssen.

Berechnungen der US-Bank *Morgan Stanley* zeigen, dass die verschiedenen Länder der Euro-Zone jeweils unterschiedliche Wechselkurse benötigen. Für die einen ist er zu stark, für die anderen zu schwach. Ein »fairer« Euro-Kurs für Deutschland entspräche gegenwärtig rund 1,50 US-Dollar, für Griechenland aber nur 1,07 US-Dollar. Selbst für Frankreich ist der Euro zu stark, weil das Land seine Kosten nicht in den Griff bekommt und dadurch immer mehr Weltmarktanteile verliert. Auch Frankreich will einen schwachen Euro, um den Reformdruck zu mindern. Das kann im Extremfall sogar zum Kollaps des Papiergeldsystems führen.[21]

Achtung!

Hans-Olaf Henkel (ehemaliger BDI-Präsident) erkannte das Dilemma schon vor längerer Zeit: *»Der Euro ist zu stark für den Süden, zu schwach für den Norden.«*[22]

Ein schwacher Euro ist also im Interesse der Politik und der Europäischen Zentralbank. Ja, mehr noch: Ein schwacher Euro *muss* sein, um die EU samt ihren Krisenländern wettbewerbsfähig zu halten. Dass dadurch Ihr Vermögen entwertet werden, schert niemand. Die verzweifelte Maxime der Regierungen lautet jetzt: Lieber einen schwachen Euro, als gar keinen mehr. Sie und Ihr Vermögen aber bleiben dadurch mittelfristig auf der Strecke.

2.3 DER EURO TRENNT MEHR, ALS DASS ER ZUSAMMENBRINGT

Trotz allem halten unbelehrbare Politiker an der Illusion fest, dass Europa nur durch eine gemeinsame Währung zusammengehalten werden kann. Der Euro sei gut für Deutschland, denn ohne ihn würde es unserer heimischen Industrie viel schlechter gehen. Ohne die Gemeinschaftswährung wäre die D-Mark so stark geworden, dass unsere Exporteure große Schwierigkeiten hätten, ihre Produkte ins Ausland zu verkaufen.

Achtung!
Die *größte* Politlüge: Deutschland ist ein Profiteur des Euro.

Doch genau das Gegenteil ist der Fall! Die gemeinsame Währung trennt mehr, als dass sie zusammenbringt. Denn die Probleme sind einfach zu unterschiedlich, als dass man sie mit einem engen Währungskorsett lösen könnte, in dem die einzelnen Staaten quasi »ersticken«. Sehen Sie selbst:

Fakt 1: Die Währungen und Volkswirtschaften von Nicht-Euro-Ländern sind stabiler

- Auf der Liste der 20 finanzschwächsten Nationen der Welt stehen schon sechs von 16 Staaten aus der Europäischen Währungsunion.
- Das Wirtschaftswachstum des Euro-Verweigerungslandes Schweden stieg seit 1997 im Durchschnitt um 2,5 Prozent; beim Nicht-EU-Mitglied Norwegen waren es 2,2 Prozent. Deutschland als größte Ökonomie und Wirtschaftsmotor der EU kam gerade mal auf kümmerliche 1,3 Prozent.[23]
- Obwohl die Zinsen in der Europäischen Währungsunion immer weiter gesunken sind und damit auch die Finanzierungskosten für die einzelnen EU-Staaten, ist deren Schuldenquote seit 1997 nie merklich zurückgegangen.[24]
- Die Europäische Währungsunion lädt förmlich dazu ein, höhere

Schulden zu machen, und erweist sich immer mehr als Risikogemeinschaft.

- Für Ratingagenturen wird die Mitgliedschaft in der Euro-Zone immer mehr zu einem Faktor der Schwäche, da die einzelnen Länder entgegen dem Maastrichter Vertragstext für die Schulden anderer haftbar gemacht werden.

Fazit: Die europäischen Länder ohne Euro stehen bei den Kennzahlen Verschuldung, Wirtschaftswachstum, Währungsstabilität und Börsenentwicklung besser da.

Fakt 2: Deutschland ist *der* Zahlmeister der EU

- 28 Notenbanken bringen insgesamt 5,7 Milliarden Euro für die EZB auf. Davon zahlt Deutschland allein rund ein Fünftel und ist damit mit Abstand der größte Kapitalgeber.[25]
- Die EU hat rund 31 Prozent IWF-Quote. Der IWF wiederum gibt *ebenfalls* Kredite an die maroden EU-Staaten. Deutschland muss auch hier rund ein Fünftel des europäischen Beitrags[26] übernehmen, und zwar *zusätzlich* zu den Rettungsschirmmaßnahmen. Dies alles wäre *ohne* EU für den deutschen Steuerzahler um einiges günstiger.
- Die Bundesbank hat den peripheren Ländern in den letzten vier Jahren insgesamt 390 Milliarden Euro zu einem *negativen* Realzins geliehen.[27]
- Deutschland zahlt seit Gründung der EU *mehr* ein, als es wieder zurückerhält. Rund acht Milliarden Euro jährlich (Rückflüsse bereits abgezogen) stehen auch hier auf der Rechnung der deutschen Steuerzahler.[28]

Fazit: Der britische Europa-Investmentchef von *Allianz Global Investors* brachte es auf den Punkt: »*Europa ist ein einfaches Spiel: 27 Nationen sind dabei, am Ende zahlen immer die Deutschen.*«[29]

Fakt 3: Deutschland hat nicht vom Euro profitiert

- Kapitalabflüsse in die maroden EU-Länder haben das Zinsniveau für den deutschen Mittelstand hochgehalten.[30]

- Knapp *eine* Billion Euro flossen von Deutschland zur Bezahlung der Leistungsbilanzdefizite anderer EU-Staaten. Diese konnten demnach *nicht* in die eigene Volkswirtschaft investiert werden.[31] Allein dies macht *jenseits* aller Euro-Rettungsmaßnahmen jährlich rund 150 Milliarden Euro aus.[32]
- Die Exporte gehen zu weniger als der Hälfte in die Euro-Zone, der Rest auf den übrigen Weltmarkt.[33] Die Exporte in die EU-Länder sind trotz der dort zu erzielenden Inflationsgewinne annähernd konstant geblieben.[34]
- Was nützt alle Exportfähigkeit, wenn sich die Käufer im Ausland die Waren nicht leisten können? Untersuchungen zeigen, dass die deutschen Exporte um zwei Prozent ansteigen, wenn sich das BIP des jeweiligen »Käuferlandes« um ein Prozent erhöht. Aber unsere EU-Handelspartner leiden fast alle unter einer Rezession. Daher ist der Anteil der deutschen Exporte in die anderen Länder der Euro-Zone seit der Einführung des Euro von 46 auf 40 Prozent aller Exporte gefallen. Dadurch wurde das Investitionsniveau auf den niedrigsten Stand aller EU-Länder gesenkt.[35]
- Das Geld für die Euro-Rettungsmaßnahmen, die ein Volumen von Hunderten von Milliarden Euro in Form von Garantien und Bareinlagen umfassen, von dem Deutschland (bisher) 22 Milliarden zur Verfügung gestellt hat, steht für soziale Zwecke oder Investitionen in die Realwirtschaft *nicht* mehr zur Verfügung.[36]
- *Auch* deshalb ist unser Wachstum wohl seit der Einführung des Euro gesunken. Betrug die Veränderung des preisbereinigten Bruttoinlandsprodukts von 1960 bis 2001 im Durchschnitt noch 2,9 Prozent, erreichte sie seither nur noch magere 0,7 Prozent.[37]
- Die Lohnstückkosten sind in Deutschland seit 1998 nahezu konstant geblieben und seit 2000 sogar gesunken.[38] In den Problemländern stiegen sie,[39] d.h. deutsche Arbeitnehmer verdienten weniger, damit unser Land wettbewerbsfähiger blieb. Im Klartext: Die deutschen Löhne sind auf den Stand von vor 20 Jahren zurückgefallen.[40]

Hintergrund:

Der Lohnstückkostenanstieg zwischen 2000 und 2010 (in %):

- **Deutschland: 0,5**
- Griechenland: 3,2
- Italien: 2,9
- Spanien: 2,7
- Rumänien: 14,6[41]

In Frankreich betragen die realen Stückkosten Anfang 2013 +2,7 Prozent, in Deutschland –3,1 Prozent.[42]

- Durch die fehlende Aufwertung, wie sie früher bei der D-Mark angewandt wurde, entgeht den Deutschen ein Kaufkraftgewinn, durch den sie sich ansonsten mehr Güter und Dienstleistungen hätten leisten können und so die Massenkaufkraft erhöht hätten. Jetzt hingegen *sinkt* die Kaufkraft der breiten Bevölkerung.[43]

Achtung!

In der Europäischen Wirtschafts- und Währungsunion sind 17 Regierungen, 15 Sprachen, 17 Kulturen, 17 Ökonomien, 17 Rechtssysteme existent, aber nur eine *einzige* Währung. **Das ist in etwa so, als hätte Deutschland eine Währungsunion mit Ägypten.** Das kann nie funktionieren.[44]

Fakt 4: Andere EU-Länder haben profitiert

- Neu-EU-Länder, die bisher zweistellige Zinsen für ihre Kredite bezahlen mussten, konnten nun damit rechnen, dass sie bei Neuverschuldung nur die niedrigen Zinsen der wirtschaftlich stärkeren EU-Ländes zahlen mussten, was ihre Haushalte stark entlastete.[45]
- Die niedrigen Zinsraten entlasteten die Länder auch bei der Begebung von Staatsanleihen oder bei betrieblichen Investitionen. Diese »Euro-Dividende« bzw. dieses Zinsgeschenk ist aber *nicht*

zur Tilgung der jeweiligen Staatsschulden verwendet worden, sondern zu einer weiteren exzessiven Verschuldung.[46]
- In den ersten zehn Jahren nach der Euro-Einführung haben vor allem die Südländer vom Wirtschaftswachstum profitiert.[47]

Noch mehr Fakten:
- Die hohe Verschuldung gefährdet Arbeitsplätze: Seit Anfang 2013 kann Deutschland wesentlich weniger Waren in die EU-Länder verkaufen, weil diese durch hohe Verschuldungen immer weniger importieren können.
- Niedrige Zinsen und höhere Inflation: Deutschland hatte vor dem Euro 2002 den höchsten Realzins (Zins unter Berücksichtigung der Inflation), weil eben die deutsche Inflation niedriger war als in anderen EU-Ländern. Seit der Einführung des Euro ist das genau umgekehrt. Keine Deflation, sondern Inflation ist Realität.

Hintergrund:
Lassen Sie sich von dem Argument »Europa braucht den Euro« nicht täuschen. **Europa besteht aus 51 Ländern, aber nur 17 haben den Euro.**[48] Kein Grund zur Panik also.

- Der Euro macht andere Länder reicher: Das durchschnittliche, verfügbare Pro-Kopf-Einkommen der Deutschen stieg von 1998 bis 2011 um fast sieben Prozent. Das in Spanien allerdings um 13 Prozent. In Großbritannien und Frankreich sogar um mehr als 18 Prozent. Die Menschen anderer EU-Staaten sind seit der Einführung des Euro reicher geworden als wir Deutschen.
- Jeder Deutsche hat – statistisch gesehen – durch die Umstellung auf den Euro 700 DM an Vermögen verloren. Jeder Franzose hingegen hat mehr als 1000 DM gewonnen.[49]
- Von einem homogenen Wirtschaftsraum ist Europa weiter entfernt als vor Einführung des Euro. Allein das illustriert, warum der Euro nicht überleben wird.

Achtung!
Die EU und der Euro sind ein Schwindelsystem zur Entschuldung der Bürger. Die europäische Gemeinschaftswährung kann nur noch durch Lug und Betrug und durch permanenten Rechtsbruch zusammengehalten werden.

Fazit: Ohne die Exportüberschüsse und Leistungsbilanzstärke Deutschlands, was es zum größten europäischen Geberland macht, wäre die Konstruktion der Währungsunion nicht möglich gewesen.

2.4 DER »RETTUNGSSCHIRM« ESM

2.4.1 Vorgeschichte: Parlamentarischer Betrug am Sparer – gestern und heute

Was haben die Installierung der amerikanischen *Federal Reserve Bank* und die bundesdeutsche Gesetzgebung zum ESM/Fiskalpakt gemeinsam? Vieles! In beiden Fällen wurden Sparer und Steuerzahler betrogen, und zwar in einer Weise, die sich erschreckend ähnelt.

2.4.1.1 Der US-Kongress wird ausgetrickst

Falls Sie es noch nicht wissen: Die US-Notenbank *Federal Reserve (Fed)* befindet sich seit dem Jahr 1913 im Privatbesitz von mächtigen Bankiers.

Tipp:
Die Gründung der *Fed* und das *Federal-Reserve-Bank*-System beschreibe ich *sehr* ausführlich in meinem Buch *Der Staatsbankrott kommt!*[50]

Mit dem *Federal Reserve Act* gelang es einer Clique von Geldmagnaten, eine private Zentralbank zu installieren. Die *Fed* konnte Geld für Darlehen praktisch aus dem Nichts heraus drucken und gegen Zinsen an die Regierung verleihen sowie die nationale Geldmenge kontrollieren.

Die *Fed* ist bis heute keine Institution der amerikanischen Regierung, sondern eine unabhängige Gesellschaft in Privatbesitz, bestehend aus zwölf regionalen *Federal-Reserve*-Banken.

Die *JPMorgan Chase & Co.* ist die größte US-Bank, gefolgt von der *Citigroup*, die gleichzeitig der Eckpfeiler des Rockefeller-Imperiums ist. Beide Banken sind darüber hinaus auch die zwei größten Anteilseigner der *Federal Reserve of New York*, die wiederum im ganzen *Fed*-System die Aktienmehrheit besitzt.

Aber wie konnte es dazu kommen, dass eine kleine Clique von Privatbankiers die Kontrolle über die nationale amerikanische Währung erlangte und die Regierung quasi von sich abhängig machte? Hier die Tricks:

- Drei Tage vor Heiligabend 1913 wurde der Gesetzesentwurf in den Kongress eingebracht. Zu jener Zeit trafen die Abgeordneten bereits Vorbereitungen für ihren Weihnachtsurlaub.
- Der Antrag war so umständlich formuliert, dass nur wenige dessen Inhalt wirklich verstanden.
- Am 22. Dezember 1913 wurde der Gesetzesantrag schließlich im Abgeordnetenhaus mit 228 zu 60 Stimmen und im Senat mit 43 zu 23 Stimmen verabschiedet.
- Bereits am nächsten Tag wurde das Gesetz von Präsident Wilson unterzeichnet und erhielt Gesetzeskraft.[51]

2.4.1.2 Die Tricks der deutschen Parlamentarier

Der europäische Rettungsschirm ESM (Europäischer Stabilitätsmechanismus) und der Fiskalpakt, durch die der deutsche Steuerzahler mit vielen hundert Milliarden Euro für die Schulden anderer europäischer Länder haftet, wurde am 29. Juni 2012 ebenfalls in einer Nacht-und-Nebel-Aktion verabschiedet.[52] Die Vorgehensweise erinnert stark an die Tricks, mit denen die *Federal Reserve* einst installiert wurde.

Hier die Parallelen:

- Die Gesetze waren so umfangreich und umständlich formuliert, dass nur wenige deren Inhalt wirklich verstanden. Es handelte sich dabei um 15 fachlich komplizierte englischsprachige Dokumente mit einem Umfang von 92 Seiten.
- Der Bundestag wurde viel zu spät informiert, konnte keinen Einfluss mehr nehmen, sondern nur noch abnicken.
- Der Bundestag verabschiedete die Gesetze von historischer Bedeutung einen Tag vor der Sommerpause. Viele Bundestagsabgeordnete saßen bereits auf gepackten Koffern.
- Die zweite und dritte Lesung zu den Vertragsgesetzen wurden im Galopp zwischen 17 und 21 Uhr durchgepeitscht, obwohl dazwischen normalerweise Wochen liegen.
- Der Bundesrat entschied gleich anschließend, ohne die übliche dreiwöchige Beratungsfrist einzuhalten, wie es das Grundgesetz vorsieht.[53]

Am 12. September 2012 lehnte das Bundesverfassungsgericht Eilanträge wütender Kläger gegen die deutsche Ratifizierung des ESM ab. Die Anhörung im Hauptverfahren fand am 11. und 12. Juni 2013 statt. Kurz zuvor warnte der deutsche EZB-Direktor Jörg Asmussen vor dem gerichtlichen Stopp des Anleihekaufprogramms durch die Europäische Zentralbank. Dies »hätte erhebliche Konsequenzen«, sagte er. Finanzminister Wolfgang Schäuble unterstützte ihn dabei.[54] Für ihn war sowieso klar: Nicht das Verfassungsgericht, sondern der Europäische Gerichtshof (EuGH) müsse sich mit dem Thema beschäftigen. Unter Experten ist man sich jedoch einig, dass der EuGH die Klagen gegen das EZB-Anleihekaufprogramm zurückweisen wird.[55]

In Karlsruhe ging es also nicht mehr primär um den Rettungsschirm, den das Verfassungsgericht bereits im Eilverfahren quasi »genehmigt« hatte, sondern um das Anleihekaufprogramm der EZB. Denn über die Bundesbank kann das Programm, bei dem der deutsche Steuerzahler immerhin mit 27 Prozent haftet, auch auf den Bundeshaushalt durchschlagen. Wird damit also das Budgetrecht des Bundestages ausgehebelt? Verfassungsrichter-Präsident Andreas Voßkuhle sprach jedenfalls von »schwierigen Rechtsfragen«.[56]

Bisher hat die EZB immerhin über 228 Milliarden Euro an Staatsanleihenkäufen getätigt. Und diese teilen sich so auf:

Italien:	47,2 %
Spanien:	20,3 %
Griechenland:	15,6 %
Portugal:	10,5 %
Irland:	6,5 %[57]

Diese 228-Milliarden-Aufkäufe verhindern, dass die Staaten bankrott sind. Die Haftung für den deutschen Steuerzahler ist enorm! Genau darum geht es vor dem Bundesverfassungsgericht.

Der Hammer: Vertreter der Bundesregierung hatten argumentiert, dass Verluste der EZB die deutschen Steuerzahler *nicht direkt* belasten würden und deshalb das Budgetrecht des Bundestages nicht berühren.[58] Clemens Fürst, der Chef des Zentrums für Europäische Wirtschaftsforschung, dazu: »*Das ist ökonomisch falsch.*«[59] **Sie erkennen daran, dass die Bundesregierung sich nicht einmal davor scheut, das Bundesverfassungsgericht in die Irre zu führen!**

Die Entscheidung im Hauptverfahren steht noch aus. Sie wird in den nächsten Monaten erwartet.

Achtung!
Der Konflikt zwischen **Euro** und **Demokratie** wird noch lange nicht zu Ende sein.

2.4.2 So funktioniert der ESM

Viele wissen nicht, wie der »neue« Rettungsschirm ESM funktioniert. Und doch ist es fundamental wichtig, die Hintergründe zu kennen, denn schließlich geht es ja auch um Ihr Geld.

Ursprünglich sollte der ESM 2013 den dann auslaufenden Rettungsschirm EFSF *(European Financial Stability Facility)* ablösen. Doch die

Staats- und Regierungschefs einigten sich Anfang 2012 darauf, den ESM um ein Jahr vorzuziehen. Dadurch bestehen beide Rettungsschirme ein Jahr lang parallel – und auch die deutsche Haftung.

Das Ziel des neuen Rettungsschirms ESM: vor allem jene EU-Staaten zu unterstützen, die mit großen Finanzproblemen kämpfen. Dadurch will man die Euro-Zone als Ganzes stabilisieren.

Der ESM-Vertrag sieht fünf mögliche Varianten von Stabilisierungshilfen vor:

❶ Direkte Kredithilfen an Länder.
❷ Präventive Hilfe durch eine Kreditlinie: Bei Bedarf können Staaten Geld innerhalb des vereinbarten Rahmens abrufen. Das soll das Vertrauen der Investoren stärken.
❸ Kreditgewährung für Banken durch ESM-Darlehen an Staaten, die dann ihren Geldhäusern wiederum Kapitalhilfen gewähren können.
❹ Aufkauf von Staatsanleihen: Der ESM darf Papiere von Euro-Ländern erwerben, wenn diese neu ausgegeben werden (Primärmarkt). Dadurch erhöht sich die Nachfrage, was die Zinsen hochverschuldeter Länder drücken soll.
❺ Der ESM kann auch bereits ausgegebene Staatsanleihen kaufen, die an den Märkten gehandelt werden (Sekundärmarkt).

Hilfen sollen nur gewährt werden, wenn diese »zur Wahrung der Finanzstabilität des Euro-Währungsgebiets insgesamt und seiner Mitgliedsstaaten unabdingbar« sind. Auch hier gibt es Voraussetzungen:

- Die EZB muss prüfen, ob tatsächlich eine Gefahr der Finanzstabilität der Euro-Zone besteht.
- Die EZB muss außerdem prüfen, ob die Staatsverschuldung des Antragstellers tragfähig ist und wie viel Geld das Land tatsächlich benötigt.
- Nur jene Euro-Länder dürfen auf Hilfe hoffen, die sich an die Vorgaben des Fiskalpaktes halten.
- Erst dann entscheiden die Regierungen im sogenannten »ESM-Gouverneursrat« darüber, ob Hilfen gewährt werden.

- Der Gouverneursrat besteht aus den Finanzministern der Mitgliedsländer. Entscheidungen müssen einstimmig fallen. In besonderen Fällen reicht eine Mehrheit von 85 Prozent der Stimmen. Die Stimmen der einzelnen Staaten haben – je nachdem, wie viel Kapital dem ESM zur Verfügung gestellt wird – unterschiedliches Gewicht.
- Wer Unterstützung erhält, muss dafür Gegenleistungen erbringen. Je größer das Hilfspaket, desto härter die Auflagen.
- In Ausnahmefällen können auch private Anleger an den Rettungskosten beteiligt werden. Deshalb müssen seit 2013 neu ausgegebene Staatsanleihen der EU-Länder eine Standardklausel (*Collective Action Clause,* CAC) enthalten. Diese regelt das Verfahren einer möglichen Umschuldung. So soll verhindert werden, dass einzelne Gläubiger eine Einigung in Verhandlungen über neue Zahlungsbedingungen blockieren (➔ siehe Kapitel 4.8 »›CAC‹: Enteignung durch die Hintertür«).

Achtung!

Die ESM-Hilfsmittel können laut Artikel 19 des Vertrags **jederzeit** geändert werden. Beispielsweise für die Einführung direkter Kapitalhilfen an Banken. Dies ist bereits »fast« realisiert. Denn ab Herbst 2014 sollen europäische Banken Kapitalspritzen beim ESM beantragen können. Die Regierungen maroder Länder können sich freuen. Denn so können sie einen nicht unerheblichen Teil ihrer Bankensanierungskosten auf die Euro-Zone abschieben.[60]

Voraussetzung dafür ist die Zustimmung aller Mitglieder des ESM-Gouverneursrates. Für die Bundesrepublik gilt: Bevor Änderungen zugestimmt werden kann, muss dies durch einen Mehrheitsbeschluss des Bundestages genehmigt werden. Doch dieser hat sich bisher immer EU-freundlich gezeigt.

So ist der ESM ausgestattet:

- Stammkapital: 700 Milliarden Euro.
- Davon Kapitalstock: 80 Milliarden Euro.
- Abrufbares Kapital (stille Reserven): 620 Milliarden Euro.

- Dadurch sind Kredithilfen von bis zu 500 Milliarden Euro möglich. **Aber:** Der IWF spricht schon von der Notwendigkeit von zwei Billionen Euro – und auch dieser Betrag würde nur die europäischen Banken, nicht aber die Schuldenstaaten retten.[61]

Achtung!

Steuerzahlertrick: Laut Beschluss der EU-Staaten werden die bereits ausgezahlten oder eingeplanten EFSF-Hilfen für Irland, Portugal und Griechenland in Höhe von 200 Milliarden Euro *nicht* mit den ESM-Mitteln verrechnet. Dadurch steigt die Gesamtsumme möglicher Hilfen des kombinierten Rettungsschirms auf 700 Milliarden Euro. Dazu kommen 49 Milliarden Euro, die die EU aus einem eigenen Topf für die Hilfsprogramme bereitstellt, dem sogenannten EFSM. Weitere 53 Milliarden Euro aus dem ersten Griechenland-Rettungspaket erhöhen die Gesamtsumme der Unterstützung für Euro-Staaten. Insgesamt sind das dann bis zu 800 Milliarden Euro.

- Der Gouverneursrat prüft mindestens alle fünf Jahre, ob das ursprüngliche Stammkapital ausreicht oder aufgestockt werden muss.
- Steuerzahlertrauma: Deutschland ist der größte ESM-Geldgeber.
- Wie viel jedes Land zahlt, richtet sich nach seinem Anteil am Kapital der Europäischen Zentralbank. Deutschland steuert rund 27 Prozent des Geldes bei. Für den Aufbau des Kapitalstocks sind das 22 Milliarden Euro. Das abrufbare Kapital beträgt weitere 168 Milliarden Euro.

Achtung!

Die Obergrenze für die deutsche Haftung summiert sich auf 190 Milliarden Euro. Aber lassen Sie sich auch davon nicht beirren, denn diese Grenze kann durch die Zustimmung des Bundestages **jederzeit** aufgehoben werden.

- Um die Hilfsmaßnahmen zu finanzieren, wird sich der ESM selbst Geld an den Kapitalmärkten leihen. Das Stammkapital soll lediglich der Absicherung dieser Geschäfte dienen.

2.4.3 Es kann nicht sein, was nicht sein *kann*

Der ESM soll also folgende Voraussetzungen erfüllen:

- Top-Rating: Nur damit können Großinvestoren gewonnen werden. Doch die Haftungssummen übersteigen schon längst die Zahlungsfähigkeit.
- Die Euro-Staaten wollen keine weiteren Belastungen mehr auf sich nehmen als die bisher eingegangenen. Schon die waren kaum zu rechtfertigen.
- Die Ausleihkapazität soll durch einen zusätzlichen Bankenrettungsschirm nicht beeinträchtigt werden. Anders ausgedrückt: Kein weiteres Geld mehr hineingeben, aber gleichzeitig Banken und Staaten mit demselben Geld retten wollen, das schon für eine der Aufgaben nicht ausreicht. Damit bewegen wir uns endgültig im Bereich der Wolkenkuckucksheime.

Achtung!

Die Wahrheit ist: **Der ESM ist eine vollkommen sinnlose Veranstaltung.** Bildlich gesprochen eine viel zu kleine Decke, die in eiskalter Winternacht nur entweder die Füße oder den Bauch bedeckt. Man erfriert in jedem Fall.

Die diversen »Rettungen« werden ständig damit begründet, dass sonst alles zusammenbricht. Aber je länger die Tragödie dauert, desto unerbittlicher frisst sich die Krise ins Herz der EU.

Ende Juni 2013 wurde dann klar, dass die *Sparer* sich ebenfalls an Bankenrettungen beteiligen müssen. Die Euro-Finanzminister hatten sich nämlich auf neue Regeln verständigt.[62] Die Bankenrettung soll künftig so funktionieren:

- Zuerst sollen Aktionäre und Gläubiger der jeweiligen maroden Bank zur Kasse gebeten werden.
- Dann werden die unbesicherten »Einlagen von natürlichen Personen, Kleinstunternehmen sowie mittelständischen Unternehmen«, die bei *über* 100 000 Euro liegen, herangezogen. **Die Sparer mit Vermögen über 100 000 Euro werden mit einer Zwangsabgabe von acht Prozent belegt, wenn die Bank gerettet werden muss!**[63]
- Diese Haftungen gelten aber nur bis zu einem Schwellenwert von acht Prozent der Bilanzsumme einer Bank. Jenseits dieser Schwelle dürfen die Regierungen weiterhin selbst entscheiden.
- Sie müssen aber *einen* Teil der verbleibenden Verluste (bis zu einem Schwellenwert von 13 Prozent der Bilanzsumme) aus ihrem *nationalen* Bankenabwicklungsfonds decken.
- Reicht dieses Geld zur Bankenrettung immer noch nicht aus, darf die Regierung das Institut aus ihrem Staatshaushalt rekapitalisieren.
- Ist die Summe aber zu hoch, kann die Regierung beim ESM einen Antrag auf Hilfskredite stellen.
- Die Banken selbst müssen 1,3 Prozent der Summe der gesicherten Spareinlagen von bis zu 100 000 Euro über zehn Jahre hinweg in nationalen Bankenabwicklungsfonds ansparen. Davon entfallen 0,8 Prozentpunkte auf die Bankenabwicklung und 0,5 Prozentpunkte auf die Einlagensicherung.
- Bis Ende 2013 soll diese Richtlinie verabschiedet werden.
- Ab 1. Januar 2014 soll sie in Kraft treten.
- Die Regeln für die Gläubigerbeteiligung sollen erst ab 2018 gelten.
- Das Europaparlament muss diesen Regeln noch zustimmen.[64]

Mit diesen Maßnahmen ist die Haftung der Gläubiger aber immer noch nicht klar geregelt und das Risiko für die Steuerzahler keinesfalls beseitigt.

Achtung!

Doch für mich gibt es überhaupt keinen Grund, warum Bürger für die Schulden der Banken haften sollen. Die Anteilseigner und auch die Gläubiger der Banken sind für die Risiken, die sie eingehen, selbst verantwortlich. Sie haben sich jahrelang Gewinne eingesteckt. Jetzt gibt's halt Verluste. So ist das mit Investments und unter Geschäftspartnern.

Wenn wir Banken sterben lassen, kann es wenigstens einen Neuanfang geben und wir können vielleicht noch die Menschen vor dem Schlimmsten bewahren. Bis jetzt ist keines der Probleme gelöst worden. Ganz im Gegenteil: Es wird bis zum bitteren Ende weiter gewurstelt und im Kreis herum »gerettet«. Früher oder später wird das Finanzsystem zusammenbrechen.[65]

Achtung!
Der Rettungsschirm ESM geht hauptsächlich zu Ihren Lasten, zulasten des deutschen Steuerzahlers. Ohne Sie wird es keine Rettungsschirme mehr geben, denn ohne Ihr »deutsches« Geld fliegt die EU sowieso in die Luft.

2.5 SIE SIND DER ZAHLMEISTER EUROPAS UND DER GANZEN WELT

Alle Rettungsmaßnahmen haben nur eines gemeinsam: Nämlich Sie als deutschen Steuerzahler und Sparer immer mehr in die Haftung zu nehmen.

Aber wie hoch ist Ihr Risiko überhaupt? In den Medien sind immer nur einzelne Zahlen zu lesen, ohne Zusammenhänge. So wird das wahre Ausmaß verschleiert.

Ich möchte Ihnen nun die tatsächliche und/oder geplante Höhe Ihrer Haftung zum Euro-Experiment enthüllen. Aber setzen Sie sich vorher erst einmal hin und atmen Sie kurz durch.

Bei der folgenden Aufstellung handelt es sich nur um den *deutschen* Anteil:

Target-Verbindlichkeiten[66]:	644 Mrd. €[67]
Bürgschaften im Rettungsfonds EFSF:	253 Mrd. €[68]
Rettungsschirm ESM:	190 Mrd. €[69]
EZB-Staatsanleihenkäufe:	57 Mrd. €[70]
Geplanter Europäischer Einlagensicherungsfonds:	55 Mrd. €[71]
Erstes Rettungspaket für Griechenland:	17 Mrd. €[72]
IWF-Beitrag zu den Rettungspaketen:	15 Mrd. €[73]
Bürgschaften im Rettungsfonds EFSM:	12 Mrd. €[74]
Geplanter Beistandspakt für Nicht-Euro-Länder:	10 Mrd. €[75]
Einlage in die EZB:	6 Mrd. €
Deutsches Geld zur Bezahlung der Leistungsbilanzdefizite anderer EU-Länder:	1000 Mrd. €
***Bisherige* Gesamthaftung Deutschlands:**	**2259 Mrd. €**[76]

Achtung!

***Sie* haften also *jetzt* schon für über *2,2 Billionen* Euro!** Das ist fast viermal so viel wie die Steuereinnahmen 2012, die rund 600 Milliarden Euro betrugen.

Die Folgen der sinnlosen »Retterei« werden langsam immer klarer: Im Herbst 2013 will die EU-Kommission einen Gesetzesentwurf einbringen, der Staaten dazu verpflichten soll, künftig große Reformen *vorab* untereinander abzusprechen. **Das heißt:** Wenn eine Regierung ihre Sozialsysteme reformieren oder Steuern erhöhen will, geht das nicht mehr im Alleingang.[77] Die gesamte Währungsunion soll dann mit entscheiden. Unsere »Volksvertreter« in Berlin dürfen ihr Volk dann gar nicht mehr vertreten, sondern verkommen stattdessen noch mehr zu Marionetten.

Zum Schluss noch etwas zum »Hufe scharren«:

»Aus dem Arsch gezogen«
Ende Juni 2013 enthüllten aufgezeichnete Tonbänder von führenden Bankern der pleitegegangenen *Anglo Irish Bank,* dass sich die Banker freuten, als sie von Deutschland Geld für ihre Rettung anforderten.

Ich zitiere die *Deutschen Wirtschafts Nachrichten: »Die Summe von sieben Milliarden Euro hätte man sich einfach aus den Fingern gesogen, wissend, dass die Deutschen jede Summe zahlen würden. Ein Banker stimmt in Erwartung der deutschen Zahlungen das Deutschland-Lied an (…) Bei den (…) veröffentlichten Telefongesprächen handelt es sich um ein Gespräch zwischen Bowe und einem anderen Top-Manager der Bank, Peter Fitzgerald. Bowe erzählt ihm, dass er nun die Regierung nach Hilfsgeldern gefragt hätte. Um sieben Milliarden Euro bat er damals. Als Fitzgerald ihn fragt, wie er auf die Summe komme, antwortet Bowe: ›Um es mit Drumms Worten zu sagen, ich habe es mir aus dem Arsch gezogen.‹ Die sieben Milliarden seien Garantien, die als Brücke vom Staat dienen, ›bis wir sie zurückzahlen können … also nie‹, ergänzt Bowe, woraufhin beide herzhaft lachen.«*[78]

2.6 RETTUNGSSCHIRM JETZT AUCH FÜR NICHT-EURO-LÄNDER?

Unglaublich, aber wahr: Sie als deutscher Steuerzahler sollen jetzt sogar noch für die Länder haften, in denen man noch gar nicht mit dem Euro zahlen kann.

Geht es nach den EU-Finanzministern, soll nämlich auch für die Länder, die den Euro noch nicht eingeführt haben, ein Rettungsschirm, analog dem ESM, eingeführt werden. Es geht offiziell um die »Fazilität des finanziellen Beistands für Mitgliedsstaaten, deren Währung nicht der Euro ist«. Es soll europäische Hilfe geben, wenn die

Zahlungsbilanzen in Schieflage geraten. Das soll für folgende zehn Staaten gelten:

Großbritannien, Schweden, Lettland, Polen, Tschechien, Rumänien, Bulgarien, Litauen, Dänemark, Ungarn.[79]

Für mich ist das absolut unverständlich, weil diese Länder sich durch einen anderen Wechselkurs selbst aus den Schwierigkeiten bringen könnten. Doch der EU-Rettungswahnsinn nimmt kein Ende. Das »Rettungsvolumen« für die Nicht-Euro-Staaten soll 50 Milliarden Euro betragen. Sie als Steuerzahler haften dann mit zehn Milliarden, also 20 Prozent!

Aber das Beste: Es handelt sich dabei um eine reine Entscheidung der EU. Die Abgeordneten der Mitgliedsstaaten werden nicht einmal mit eingebunden, auch wenn sich das Volumen des Beistandspaktes erhöhen würde.[80] Ihnen stehen also noch mehr Haftungsrisiken bevor.

2.7 DEUTSCHLANDS KREDITWÜRDIGKEIT VERSCHLECHTERT SICH

Die deutsche Bonität ist als Hauptgarant der europäischen Hilfspakete gefährdet. Der weltgrößte Vermögensverwalter *Pimco* stieg bereits zeitweise aus der Anlage in Bundesanleihen aus. Begründung: Das Rückzahlungs-Potenzial sei gefährdet![81]

Vergessen Sie nicht: Bereits im Nachtragsetat für 2012 wurde eine Neuverschuldung von 32,1 Milliarden Euro beschlossen. Das waren 14,8 Milliarden Euro mehr als im Vorjahr – und das trotz Schuldenbremse. Einer der Gründe: Deutschland musste bereits im Jahr 2012 8,7 Milliarden Euro in den Rettungsschirm ESM einzahlen, und zwar Cash![82]

Die Verschuldung des Bundes ist im Zuge der Wirtschafts- und Finanzkrise seit 2008 bereits um knapp 19 Prozent gestiegen. Auch die Bundesbank warnt vor dramatischen Folgen für den Staat, denn ein Anstieg des derzeit sehr niedrigen Zinsniveaus sei »sogar relativ schnell mit Haushaltsbelastungen in Milliardenhöhe verbunden«, zudem käme die Bundesregierung wegen der Schuldenbremse zusätzlich unter Druck.[83]

Grund dafür sind die vielfältigen Garantieübernahmen des deutschen Staates für Griechenland, Irland, Portugal, Spanien, Zypern und die gigantische Ausweitung des Euro-Rettungsschirms. Zusätzlich die Kosten aus dem teilweisen Schuldenerlass Griechenlands. Dazu kommen noch viele Milliarden Euro für die Rettung der eigenen Banken. Je stärker also der europäische Rettungsschirm beansprucht wird, desto kritischer werden die Anleger den Hauptbürge – also Deutschland – bewerten. Dazu kommt auch noch die Angst einiger Investoren, dass die bisher hohe Qualität deutscher Anleihen durch die vielen Rettungsmaßnahmen immer mehr verwässern könnte.

Das Risiko, das Deutschland auf sich genommen hat, würde dann in die Kurse eingepreist. Wie schnell das gehen kann, zeigte die Reaktion der Ratingagentur *Standard & Poor's* (S&P), die auch Deutschland ins Visier nahm. Bereits Ende September 2011 warnte sie davor, dass eine Ausweitung des damaligen EU-Rettungsschirms EFSF sich negativ auf die deutsche Kreditwürdigkeit auswirken könnte. Die Begründung klang ernst: Man erreiche den Punkt, wo der Garantie-Ansatz an seine Grenzen stoße, hieß es. S&P warnte Deutschland ausdrücklich davor, die eigene Wirtschaftskraft zu überschätzen. Die Erweiterung des Rettungsschirms stand dabei im Mittelpunkt der Einschätzung der Ratingagentur.[84]

Achtung!

Am 24. Juli 2012 war es dann so weit: **Die Ratingagentur *Moody's* senkte den Ausblick für die Bundesrepublik Deutschland von »stabil« auf »negativ«.** Dies war ein Zwischenschritt auf den Entzug des bisherigen Spitzenratings »AAA«. *Moody's* begründete seinen Schritt mit der Ungewissheit über den Ausblick für den Euro-Raum. Das Risiko werde von der Schuldenlast Spaniens und Italiens, deren immer teurer werdender Finanzierung und dem möglichen Austritt Griechenlands aus der Euro-Zone noch erhöht.

Die möglichen Auswirkungen plausibler Szenarien über Mitgliedsstaaten rechtfertigten keinen stabilen Ausblick mehr, so *Moody's*. Zudem sei Deutschlands Bankensektor anfällig, weil er geschäftlich besonders mit Spanien und Italien verbunden sei.[85]

Achtung!

Die Schweizer Großbank *Credit Suisse* bescheinigt Deutschland sogar, dass es von den Krisenländern »erpressbar« ist. Grund: Deutschland hat schon *zu viel* Geld in die Euro-Rettung gesteckt. Bei einem Zerfall der Währungsunion sei das verloren.[86] Um die gewaltige Summe nicht zu riskieren, ist die Regierung in Berlin quasi gezwungen, immer mehr Geld in die Euro-Rettung zu investieren. Sie als Garantiegeber, Bürge und Steuerzahler drehen sich also in einem Hamsterrad!

2.8 GIBT ES EINE ALTERNATIVE?

Diese Frage ist mit einem klaren »Ja« zu beantworten.

Viele namhafte Experten, darunter die Professoren Wilhelm Hankel, Wilhelm Nölling, Dieter Spethmann und Joachim Starbatty, sehen sie in einem europäischen Staatenbund konkurrierender und wachsender Volkswirtschaften mit jeweils eigenen Währungen als Leistungsmaßstab und Erfolgsbarometer, der den Brüsseler Moloch ersetzt.[87] Die europäischen Länder könnten ihre alte Währung samt Wechselkurs wieder einführen. Die Folge wäre keinesfalls ein Zusammenbruch unserer Wirtschaft, wie uns immer wieder suggeriert wird, sondern das Gegenteil.

Bei einer öffentlichen Diskussion mit Geschäftsführern im Rahmen der Handwerkskammer Baden-Württemberg fragte ich, wie Unternehmen denn ihre Preise generieren.[88] Die einhellige Antwort: Die Einkaufspreise der Produktionsgüter bestimmen den späteren Verkaufspreis der Waren.

Bei der Wiedereinführung der D-Mark und deren Aufwertung würden Unternehmen zunächst einmal mehr Güter für ihr Geld im Ausland bekommen. Importwaren würden zudem billiger. Betriebswirtschaftlich gesehen: Im Einkauf gewinnen Unternehmen mehr, als sie später im Verkauf (vielleicht!) verlieren, oder anders gesagt: Unternehmen kaufen die von ihnen für die Produktion benötigten Güter viel billiger ein als den Verlust, den sie später wegen der stärkeren Währung (vielleicht) erleiden. Schließlich verkaufen die meisten deutschen Unternehmen keine Tomaten, sondern Know how, Technologieinnovationen und kluge Köpfe, die man überall auf der Welt braucht, gerade jetzt!

Beweis dafür sind wir selbst, denn trotz »starker« D-Mark nahmen unsere Exportstärke und unsere Exportüberschüsse immer mehr zu. Deutschland gehörte schon *immer* zu den Aufwertungsländern und war seit jeher eine der exportstärksten Nationen der Welt.

Hintergrund:
Deutschland hat zu D-Mark-Zeiten **17 Aufwertungen** verkraftet.[89]

Zudem würden jährlich gigantische Milliardenüberweisungen nach Brüssel sowie Garantien von Hunderten von Milliarden für de facto zahlungsunfähige EU-Staaten entfallen. Dieses Geld könnte man in unsere Sozialsysteme und in die Realwirtschaft investieren und so durch Steuerentlastungen mehr Konsum generieren, der sich wiederum im Wirtschaftswachstum niederschlagen würde. So aber hängen wir am EU-Tropf und geben mehr, als wir erhalten. Die von uns erwirtschafteten Leistungsbilanzüberschüsse *finanzieren* den *größten* Teil der EU.

Die Wahrheit ist also: Der Euro ist weniger wert als damals die D-Mark, was Kaufkraft und Vermögensverluste für die Deutschen bedeutet – und: ***Ohne* Deutschlands Exportüberschüsse und Leistungsbilanzstärke wäre der Euro schon längst Geschichte!**[90]

Achtung!
Einen Rettungsschirm für Deutschland wird es niemals geben, dazu ist die Volkswirtschaft zu groß. **Wir werden deshalb *immer* das größte Geberland bleiben,** und das ist schlecht für Deutschland.

3 Vorspiel zum Kollaps: Inflation

Was Sie in diesem Kapitel erwartet:

- **Die Inflation frisst Ihr Vermögen auf**
- **Staatliche Tricks, die Inflationsrate zu beschönigen**
- **Vergleich: Euro oder D-Mark?**

3.1 INFLATION ODER DEFLATION?

Wird es künftig eher deflationäre oder inflationäre Tendenzen geben? Um diese Frage beantworten zu können, müssen Sie sich zunächst einmal ansehen, worin überhaupt der Unterschied besteht.

3.1.1 Deflation

Sehr vereinfacht formuliert, bezeichnet »Deflation« eine Zeitperiode mit negativer Inflationsrate und wirtschaftlicher Krise. Im Unterschied zur Inflation ist sie mit länger anhaltenden *Senkungen* des Preisniveaus verbunden.

Achtung!
Täuschen Sie sich nicht: Permanent sinkende Preise sind *nicht* gut für Sie!

Denn: Weil die Konsumenten mit weiteren Preissenkungen rechnen, zögern sie ihre Käufe immer weiter hinaus. Dadurch verharren Konsum- und Investitionsnachfrage auf niedrigem Niveau.[91] Das hat verheerende Auswirkungen auf die Unternehmen. Deren Umsätze sinken, während die Kosten durch Verträge zeitlich fixiert sind.

Die Folgen sind weitreichend: Gewinne und Produktion gehen zurück, Investitionen werden nicht mehr getätigt und die Arbeitslosigkeit steigt.[92]

Mit fallenden Preisen steigt jedoch die reale Last für die Schuldner und ihnen fällt es immer schwerer, ihre Verpflichtungen zu erfüllen. Deflation treibt immer mehr Schuldner in den Bankrott, was auch viele Gläubiger in Schwierigkeiten bringt.[93]

Eine *Vermögensdeflation* (Kreditdeflation) kann dann ausbrechen, wenn sinkende Vermögenspreise zu einer erhöhten Überschuldung führen. Vor allem dann, wenn die Vermögensgegenstände durch Kredite finanziert worden sind.

Deflation am Beispiel Japan: Ausgelöst durch einen Börsencrash und die Flucht des Geldes in Bodenwerte fiel das Land in den 1990er-Jahren in eine lang anhaltende Rezession.

Der Wert der Aktien und Immobilien rutschte in die Tiefe, sodass viele Japaner hohe Verluste hinnehmen mussten. Die Folge: ein stärkeres Spar- und Konsumverhalten. Das trieb die Preise in den Keller. Gleichzeitig stieg aber die Kaufkraft des Geldes an. Doch die Zinsen sanken auf ein so niedriges Niveau, dass es sich kaum noch lohnte, die Ersparnisse zur Bank zu bringen. So horteten die Japaner den Großteil ihres Barvermögens quasi »unter dem Kopfkissen«.[94]

Niedriges Wachstum und eine – für japanische Verhältnisse – hohe Arbeitslosigkeit führten zu einem stetigen Rückgang der Inflation. Als dann die Bank von Japan die nominalen Zinsen zu langsam senkte, wurde aus der Inflation eine Deflation.[95] Die Konsumzurückhaltung führte zu einer Unterauslastung der Produktionskapazitäten und höherer Arbeitslosigkeit. Die Deflationsspirale verstärkte sich immer mehr. Die Auswirkungen sind bis heute zu spüren, denn Japan ist das am stärksten (öffentlich) verschuldete Industrieland der Welt.[96]

Im April 2013 dann der Paukenschlag: Die japanische Notenbank will bis Ende 2014 die Geldmenge *verdoppeln.* Dies soll durch den Kauf von japanischen Staatsanleihen geschehen und so die Monetarisierung von Staatsschulden vorantreiben.[97] Müsste Japan seine Staatsanleihen jedoch an das Ausland verkaufen, wäre das Land ein Topkandidat für einen Staatsbankrott.[98]

3.1.2 Inflation

In der Volkswirtschaft bezeichnet man mit »Inflation« einen anhaltenden Anstieg des allgemeinen Preisniveaus. Das Statistische Bundesamt ermittelt einmal im Monat die Inflationsrate über einen Warenkorb, der verschiedene Ausgaben eines durchschnittlichen Haushalts in Deutschland repräsentieren soll. Die veröffentlichte Inflationsrate entspricht also der Preissteigerung in einem Monat gegenüber dem Vergleichsmonat im Vorjahr.

Damit die Inflation ihre Wirkung entfalten kann, muss sie nicht zwangsweise hoch sein, auch lang anhaltende, kleine Inflationsraten führen zu großen Effekten.

Gegenwärtige wirtschafts- und finanzpolitische Parameter ergeben klar die Tendenz zu einer *inflationären* Entwicklung. Gegen eine Deflation und für eine höhere Inflation sprechen:

- Geldmengenerhöhungen der Zentralbanken ohne Realgüterdeckung.
- Höhere Lohnabschlüsse in den westlichen Industriestaaten und in China.
- Preissteigerungen für Lebensmittel und Rohstoffe.
- Permanente Kaufkraftentwertungen.

Achtung!
All das sind Indikatoren und Voraussetzungen für eine weitere Euro-Entwertung durch Inflation. Langfristiges Sparen wird für Sie durch einen weichen Euro bei hoher Inflationsrate immer uninteressanter. Auf Ihrem Sparkonto stehen zwar die gleichen Zahlen oder durch minimale Zinsen sogar leicht steigende Zahlen – nur können Sie sich viel weniger für Ihr Geld kaufen.

Ich sehe klipp und klar inflationäre und keine deflationären Entwicklungen. Warum das so ist, erkläre ich Ihnen jetzt.

3.2 DIE INFLATIONSBLASE WIRD IMMER GRÖSSER

Sie werden sich fragen, warum ich Sie vor einer höheren Inflation warne, diese aber noch nicht bei Ihnen angekommen ist? Fakt ist, das Inflationsrisiko ist stark gestiegen. Die EZB hielt noch Ende des Jahres 2012 Staatsanleihen von Euro-Krisenländern in Höhe von 218 Milliarden Euro.[99] Jetzt sind es schon rund zehn Milliarden Euro mehr. Je mehr Staatsanleihen aber erworben werden, desto größer wird die Geldmenge, und desto höher ist die Gefahr einer steigenden Inflationsrate. Die Geldmenge ist in diesem Jahr bereits um 11,4 Prozent gewachsen.

Zwar will die EZB künftige Anleihenkäufe so gestalten, dass die Geldmenge in der Euro-Zone nicht verändert wird, aber ich zweifle sehr stark daran, dass es den Währungshütern gelingen wird, die zusätzliche Liquidität wieder vom Markt zu nehmen.

Die EZB-Bilanzsumme hat sich seit 2007 glatt verdreifacht. Zudem hat sich die Summe aus Bargeld und Einlagen auf fast zwei Billionen Euro verdoppelt. Die EZB schöpft unentwegt neues (ungedecktes) Geld.

Hintergrund:
Zu D-Mark-Zeiten war der Bargeldumlauf auf lange Sicht in ähnlichen Ausmaßen gewachsen wie das Bruttoinlandsprodukt (BIP), die Summe der in Geld bewerteten Waren und Dienstleistungen. Genau dieses Gleichgewicht schuf die Stabilität der D-Mark-Währung und ihren Werterhalt.

Seit Einführung des Euro hat sich dies geändert. Denn es wird mehr Geld »gedruckt«, als die Wirtschaftsleistungen der einzelnen Länder das hergeben. **Doch nur das Geld, das verglichen mit dem Güterangebot knapp ist, behält seinen Wert.** Wenn mehr

Geld vorhanden ist, kann man mehr kaufen. Die Nachfrage steigt. Dadurch werden aber Produkte und Dienstleistungen teurer. Das wird als »Inflation« bezeichnet.

Die Geldmenge hat sich von 400 Milliarden Euro im Jahr 1999 auf 1600 Milliarden Euro bis Ende 2012 erhöht. Aber der gewaltigen Geldmengenausdehnung stehen keine für Stabilität notwendigen höheren Wirtschaftsleistungen entgegen.[100]

Ein »eisernes« ökonomisches Gesetz sagt, dass Inflation entsteht, wenn die Geldmenge schneller wächst als die Gütermenge. Dann nämlich treibt die Nachfrage die Preise. Auch höhere Lohnabschlüsse tragen zur Inflationsdynamik bei.

All diese Faktoren sind gegeben und dennoch liegt die Teuerungsrate noch im Rahmen. Der Grund dafür: **Das Zuviel an Geld hängt bei den Geschäftsbanken fest.** Da die Notenbanken den Geschäftsbanken unbegrenzt Geld verleihen, haben die zwischenzeitlich 1,2 Billionen Euro angehäuft.

Theoretisch könnten die Geschäftsbanken mehr als das Hundertfache ihrer Guthaben als Kredite vergeben. Tatsächlich aber beträgt die Quote nur das Sechsfache. So kommt das Zuviel an Geld gar nicht in der Realwirtschaft an.

Die Banken selbst sind unterkapitalisiert. Jedes Darlehen, das die Banken vergeben, muss mit zusätzlichem Eigenkapital unterlegt werden. Neue Vorschriften sehen zudem vor, dass auch bei bereits vergebenen Krediten mehr Eigenkapital bereitgestellt wird.

Um sich mehr Eigenkapital zu beschaffen, müssten die Banken also neue Aktien herausgeben. Doch wer will diese derzeit noch kaufen?

Tipp:

Machen Sie bei den Kapitalerhöhungen der Banken nicht mit. Kaufen Sie keine Bankaktien!

Solange das Geld nicht im Wirtschaftskreislauf ankommt, steigt zwar das Inflationsrisiko, nicht aber die Inflationsrate. Die Teuerungsrate hält sich daher (noch!) in Grenzen.

Es ist also nur noch eine Frage der Zeit, bis die Inflationsblase platzt und Ihre Ersparnisse mit in den Abgrund reißt.

Achtung!

Meiner Einschätzung nach ist der Norden der Euro-Zone gegenüber den Südländern um rund 20 Prozent unterbewertet. Über fünf Jahre hinweg macht das einen Unterschied der Inflation von immerhin vier Prozent aus. Das heißt für Sie: **Ihr Vermögen wird stärker entwertet als die Vermögen in anderen Euro-Ländern.**

Die EZB mit ihrem italienischen Präsidenten Mario Draghi will sich unbedingt als »Retter Europas« aufspielen. Aber das führt zu einer neuen Geldordnung, verbunden mit immer höheren Inflationsraten. Natürlich kommt es den Südländern sehr gelegen, dass die EZB mehr frisches Geld in Umlauf bringt, denn so werden ihre Staatsschulden per Inflation entwertet.

Doch das, was de facto bankrotten Südländern eine kurze Lebensverlängerung gibt, ist höchst gefährlich für Sie und Ihre Ersparnisse. Denn der Kernauftrag der EZB, die Preisstabilität zu halten, ist damit passé und die Inflationsblase wird immer größer. Wie mit der Inflation getrickst wird und wie die Inflation Ihr Vermögen auffrisst, verrate ich Ihnen jetzt.

3.3 DER INFLATIONSTRICK

Monat für Monat wird in Deutschland die aktuelle Inflationsrate veröffentlicht. Aktuell liegt sie bei rund 1,8 Prozent. Die Preise steigen allerdings stärker, als Ihnen die offizielle Statistik weismachen will.

Achtung!
Die Geldmenge M1 (Bargeld und Sichteinlagen) ist um über elf Prozent gestiegen. Es ist also ein Zehntel mehr Geld im Umlauf. Dennoch wird die offizielle Inflationsrate mit nur 1,8 Prozent ausgewiesen.

Sicherlich »fühlen« Sie beim Einkaufen und im Alltag eine viel höhere Inflationsrate als die, die Ihnen vom Statistischen Bundesamt vorgesetzt wird. Aber wie passt das zusammen?

Die Erklärung ist ganz einfach: Mit einem »Inflationstrick« kann das Statistische Bundesamt Destatis die Quote senken. Und das geht so:

Die staatlichen Statistiker betrachten die monatliche Teuerung anhand der Konsumentenpreise. Dazu dient ein Warenkorb. Dieser beinhaltet kurz- und langlebige Güter. Doch seine Zusammensetzung wird laufend verändert, sodass ein fairer Vergleich gar nicht möglich ist.

Zudem werden in dem Warenkorb neben Nahrungsmitteln, Tabak, Benzin, Mieten, Möbeln, Freizeit und Unterhaltung auch Mobilität und Haushaltsgeräte berücksichtigt.

Der Trick: Während Sie als Verbraucher zwar täglich Lebensmittel kaufen, erwirbt der Durchschnittsbürger einen Fernseher, Computer oder ein Auto – wenn überhaupt – nur alle paar Jahre. Trotzdem werden diese *langlebigen* Güter zur *monatlichen* Inflationsberechnung herangezogen. Diese Güter werden aber eher günstiger. Dadurch sinkt die Teuerungsrate.[101]

Inflation ist also kein Akt Gottes, keine Krankheit und keine Naturkatastrophe. Denn Regierungen und Politiker wollen keine hohe Kaufkraftentwertung. Die Regierung schönt Zahlen. Denn niedrige Inflations- und hohe Wachstumsraten erhöhen das Vertrauen in den Staat und damit seine Kreditwürdigkeit. Die offizielle Inflationsstatistik ergibt sich also aus einer politischen Strategie. Natürlich werden die Verantwortlichen dies immer abstreiten.

Achtung!
Die von Ihnen »gefühlte« Inflation ist ehrlicher. Sie beträgt zwischen sechs und acht Prozent und ergibt sich aus den Preisen des täglichen Lebens. Und die Teuerung bei Gütern des täglichen Bedarfs ist einiges höher als etwa die von Fahrzeugen, Fernsehern oder Computern. Ihr Gefühl lässt Sie also nicht im Stich.

3.4 SO TEUER IST DAS ALLTÄGLICHE LEBEN

Gerade die Besorgungen, die Sie jeden Tag zu machen haben, spiegeln die echten »Lebenshaltungskosten« wider. Eine sehr empfehlenswerte Aufstellung über die zum Teil massiven Teuerungsraten bietet eine Dokumentation der Verbraucherzentrale.[102] Preis und Füllmenge sowie die Qualitätsminderung werden dabei mit berücksichtigt. Hier einige Beispiele, aus denen Sie ersehen können, wie hoch die Inflation im Alltag schon ist:

- Spitzenreiter ist ein Tee. Er liegt bei 144 Prozent Teuerung.
- Die Kilowattstunde, die 2001 noch im Schnitt 0,14 Euro kostete, lag Anfang 2013 schon bei 0,285 Euro. Eine Erhöhung von mehr als 100 Prozent – und der Strompreis steigt weiter.
- Die Bahncard 50 für die Zweite Klasse kostete 2001 133 Euro. Heute beträgt der Preis 249 Euro, das sind über 80 Prozent Verteuerung.
- Auch der Sprit für den eigenen Wagen ist teurer geworden. Für den Liter Diesel zahlte man 2001 noch 0,79 Euro. 2013 kostete er im Durchschnitt bisher 1,45 Euro. Ein Preisanstieg von 83 Prozent.[103]

Achtung!
Das alles fällt noch viel schwerer ins Gewicht, wenn Sie bedenken, dass die Löhne in Deutschland seit 2000 nominal kaum gestiegen sind. Real (also inflationsbereinigt) sind sie sogar gesunken.

3.5 WIE DIE INFLATION IHR VERMÖGEN AUFFRISST

Was die Inflation anbelangt, sind wir Deutschen durch die Vergangenheit geprägt. In keinem anderen Land der Welt waren die Folgen der Hyperinflation der 1920er-Jahre wohl so verheerend wie hierzulande. Das wissen auch die Politiker und vermeiden deshalb tunlichst dieses Thema. Eine hohe Inflation ist dem deutschen Wähler nicht begreiflich zu machen.

Doch die Europäische Zentralbank (EZB) hat den Weg zur Wahrung der Preisstabilität weitgehend aufgegeben, um marode EU-Staaten vor dem endgültigen Zusammenbruch zu bewahren.

Wie ich Ihnen weiter oben erklärt habe, ist es nur noch eine Frage der Zeit, wann sich die Inflation vollends entfaltet. Aber auch schon so ergeben sich erschreckende Folgen für Ihre Ersparnisse.

Hier zunächst die hard facts:

- Der Euro hat in den letzten zehn Jahren um 25 Prozent abgewertet.

Achtung!

Konnten Sie im Jahr 2002 für 100 Euro Ware im Wert von 100 Euro kaufen, können Sie heute dafür nur noch Güter im Wert von 75 Euro erwerben.

- Der Euro hat in den letzten fünf Jahren knapp 17 Prozent an Wert verloren.[105]
- Der Euro hat in den letzten sechs Monaten rund zwei Prozent an Wert verloren.[106]
- Der Euro hat gegenüber dem Gold um rund 300 Prozent abgewertet.
- Die *offizielle* durchschnittliche Inflationsrate in den vergangenen 50 Jahren betrug in Deutschland p.a. 2,8 Prozent.[107]
- Seit 1990 beträgt die Inflation kumuliert 47 Prozent.[108]

Sie erkennen daran, in welch gewaltigem Maße Ihr Vermögen und Ihre Ersparnisse aufgefressen werden. Damit die Inflation ihre Wirkung entfalten kann, muss sie aber nicht zwangsweise hoch sein.

Achtung!
Auch niedrige Inflationsraten führen zu großen Effekten.

3.5.1 Auswirkungen einer »schleichenden« (niedrigen) Inflation

Beispiel 1: Legen Sie 100 000 Euro unverzinst zurück, sinkt deren Wert bei zwei Prozent Inflation pro Jahr nach 25 Jahren auf rund 60 900 Euro. Fast 40 Prozent des Vermögens fallen der schleichenden Inflation zum Opfer. Nach 50 Jahren sinkt das Vermögen auf nur noch rund 37 100 Euro – 63 Prozent sind weg!

Beispiel 2: Bei drei Prozent Inflation müssen Sie in 30 Jahren für Waren, die heute einen Euro kosten, bereits 2,43 Euro ausgeben. Wenn Sie 250 000 Euro für den Ruhestand angespart haben, wären diese nur noch rund 100 000 Euro wert.

Beispiel 3: So viel Wert haben künftig 100 Euro

Nach Jahren	Inflation jährlich 2 %	3 %
1	98,00	97,00
5	90,39	85,87
10	81,71	73,74
15	73,86	63,33
20	66,76	54,38
25	60,35	46,70
30	54,55	40,10 [109]

Sie erkennen an diesen beiden wirklich moderaten Inflationsquoten, dass dennoch nach 30 Jahren die Hälfte bzw. 60 Prozent der Kaufkraft »weg« sind, einfach so!

Rechnet man die *wahre* Inflationsrate von z. B. sechs Prozent, sieht das für 100 Euro noch ganz anders aus:

Nach Jahren	Inflation jährlich 6 %
10	55,84
20	31,18
30	17,41[110]

Diese erschreckenden Zahlen sprechen wohl für sich und brauchen nicht noch extra erläutert werden. Nur soviel: Anlagen in eine Lebensversicherung lohnen sich also überhaupt nicht.[111] Denken Sie auch an Ihre Rente. Sie ist später nur noch die Hälfte wert. Auch hierzu eine Aufstellung:

Beispiel 4: Kaufkraftverlust in Jahren

Heute	in 10 J.	20 J.	35 J.
500 €	409	334	246
1000 €	817	668	493
1500 €	1226	1001	740[112]

Dazu ist auch nicht mehr viel zu sagen, außer, dass Sie die Kaufkraftverluste *unbedingt* in Ihre Finanzplanung mit einberechnen sollten. Finanzberater tun das meistens nämlich nicht.

Tipp:

- Langfristiges Sparen wird für Sie durch einen weichen Euro bei hoher Inflationsrate immer uninteressanter.
- Vergessen Sie Lebensversicherungen und Bausparverträge. Auf Ihrem Sparkonto stehen zwar die gleichen Zahlen oder durch minimale Zinsen sogar leicht erhöhte Zahlen – nur können Sie sich viel weniger dafür kaufen.
- Der Euro ist durch nichts gedeckt, sondern eine reine Papierwährung. Notenbanken können davon so viel drucken, wie sie wollen, und Politiker so viel ausgeben, wie sie möchten.
- Vertrauen Sie also nicht auf das europäische Papiergeld, sondern setzen Sie einen Teil Ihres Vermögens auf Sachwerte, wie ich Ihnen das im Kapitel ➔ 13 »So schützen Sie sich vor dem Deutschland-Kollaps!« aufzeige.

3.5.2 Eine Inflation ist für »Ältere« noch viel schlimmer

Die Älteren unter Ihnen haben keine großen Möglichkeiten mehr, den Wohlstandsverlust und die permanente Kapitalentwertung durch Leistungssteigerungen zu kompensieren.

Aber gerade sie sind gezwungen, auf ihr Erspartes zurückzugreifen. Denn in der noch verbleibenden Zeit bis zum sauer verdienten Lebensabend werden Sie kaum mehr einen wirtschaftlichen Neuanfang realisieren können.

Achtung!

Wer keine Ersparnisse hat, ist dem Staat auf Gedeih und Verderb ausgeliefert.

Aus diesen Gründen schlägt die Inflation für die Generation 45+ doppelt hart zu:

1. Ihre Ersparnisse werden stetig still und heimlich, dafür aber unerbittlich, weiter zusammenschmelzen.
2. Sie werden aufgrund Ihres Alters und der schlechten arbeitspolitischen Bedingungen wegen keine Möglichkeit mehr haben, die immer größer werdende Wohlstandslücke stopfen zu können.
3. Die Altersbezüge werden nicht in dem Maße steigen wie die Preise.
4. Die Kaufkraft sinkt.

Dazu ein Beispiel: Für die heutige Kaufkraft von 1000 Euro müssen Sie in 20 Jahren bei einer jährlichen Teuerung von zwei Prozent schon 1486 Euro aufbringen. Also fast die Hälfte mehr.

Sie können sich selbst ausrechnen, was Ihre zu erwartende Rente tatsächlich noch wert sein wird. **Auch die Rentengarantie, die 2009 beschlossen wurde, ist eine Mogelpackung.** Denn Sie bedeutet im Klartext: Statt Kürzungen gibt es von nun an mehr Nullrunden. Unterbliebene Senkungen werden durch Verrechnung mit positiven Rentenanpassungen nachgeholt. Das bedeutet letztlich Rentenkürzungen, aber durch die Hintertür.

Tipp:

Ich empfehle Ihnen deshalb: Stellen Sie sich ein Vermögenskonzept zusammen, das unabhängig von der gesetzlichen »Not«-Rente und inflationssicher ist. Im Kapitel → 13 »So schützen Sie sich vor dem Deutschland-Kollaps!« gebe ich Ihnen dazu wichtige Ratschläge.

3.6 WER SCHNEIDET BESSER AB: EURO ODER D-MARK?

Immer und immer werden Sie mit dem Satz konfrontiert: »Der Euro ist so stabil wie die D-Mark.« Aber stimmt das überhaupt oder ist das wieder eine Polit-Lüge?

Wie ich oben schon aufgezeigt habe, beträgt die Inflation in Deutschland seit 1990 kumuliert 47 (!) Prozent, in den letzten 50 Jahren im Durchschnitt p. a. 2,8 Prozent.

❶ Der Kaufkraftverlust der D-Mark betrug seit deren Einführung 1948 bis zur Ablösung durch den Euro Anfang 1999 (also in 51 Jahren) 75 Prozent.[113]

❷ Nach offiziellen Statistiken hat der Euro in den ersten zehn Jahren nach seiner Einführung bereits 25 Prozent seiner Kaufkraft eingebüßt.[114]

Ergebnis: Vergleicht man beide Währungen miteinander und rechnet man die Inflation kumuliert hoch, würde der Euro in diesem Zeitraum (ginge die Entwertung so weiter) um rund 125 Prozent entwertet, also um 50 Prozentpunkte **mehr** als die D-Mark.

Somit ist der Eingangssatz schnell der Lüge überführt: Der Euro ist *viel* schwächer, als es die D-Mark jemals war.

3.7 BILLIGES GELD – DER KEIM FÜR EINE HYPERINFLATION

Schon zu Beginn der Schuldenkrise erhöhten die USA die Geldmenge um über 100 Prozent und die Euro-Länder um rund 30 Prozent.[115] Bis heute müssen die Notenbanken mit Unmengen an Geld einspringen, sonst wäre der Euro schon seit Längerem Geschichte. Doch die Billionen-Tsunamiwelle schlägt irgendwann auf dem Strand auf.

Noch liegen die Milliarden auf den Banken und in großen Investmentfonds, weil dort jeder sein Geld aus Angst vor einem drohenden Finanzdesaster zusammenhält. Aber viele hundert Milliarden sind auch via Staatsanleihen vor allem in die Südländer geflossen. Bisher haben die Regierungen davon hauptsächlich die fällig gewordenen Bonds ausgezahlt, um sich im Anschluss wieder neues Geld leihen zu können.

Nun aber wird das Ende der eisernen Sparpolitik ausgerufen. Das heißt, dass die Regierungen aus Angst vor Aufruhr und Hungerunruhen (besonders in den EU-Südländern) Sozialprogramme, Arbeitsbeschaffungsprogramme und Wirtschaftsförderprogramme ins Leben rufen und bezahlen. Damit sollen die Menschen wieder Geld in die Hand bekommen.

Das bedeutet: Hunderte von Milliarden Euro finden ihren Weg dann wirklich in die Realwirtschaft. Diese soll aber erst anlaufen. Es wird also mehr Geld im Umlauf geben, als die noch darnieder liegende Wirtschaft an Waren bereitstellen kann. Also steigen die Preise. Die Inflation trabt an.

Preisblasen sind immer Vorboten eines kräftigen Preisanstiegs auf breiter Front. Doch die EZB steckt in der Zwickmühle. Zieht sie das überzählige Geld zu schnell ab, ist das Risiko von Bankencrashs hoch. In jedem Fall werden die Banken bei plötzlichem Geldentzug keine Kredite mehr vergeben – die Unternehmen brauchen zum Neustart aber Geld. Eine Pleitewelle und ein Wirtschaftszusammenbruch wären die Folgen. Belässt die EZB die Liquiditätsmengen aber im System, beschleunigt sich der Geldumlauf.

Jeder versucht, für das Geld noch etwas Werthaltiges zu bekommen – denn morgen ist alles teurer. Die Spirale dreht sich immer rasanter und die Preissteigerungsrate kann sich sich sehr schnell in eine Hyperinflation ausweiten.[116] Hier nur ein paar Beispiele aus der deutschen Vergangenheit:

Beispiel 1: Der Wert der gesamten in Deutschland zirkulierenden Währung belief sich im Jahr 1913 auf fünf Milliarden Mark. Nur zehn Jahre später, im Oktober 1923, reichten sechs Milliarden Mark nicht einmal mehr aus, um sich in Berlin einen Laib Brot zu kaufen.

Beispiel 2: Am Ende der Hyperinflation betrug der Wert der Reichsmark nur noch ein Billionstel ihres Wertes aus dem Jahr 1914.

Beispiel 3: Über Nacht verloren die Menschen ihre gesamten Ersparnisse und Rücklagen. Größter Profiteur war der Staat. Seine Kriegsschulden in Höhe von 154 Milliarden Mark waren am Ende der Hyperinflation, als die neue Rentenmark eingeführt wurde, nur noch 15,4 Pfennige wert.[117]

Beispiel 4: Nehmen Sie an, die monatliche Inflationsrate beträgt 100 Prozent. Ihr Bargeld verliert dadurch die Hälfte seines realen Wertes, weil die Güter einen Monat später doppelt so viel kosten.

Tipp:

So können Sie sich vor dem finanziellen Super-GAU schützen:

- Lagern Sie Tauschgüter, mit denen Sie später Nahrungsmittel und medizinische Produkte eintauschen können.
- Tauschringe und Regionalwährungen können Ihnen ebenfalls weiterhelfen.
- Vergessen Sie Papierwährungen: Kaufen Sie Gold- und Silbermünzen in kleinen Stückelungen.
- Deponieren Sie Wertsachen nicht in einem Bankschließfach, sondern bei sich zu Hause.
- Eine eigene, abbezahlte Immobilie schützt vor Wohnungsverlust.
- Versuchen Sie, eine autarke Strom- und Wasserversorgung aufzubauen.
- Raus aus Versicherungen, Bausparverträgen, Staatsanleihen und Geldanlagen. Im Falle einer Hyperinflation sind sie nichts mehr wert.
- Machen Sie keine Schulden (siehe Kapitel ➔ 11 »Machen Sie keine Schulden!«)
- Horten Sie Vorräte.

Wie Sie aus meinen Ausführungen ersehen können, muss man kein Prophet sein, um zu ahnen, was da auf uns zukommt. Das, was ich vor einigen Jahren vorausgesagt habe, ist auch wirklich so eingetroffen. Und Sie werden auch erleben, dass das, was ich hier skizziert habe, in nicht allzu ferner Zukunft Wirklichkeit sein wird.

4 »Armut für alle!« – So will der Staat Ihr Geld abgreifen

Was Sie in diesem Kapitel erwartet:

- **Angriff auf Ihr Erspartes**
- **Neue Steuern und Zwangsabgaben**
- **Enteignung durch die Hintertür**

4.1 DIE MITTELSCHICHT STIRBT

Vorab: Eine eindeutige Definition des Begriffs der »Mittelschicht« gibt es nicht. Ihr gehören Architekten, Computerexperten und Verwaltungsangestellte ebenso an wie Künstler, Ärzte und Lehrer. Eine vierköpfige Familie gehört dann zur Mittelschicht, wenn ihr ein Einkommen zwischen 2400 und 5000 Euro monatlich zur Verfügung steht.

Hierzulande gehören rund 58,5 Prozent zu dieser Bevölkerungsgruppe. Laut einer Studie der Universität Bremen und des Deutschen Instituts für Wirtschaftsforschung (DIW) waren es noch 1997 etwa 65 Prozent gewesen.

Achtung!
Die Steuerbelastung der Mittelschicht ist in den letzten beiden Jahrzehnten deutlich gestiegen. Besonders diejenigen, die jährlich zwischen 29 000 Euro und 112 000 Euro verdienen, sind stark benachteiligt.

Diese Einkommensgruppe hat prozentual gesehen einiges mehr an staatlichen Abzügen zu stemmen, als es noch im Jahr 1990 der Fall gewesen ist. Hingegen haben Geringverdiener, die jährlich nur etwa 12 000 Euro versteuern müssen, heute gut 50 Prozent weniger zu zahlen als damals.

Die Mittelschicht wird auch in Zukunft weiter unter Druck geraten. Der DIW-Studie zufolge wird die Ungleichheit sowohl beim Einkommen als auch beim Vermögen der Deutschen noch zunehmen. Das Schrumpfen der Mittelschicht hat seinen bisherigen Höhepunkt im Jahr 2010 erreicht. Ihr Anteil hat sich seit 1997 um 5,5 Prozent verringert. Die Untersuchung des DIW kritisiert, dass nur eine kleine Gruppe in der Gesellschaft, »Elite« genannt, in den vergangenen Jahren ihren Wohlstand steigern konnte. Doch nur wenige schaffen den Schritt aus der Mittelschicht in die Oberschicht.

4.1.1 »Garant« des Wohlfahrtsstaates

Politiker, Soziologen und Unternehmer sind sich einig: Die Mittelschicht ist eine wichtige Stütze der Wohlstandsgesellschaft. Hier befinden sich die Leistungsträger, die mit anpacken, um die Wirtschaft und somit die »Lokomotive Europas« in Schwung zu halten. Besonders diese Schicht der Bevölkerung sollte als Garant des Sozialstaates und des Wohlstands von der Regierung unterstützt werden.

Doch genau das Gegenteil ist der Fall. Die Lohnerhöhungen der letzten Jahre haben die *inoffizielle* Inflation bei Weitem nicht ausgeglichen. Es kam sogar zu spürbaren Reallohnverlusten. Und zu allem Überdruss ist ausgerechnet die Mittelschicht auch noch mit der höchsten Steuerbelastung bestraft.[118]

Die Leistungsträger unserer Gesellschaft bluten langsam aus, indem sie immer mehr Geld für die gleichen Lebensbedingungen aufbringen müssen. Der Staat zerstört offenbar bewusst seine beste Einkommensquelle.

Ausgerechnet die Bevölkerungsgruppe, die am meisten erwirtschaftet, wird durch immer höhere Steuern und Abgaben erdrückt. Wer Leistung erbringt und anpackt, wird hierzulande systematisch ausgepresst und zur Kasse gebeten. Leistung lohnt sich nicht mehr, und das ist das Ende des Wohlfahrtsstaates, wie wir ihn kennen!

4.2 HELD ODER DEPP EUROPAS?

Im Jahr 2012 hat der deutsche Staat mehr eingenommen als ausgegeben. Doch dieses »Wunder« hat nicht der deutsche Staat »vollbracht«, sondern Sie als Steuerzahler. Noch nehmen die Bürger in Kauf, dass der Staat sich durch allerlei Abschöpfungs- und Umverteilungstricks dick »frisst«, aber für sie selbst immer weniger übrig bleibt.

Im vergangenen Jahr sind so rund 600 Milliarden Euro an Steuergeldern in die Staatskassen geflossen. So viel wie nie zuvor in der Geschichte. 2004 waren es noch 150 Milliarden Euro weniger gewesen. [119] Zum besseren Verständnis hier einige Vergleiche:

- Das deutsche Steueraufkommen ist höher als die gesamte Wirtschaftsleistung des Ölförderlandes Saudi-Arabien.
- Das Steueraufkommen ist fast zehnmal so groß wie die Gewinne der 30 DAX-Konzerne.
- Pro Kopf zahlt jeder Deutsche etwa 7500 Euro im Jahr beziehungsweise 20 Euro am Tag an das Finanzamt. Es ist dabei gleichgültig, ob Baby oder Greis, Vorstandsvorsitzender oder Arbeitsloser.

Hintergrund:

So lange arbeiten Steuerbürger im Jahr für den Staat:

Zypern:	bis zum 14. März
Irland:	24. April
Großbritannien:	13. Mai
Luxemburg:	25. Mai
Portugal:	4. Juni
Polen:	12. Juni
Spanien:	12. Juni
Griechenland:	17. Juni
Schweden:	22. Juni
Niederlande:	27. Juni
Italien:	10. Juli
Deutschland:	**13. Juli** [120]

Merken Sie was? – Ja, richtig: Die Bürger **aller** Krisenstaaten, die Milliardenstütze erhalten, arbeiten nicht so lange für den Staat wie wir Deutschen. Das heißt: Dort ist die Steuerlast um ein Vielfaches geringer. Super, oder?

4.2.1 Die Steuer wird besteuert

Sie als deutscher Steuerzahler sind dabei der tragische Held der Schuldenkrise. Sie arbeiten und zahlen, zahlen und arbeiten. Und zwar nicht nur für Deutschland. Sie retten die gesamte EU! Die aber braucht immer mehr Geld.

Natürlich müssen Sie dafür auch mit immer höheren Steuern rechnen. Zum Beispiel mit einer Anhebung der Erbschaftssteuer. Die ist aber nichts anderes als eine Erhebung auf Gelder oder Sachwerte, die schon besteuert wurden. Und das sind ja auch noch die direkten Steuern auf Löhne und Gehälter. Besonders tückisch sind zudem die indirekten Steuern, die nicht klar ersichtlich sind.

Wussten Sie beispielsweise, dass in jedem Kilo Kaffee nicht nur die 19 Prozent Mehrwertsteuer, sondern auch 2,19 Euro an Kaffeesteuer enthalten sind? Auf diesen Betrag erhebt der Fiskus übrigens ebenfalls Mehrwertsteuer. Die Steuer wird also besteuert. Die Ökosteuer ist ebenfalls eine Steuer auf die Steuer. So etwas gibt es nur in Deutschland.

»Starke Schultern tragen mehr als schwache« ist der schwachsinnige Slogan politisch korrekter Politclowns, den ich in »Armut für alle« umbenennen will.

Wie sagte schon US-Präsident Abraham Lincoln vor mehr als 140 Jahren: *»Ihr werdet die Schwachen nicht stärken, indem ihr die Starken schwächt. Ihr werdet denen, die ihren Lebensunterhalt verdienen, nicht helfen, indem ihr die ruiniert, die sie bezahlen.«*[121] Wie wahr.

Achtung!
Natürlich ist der Staat auch an höheren Löhnen interessiert. Denn die treiben Sie direkt in die höheren Lohnsteuergruppen. Wer mehr verdient, wird Opfer der kalten Progression. **Und so sind die Gewerkschaften die »Handlanger« der Politik.** Haben Sie sich diesen Umstand schon einmal bewusst gemacht?

Berechnungen des Instituts für Weltwirtschaft zeigen: Alleine 2012 wurden auf diese Weise 4,3 Milliarden Euro kassiert. Noch einmal die Faustformel aus dem Finanzministerium: Eine gesamtwirtschaftliche Lohnerhöhung von einem Prozent bringt fast 1,9 Prozent mehr Steuereinnahmen.

Eine vierköpfige Familie zahlt im Jahr *jetzt schon* durchschnittlich 30 000 Euro an direkten und indirekten Steuern. Ein globaler Spitzenwert! Der deutsche Steuerzahler als »Held« der EU entpuppt sich dadurch immer mehr als »Depp« Europas.

4.3 WAS IST VERMÖGEN?

Mal ehrlich: Haben Sie sich schon einmal gefragt, was »Vermögen« eigentlich ist? Das ist eine wichtige Frage, denn sie entscheidet auch über Ihr Anlegeverhalten. Je nachdem, wie Sie Ihr Vermögen strukturiert haben, können Sie in der Krise nämlich gewinnen oder verlieren.

Grundsätzlich: *Vermögen* hat nur einen *Wert,* wenn es *Nutzen* bringt. Etwa, wenn es ein Einkommen hervorbringt, womit Sie sich dann den gewünschten Nutzen verschaffen können.

Vermögenseinkommen sind Einkommen aus Sach- oder Finanzvermögen. Das Vermögen »arbeitet« sozusagen für Sie. Im Prinzip besteht Vermögen aus handelbaren Gütern, deren Bewertung durch den Marktpreis gegeben wird.

Beispiel 1: Der augenblickliche Marktwert (Kurswert) einer griechischen oder spanischen Staatsanleihe spiegelt den erwarteten Nutzen wider (Ertragswert). Dieser ergibt sich aus den erwarteten Erträgen in der Zukunft. Eine Staatsanleihe mit einem Nennwert von 100 hat vielleicht nur noch einen Kurswert von 65. Darin drückt sich die Angst aus, dass sie bei Fälligkeit nicht mehr vollständig zurückgezahlt werden kann.

Tipp:
Staatsanleihen von Euro-Ländern sind mit Vorsicht zu genießen. Aber auch Yen- und US-Dollar-Anleihen bergen Risiken. Am besten fahren Sie mit Staatsanleihen rohstoffreicher oder rohstoffgesicherter Länder (siehe Kapitel ➔ 13.7 »Krisenmodul 3: Anleihen«).

Beispiel 2: Allerdings können 10 000 Euro Festgeld, die Sie fünf Jahre lang zu einem Zinssatz von zwei Prozent angelegt haben, später weniger wert sein. Dann nämlich, wenn der Marktzins über die zwei Prozent steigt. Sie können die Zinssätze der kommenden Jahre nicht kennen. Niemand kann das.

Tipp:
Deshalb sollten Sie keine großen Beträge auf Festgeldkonten oder Sparbüchern deponieren.

Heutzutage besteht das Haushaltsvermögen in vielen Fällen aus einer Immobilie, Rentenansprüchen und Finanzvermögen in Form von Sparkonten oder Lebensversicherungen.

Achtung!
Finanzvermögen besteht grundsätzlich aus Forderungen. Die Sicherheit, die es bieten soll, ist nur relativ, denn sie ist an die Zahlungsfähigkeit des jeweiligen Schuldners gebunden. Diese ist nicht garantiert.

Inflation, Besteuerungen und Finanzkrisen können Ihr Finanzvermögen so in kurzer Zeit abschmelzen lassen.

Tipp:
Sachwert schlägt Geldwert!

4.4 ANGRIFF AUF IHR ERSPARTES

4.4.1 Wir Deutschen haben zu viel Geld

Trotz Schuldenkrise haben die Deutschen ihr *Geld*vermögen im vorigen Jahr kräftig gesteigert. Bis Ende Dezember 2012 legte es zum Vorjahr um knapp 229 Milliarden Euro auf den Rekordwert von 4,939 Billionen Euro zu. Die Geldvermögensbildung fiel mit knapp 157 Milliarden Euro nominal so hoch aus wie in den letzten 20 Jahren nicht mehr. Hinzu kamen noch 72 Milliarden Euro aus Kursgewinnen an den Kapitalmärkten.[123]

Des einen Freud, des anderen Leid: Das *Netto*vermögen der Bundesbürger beträgt so rund 8,5 Billionen Euro. Dieses entspricht somit ziemlich genau der Staatsschuldensumme aller 17 Euro-Staaten.

Genau genommen ist aber auch diese Zahl nicht ganz korrekt, denn im Nettovermögen nicht enthalten sind Autos, Möbel, Schmuck und Kunstsammlungen. Wir sind also noch ein wenig reicher als offiziell bestätigt.

Das weckt Begehrlichkeiten. Besonders bei den Regierungschefs und Finanzministern der EU-Pleitestaaten.

Kein Wunder, wenn Sie sich folgende Statistik der Spar- und Termineinlagen ansehen:

Deutschland:	1927 Mrd. €
Spanien:	1042 Mrd. €
Italien:	590 Mrd. €
Portugal:	179 Mrd. €

Irland:	115 Mrd. €
Griechenland:	104 Mrd. €[124]

Sie sehen: Die bankrotten Länder Portugal, Griechenland und Irland bringen es *zusammen* gerade mal auf »mickrige« 398 Milliarden Euro. Das entspricht für diese drei Länder zusammen rund 20 Prozent des Volumens der deutschen Spar- und Termineinlagen.

Wohl nicht umsonst tönt es aus Brüssel: »*Nur Deutschland verfügt über die notwendige Finanzkraft, um den Euro zu retten.*«[125] Richtig müsste es heißen: »Nur mit dem Abschöpfen der deutschen Steuergelder kann ganz Europa am Leben erhalten werden.« Demzufolge wird das nächste Tabu diskutiert: Der Angriff auf Ihre Spareinlagen. Mit Ihrem Geld sollen Europa und seine Banken gerettet werden. Im Politikerjargon heißt das »Bankenunion«. Ich komme im nächsten Unterkapitel darauf zurück.

Achtung!

Sie müssen jetzt wachsamer sein als jemals zuvor. Lassen Sie sich von den »Alles-ist-gut«-Sprüchen politisch korrekter Politiker, die Ihr Vermögen – ohne je dazu legitimiert[126] worden zu sein – im EU-Casino verspielen, nicht beeindrucken.

Vergessen wird aber, dass die Sparquote *junger* Haushalte im Alter zwischen 20 und 24 Jahren gerade mal bei rund vier Prozent liegt. Danach steigt sie auf bis zu 14 Prozent an. In Italien und Japan zum Beispiel beträgt die Sparquote allerdings 25 beziehungsweise 30, in Großbritannien 15 Prozent.[127]

4.4.2 Die Bankenunion wird früher oder später kommen – garantiert!

In der europäischen Währungsunion *sollen* die Einlagen pro Sparer bis zu 100 000 Euro geschützt sein. Aber mal ehrlich, trauen Sie den

Garantien der de facto bankrotten Banken und Staaten nach den Vorgängen in Zypern noch?

Für Sie als deutscher Sparer geht es um viel. Sehr viel. Genauer gesagt, um 1818 Milliarden Euro. Denn fast jeden neunten Euro ihres verfügbaren Einkommens tragen die Deutschen zur Bank. Das sind 18 Prozent mehr als im Vorjahr, was 71 Prozent der Wirtschaftsleistung entspricht.[128]

Bisher schützt das deutsche Einlagensicherungs- und Anlegerentschädigungsgesetz (EAEG) zwar 100 Prozent der Einlagen (bis maximal 100 000 Euro) und 90 Prozent der Verbindlichkeiten aus Wertpapiergeschäften (bis maximal 20 000 Euro) je Kunde und Institut. Doch damit könnte – unabhängig vom »Zypern-Schock« (siehe Kapitel ➔ 7.4 »Zypern«) bald Schluss sein. Denn der IWF und führende Mitglieder der EU-Kommission fordern schon lange die Einführung einer Europäischen Bankenunion mit gemeinsamer Einlagensicherung.

Beschlossen wurde bisher die direkte Bankenaufsicht. Dadurch hat die EZB künftig Zugriff auf Informationen über Europas Banken und kann bei Bedarf direkt eingreifen. Langfristig sieht der Plan eine Bankenunion vor, die auch bisherige nationale Regelungen umkrempelt. Der Einlagenschutz der Banken soll so neu geregelt werden – Sie ahnen es, natürlich zu Ihren Ungunsten.

Die gemeinsame Haftung *aller* EU-Länder für Banken finanzschwacher Einzelstaaten ist zwar *vorerst* vom Tisch, aber im selben Atemzug hat man die »weitere europaweite Angleichung der Einlagensicherung« beschlossen. Was immer das heißen mag. Es läuft wohl alles auf dasselbe hinaus: Deutsche Einlagen als Garantien für Einlagen in anderen europäischen Banken.

Achtung!

Das »Schutzniveau« für Ihr Geld wird deutlich sinken. Egal, ob man das nun »Bankenunion« oder »Angleichung der Einlagensicherung« nennt. Denn: Krisenbanken könnten für ihre Einlagensicherungsfonds einen Kredit bei deutschen Banken aufnehmen. Tritt dann eine Zahlungsunfähigkeit ein, schrumpft der Hilfsfonds der deutschen Bank. Ihre Bankeinlagen wären dann gefährdet.

Der Plan einer Bankenunion wird zwar heftig kritisiert, mal wieder verworfen, mal ist er wieder auf der Tagesordnung, aber ich garantiere Ihnen: Die Bankenunion wird kommen. Früher oder später. Und zwar nach diesem Muster:

Gerät eine Großbank in der EU in Schieflage, werden sich die nationalen Bankenrettungsfonds mit Krediten gegenseitig aushelfen. Das verschleiert aber, dass der deutsche Einlagensicherungsfonds, der Ihre Ersparnisse bisher besicherte, dann auch für andere europäische Länder herhalten wird.

Achtung!

Der Hammer dabei ist: In den meisten anderen EU-Staaten gibt es überhaupt keine Einlagensicherung mit eigenen Kapitaleinlagen! **Das bedeutet für Sie:** Die Wahrscheinlichkeit, dass Sie für griechische oder spanische Einlagen haften müssen, ist deutlich höher als umgekehrt.

4.4.3 Ihre Spareinlagen sind nicht mehr sicher

4.4.3.1 Das Merkel-Märchen

Am 5. Oktober 2008, kurz nach dem Ausbruch der Finanzkrise, trat Bundeskanzlerin Angela Merkel mit dem damaligen Finanzminister Peer Steinbrück vor Journalisten und gab eine, bis dahin einmalige, historische Erklärung ab:

»Wir sagen den Sparerinnen und Sparern, dass ihre Einlagen sicher sind. Auch dafür steht die Bundesregierung ein.«[129]

Das war de facto eine Staatsgarantie für alle Spareinlagen von den Lippen der Bundeskanzlerin. Wer das glaubte, war (nicht) selig.

Achtung!
Als Staatsgarantie (also als juristische Haftung für Hunderte von Milliarden Euro für die Spareinlagen der Bürger) hätte das Versprechen der Kanzlerin und des damaligen Finanzministers Peer Steinbrück in ein Gesetz umgearbeitet werden müssen. Das war aber nie der Fall!

Lediglich eine »politische Erklärung« sei das gewesen, ließ man seinerzeit verlauten, denn vor einer tatsächlichen Haftung, die zu Papier gebracht werden sollte, scheuten die Protagonisten wohlweislich zurück.[130] *Die Welt am Sonntag* hatte trotzdem vom Kanzleramt ein klares Bekenntnis zu der damals abgegebenen »Garantie« erwartet und nachgefragt. Die Antwort des Bundesfinanzministeriums war nichtssagend und doch höchst aufschlussreich:

»Die Frage stellt sich derzeit nicht, weil es keine Bedrohung für die Spareinlagen mehr gibt.«[131]

Wie bitte? Keine Bedrohung für die Spareinlagen? Wieso brauchten damals dann die Banken und Landesbanken immer neue Milliarden vom Staat? Und wieso wurde der Bankenrettungsfonds SoFFin erst im Dezember 2012 bis 2014 verlängert?

Dann folgt ein Eiertanz vom Kanzleramt, so die *WamS* weiter: *»Aus dem Kontext der damaligen Äußerungen werde klar, dass sich die Garantie auf die akute Situation im Herbst 2008 und die damaligen Sorgen vieler Menschen bezogen habe. ›Eine Unendlichkeitsgarantie kann eine solche Erklärung natürlich nicht haben.‹ Ausdrücklich zurückgezogen, das wird betont, ist die Garantie jedoch nicht.«*[132]

Zwei Jahre später relativierte Ex-Finanzminister Peer Steinbrück im *Spiegel* seine eigene und die Zusicherung der Kanzlerin: *»Es gab eine spürbare Verunsicherung, und die Leute begannen, ihr Geld von den Banken abzuheben. Dadurch sank die Liquidität der Kreditinstitute, was wiederum das Vertrauen in die Banken untergrub. Es drohte ein Teufelskreis, weswegen Kanzlerin Merkel und ich uns entschlossen haben, alle Spareinlagen staatlich zu garantieren. Es hat funktioniert. Fragen Sie mich nicht, was passiert wäre, wenn es nicht funktioniert hätte (...) Wir* *wussten, dass wir uns auf dünnem Eis bewegen. Um es deutlich zu sagen: Für eine solche Zusage fehlte uns eigentlich die Legitimation. Es gab keine Rechtsgrundlage und keinen parlamentarischen Rückhalt. Ich wundere mich bis zum heutigen Tag, dass die Parlamentarier hinterher nie gefragt haben: Um Gottes Willen, was habt ihr da eigentlich gemacht?«*[133]

Diese überraschend ehrlichen Aussagen machen klar:

- Das deutsche Volk, das dem Versprechen blind vertraute, wurde wissentlich getäuscht, weil nicht genau definiert war, was unter »Spareinlagen« zu verstehen ist.
- Eine Garantie in solcher Höhe muss vom Parlament abgesegnet und in ein Gesetz gegossen werden. Beides war nicht der Fall, also hatten die Bundeskanzlerin und der Finanzminister juristisch kein Recht, diese Garantie zu geben. Dass die Menschen, die ihre Vermögen verloren hätten, auch wirklich alle ihre Ersparnisse vom Staat zurückerhalten hätten, ist äußerst unwahrscheinlich.

Angesichts der Zypern-Krise ließ Angela Merkel im März 2013 öffentlich wiederholen, dass die Spareinlagen in Deutschland sicher seien.[134] Erstaunlich: Bei einer Forsa-Umfrage nahmen ihr das – trotz Steinbrücks Enthüllungen – auch noch 41 Prozent der Befragten ab[135] und enttarnten sich dadurch als unerschütterliche Obrigkeitsglaubende.

Christian Ströbele (Bündnis 90/Die Grünen) befragte im März 2013 die Bundesregierung zu dieser »Garantie«[136]. Die Antwort von Staatssekretärin Nicolette Kressl enthüllte nichts Neues: Die Erklärung zur Garantie der privaten Spareinlagen sei eine rein politische Erklärung gewesen: *»Hieraus lässt sich für die Bürger keine rechtsverbindliche und damit selbstständig einklagbare Garantieerklärung ableiten.«*[137]

Auch zyprische Politiker hatten ihrem Volk zuvor mehrfach versichert, dass niemand um sein Geld fürchten müsse. Man könne es beruhigt auf der Bank lassen.

Euro-Gruppenchef Jeroen Dijsselbloem legte Ende März 2013 sogar noch einen drauf: Er hatte verkündet, dass die Restrukturierung der europäischen Banken nach dem Vorbild Zyperns erfolgen soll. Im Klartext: Alle Bankguthaben werden, falls notwendig, enteignet. Dijsselbloem nannte Zypern eine »Blaupause für Europa«, ruderte dann aber eiligst zurück.[138] Offenbar war er erschrocken darüber, dass er die Wahrheit sagte. Doch die Reaktionen waren gewaltig.

Hintergrund:
Zypern war nicht der erste »Rechtsbruch«, was eine Zwangsabgabe anbelangt. Vorexerziert hatte das schon Italien – und zwar während der Währungskrise von 1992. In der Nacht vom 9. auf den 10. Juli wurde unangekündigt eine Zwangsabgabe von sechs Promille auf Bankguthaben erhoben. Die rechtliche Grundlage für diese Teilenteignung wurde erst einen Tag später im Parlament verabschiedet.[139]

In ganz Europa wurden Bedenken laut, dass der »kleine« Sparer künftig an der Pleite »seiner« Bank beteiligt werden würde. Tagelang versuchten Dijsselbloem und seine Vasallen das »Missverständnis« aus der Welt zu schaffen. Die Mainstreammedien halfen natürlich mit. Als sich die Lage dann endlich etwas beruhigt hatte, ließ das niederländische EZB-Mitglied und Notenbankpräsident seines Landes, Klaas Knot, die Bombe nochmals platzen. In einem Vortrag bestätigte er, was Dijsselbloem verkündet, aber eiligst wieder dementiert hatte: Die Restrukturierung der europäischen Banken wird nach dem Vorbild Zyperns erfolgen. Alle Bankguthaben sollen, falls notwendig, enteignet werden.[140]

Die niederländische Zeitung *Het Financieele Dagblad* druckte sogar den Originalwortlaut von Knot ab: *»Es gibt an den Aussagen von Dijsselbloem nichts auszusetzen. Der Inhalt seiner Bemerkungen bezieht sich auf einen Weg, der schon länger in Europa diskutiert wird. Dieser Weg wird Teil des Prozesses sein, wie in Europa Banken liquidiert werden.«*[141]

Beim Treffen der EU-Minister in Dublin erklärte EU-Kommissar Michel Barnier Mitte April 2013, dass die Guthaben der Sparer aber erst nach den Aktionären einer Bank und den Kreditgebern von Banken einbezogen werden. Kleine Sparer seien über den Einlagensicherungsfonds abgesichert.[142]

Am 18. April 2013 bestätigte Bundesfinanzminister Wolfgang Schäuble (CDU) diese Auffassung. Im Bundestag sagte er, dass er in allen Fällen, in denen eine Bankeninsolvenz europäische Hilfen nötig werden lasse, die Bankenabwicklung in Zypern als Vorbild sehe. Bei Bankenpleiten müssten künftig immer zuerst die Eigentümer herangezogen werden, dann Fremdkapitalgeber und danach teilweise auch Sparer.[143]

Achtung!

Das bedeutet für Sie: **Sie sollten die Kreditwürdigkeit Ihrer Bank künftig prüfen! Denn wenn Sie eine Einzahlung bei Ihrer Bank tätigen, geben Sie ihr gleichzeitig Kredit.** Sie sind also Gläubiger geworden und beim Ausfall gefährdet!

Dazu die *Deutschen Wirtschafts Nachrichten:* »*Wie soll sich denn ein 75-jähriger Rentner, der seit Jahrzehnten bei einer Bank Kunde ist, heute kundig machen, ob diese Bank gefährdet ist? Was macht ein Unternehmen, das seinen gesamten Zahlungsverkehr inklusive der Lohnabwicklung über eine Bank durchführt, wenn diese Bank über Nacht explodiert, weil unbekannte Derivate aufgetaucht sind?*«[144]

Der Geschäftsführer und Begründer der dänischen *Saxo Bank,* Lars Christensen, sagte in einer hochinteressanten Rede am 12. Mai 2013 in London: »*Zypern war sehr wohl eine Blaupause. Erwarten Sie nicht nur ›Bail-ins‹ – die ja, wenn sie im Voraus klar definiert würden, einen Teil der Lösung darstellen könnten –, sondern auch geradeheraus Konfiskationen und Vermögenssteuern, die als Solidaritätszahlungen maskiert werden. Die Regierungen Europas brauchen Geld, und der private Sektor hat es. So einfach ist das. Denken Sie ruhig sehr paranoid.*«[145]

Ende Mai 2013 kam dann das »Ja« des Wirtschaftsausschusses im EU-Parlament. Nach dem Vorbild Zypern will man Großanleger weiter zur Rettung heranziehen. Mit großer Mehrheit wurde sogar ein Gesetzesentwurf verabschiedet, der von 2016 an nur noch Einlagen von bis zu 100 000 Euro schützt.[146]

Einen Monat später wurde dann klar, dass sich die *Sparer* nun endgültig an Bankenrettungen beteiligen sollen. Die Euro-Finanzminister hatten sich nämlich auf neue Regeln verständigt[147]:

- Zuerst sollen Aktionäre und Gläubiger der jeweiligen maroden Bank zur Kasse gebeten werden.
- Dann werden die unbesicherten »Einlagen von natürlichen Personen, Kleinstunternehmen sowie mittelständischen Unternehmen«, die bei *über* 100 000 Euro liegen, herangezogen.
- **Die Sparer mit Vermögen über 100 000 Euro werden mit einer Zwangsabgabe von acht Prozent belegt, wenn die Bank gerettet werden muss!**[148]

Damit war die drohende Enteignung der Sparer in ganz Europa amtlich.

Doch auch die Einlagensicherung ist keinesfalls mehr »sicher«, denn die Banken drohen bereits damit, nicht weiter in die Einlagensicherung einzahlen zu wollen. **Eines ist klar:** Wenn die Einlagensicherung so sicher wäre, dann bräuchte man gar keine europaweite Lösung.[149]

Hintergrund:

Seit vielen Jahren gibt es schon eine EU-Richtlinie, die kaum einer kennt und die Folgendes besagt:

- Die Einlagensicherung sieht einen Selbstbehalt pro Sparer von zehn Prozent vor.
- Die Mindestbegrenzung liegt bei 20 000 Euro.
- Jeder Sparer müsste sich also über diesen Wert mit zehn Prozent seiner Einlagen an der Sanierung seiner Bank beteiligen.
- Deutschland hat diesen Schwellenwert allerdings auf 100 000 Euro hochgesetzt.[150]

Es dürfte also für die Bundesregierung kein großes Problem sein, diesen Wert wieder auf den der EU-Richtlinie zu senken.

Alles klar?

Achtung!
Die Lehre, die Sie als Bankkunde daraus ziehen müssen, ist einfach: Auf dem Bankkonto liegt kein unantastbares Eigentum. Es ist ein Punktekonto, das nach Belieben ganz oder teilweise »gelöscht« werden kann.

Soviel also zu den vollmundigen Versprechen der Politiker.

Tipp:
Mein Rat: Lassen Sie nur das nötigste Geld auf der Bank liegen. Alles andere bar an einem sicheren Platz aufbewahren oder in Sachwerte umwandeln. Da können kein Staat, keine EZB und keine Notenbank ihre gierigen Finger danach ausstrecken.

Und noch eines: Obrigkeitsglaubende haben bei jedem Staatsbankrott und bei jeder Währungsreform den größten Teil ihres Vermögens verloren, weil sie bis zuletzt und unerschütterlich an die Märchen der Polit-Elite geglaubt haben. Machen Sie diesen Fehler nicht. **Seien Sie jederzeit skeptisch und hinterfragen Sie *alles!***

4.4.3.2 Gemeinsame Einlagensicherung

Ähnliche Versprechen gab man auch in Bezug auf die gemeinsame Einlagensicherung ab. Wird diese dann doch eingeführt, würde die Entschädigungseinrichtung deutscher Banken zum Schutz der Spareinlagen ebenfalls in den EU-Fonds eingehen. Aus den nationalen würde dann ein europäischer Einlagensicherungsfonds.

Der deutsche Einlagensicherungsfonds, in dem bereits Milliardenbeträge für den Fall nationaler Bankenpleiten gesammelt wurden, muss dann für die in Not geratenen Kunden ausländischer Banken einspringen. Die Sicherheit für deutsche Spareinlagen verschlechtert sich somit.

Das bedeutet für Sie: Im Falle der Pleite einer Bank – z. B. in Griechenland, Portugal oder Spanien – müssten Sie über die Einlagensicherung die größte Verantwortung für die Rettung der betroffenen Sparguthaben übernehmen. Sie sind dann nicht nur als Steuerzahler, sondern auch als Sparer in die Rettungsaktionen der Politik mit einbezogen. Sollte dies Wirklichkeit werden, müssten bis zu 197 Milliarden Euro darin verfügbar sein, um jeden Sparer mit 100 000 Euro abzusichern. Alleine Deutschland müsste davon 55 Milliarden bezahlen.

Das wäre der Einstieg in eine Transferunion, und zwar von hinten durch die Brust ins Auge. Sie als Steuerzahler würden dann also nochmals zur Kasse gebeten werden, um für den Großteil der Geldeinlagen anderer europäischer Sparer zu garantieren. Und das, obwohl Ihre Sicherheiten schrumpfen!

☑ **Tipp:**

Halten Sie so wenig wie möglich Cash auf der Bank!

4.4.4 Die Abwertung Ihres Geldvermögens droht

Die Garantie, die der *aktuelle* europäische Einlagensicherungsfonds verspricht, funktioniert jedoch nur, wenn diese sich auf die tatsächlich vorhandenen Euro-Beträge bezieht. Doch derzeit beträgt die Summe der Bankguthaben im Euro-Raum rund acht Billionen Euro. Das ist fast das Achtfache dessen, was die Banken an Bargeld und Guthaben bei der EZB mobilisieren können.

Ein möglicher Ausweg aus diesem Dilemma wäre die Abwertung von Bankeinlagen. Im Notfall dürfte für die Staats- und Regierungschef auch das eine überlegenswerte Option sein.

☑ **Tipp:**
Ziehen Sie den Großteil Ihres Geldes schnell von Ihren Sparbüchern und Bankkonten ab. Retten Sie Ihr Vermögen durch eine möglichst breite Streuung, wie ich Ihnen das im Kapitel ➔ 13 »So schützen Sie sich vor dem Deutschland-Kollaps« empfehle.

Die Euro-Rettung ist ein Fass ohne Boden. Der Staat braucht Geld, mehr Geld und immer noch mehr und mehr – und Sie sind die Melkkuh! **Das heißt für Sie:** Man will Ihnen an die Wäsche. Immer gieriger werden die Finger, die in Ihre Taschen greifen, um auch noch den letzten Cent hervorzuholen. Wie das geschehen soll, erfahren Sie jetzt.

4.5 NEUE STEUERN UND ABGABEN

Ich habe eine Liste für Sie zusammengestellt, die erschreckend detaillierte Maßnahmen enthält, wie Sie künftig zur Kasse gebeten werden sollen. Dabei ist es gleichgültig, welche Partei oder welcher »Experte« wie wo was empfiehlt und bei der Bundestagswahl 2013 gewinnt. Nach dem Motto »Armut für alle« sollen offenbar folgende Maßnahmen für steigende Staatseinnahmen sorgen, um die immer höhere Verschuldung durch die Euro-Rettungsmaßnahmen noch finanzieren zu können. Aber nehmen Sie jetzt erst mal einen tiefen Schluck aus der Kaffeetasse, bevor Sie weiterlesen.

Neue Steuern und Abgaben, die in den Haushaltsausschüssen diskutiert werden:

- **Erhöhung der Einkommenssteuer bzw. des Spitzensteuersatzes**
- **Abschaffung des Ehegattensplittings:** Dies soll »für künftige Ehen durch eine Individualbesteuerung mit Unterhaltsabzug umgestaltet« werden.
- **Reichensteuer** ab einem Einkommen von z. B. 125 000 (250 000) Euro.

- **Wiedereinführung der Vermögenssteuer** (egal, was gegenwärtig diskutiert wird).
- **Reform der Erbschaftssteuer.**
- **Erhöhung der Abgeltungssteuer** von derzeit 25 auf 30 Prozent.
- **Ausweitung der Finanzmarkttransaktionssteuer.**
- **»Systematisierung der Mehrwertsteuersätze«,** was im Klartext **Mehrwertsteuererhöhung** heißt.
- **Erhöhung der Gewerbesteuer.**
- **Erhöhung der Körperschaftssteuer.**
- **Prüfung des Elterngeldes auf Abschaffung.**
- **Abschaffung der Wohnungsbauprämie.**
- **Abschaffung der Subventionierung von Dieselkraftstoff.**
- **Prüfung, ob Kinder und Jugendliche noch beitragsfrei in der gesetzlichen Krankenversicherung mitversichert sein können,** was jährlich rund 16 Milliarden Euro kostet.
- **Weitere Erhöhung der Grunderwerbssteuer.** Die meisten Bundesländer haben diese bereits von 3,5 auf fünf Prozent erhöht und dadurch 6,4 Milliarden Euro mehr Steuereinnahmen generiert.
- **Besteuerung von Auslandsdividenden** aus Schachtelbeteiligungen.
- **Anhebung des Renteneintrittsalters** auf 70 Jahre.
- **Kürzung der Sozialleistungen** (Einzelheiten werden noch diskutiert).[151]

4.6 DIE WAHRHEIT ÜBER DIE VERMÖGENSSTEUER

Ich kann es schon nicht mehr hören. Politikergeschwafel wie »Starke Schultern sollen mehr tragen als schwache« oder »Der Millionär soll nicht weniger Steuern bezahlen müssen als seine Putzfrau« hängt mir langsam zum Hals heraus.

Sozialdemokraten, Grüne und Linke diskutieren schon seit längerer Zeit über die Wiedereinführung der Vermögenssteuer. Damit will man vor allem die »Reichen« bestrafen. So wird das jedenfalls in der Öffentlichkeit kommuniziert.

Meine Recherchen ergeben jedoch ein ganz anderes Bild: In Wahrheit wird eine Vermögenssteuer die Mittelschicht treffen. Und: Es ist dabei völlig egal, wie viel Vermögen Sie besitzen. Vor allem wird sie auch diejenigen treffen, die sich jetzt lautstark für die Wiedereinführung der Steuer stark machen. »Bumerang-Effekt«[152] nennt man so etwas.

Eine Reaktivierung der Vermögenssteuer würde die Menschen treffen, die täglich zur Arbeit gehen, fleißig sind und sparen. Aber auch die, die gar kein Vermögen besitzen – und zwar indirekt:

- **Mieten steigen,** da Vermieter die Immobiliensteuer auf die Miete umlegen werden.
- Vermögenssteuern auf Betriebsvermögen sind zusätzliche Kosten. Das senkt die Profitabilität. Die Folge: **höhere Preise, Löhne steigen weniger stark.** Neuinvestitionen werden verzögert, **Arbeitsplätze gefährdet.**
- Für Mittelständler, die ihr eigenes Unternehmen oder Immobilien als Altersvorsorge konzipiert haben, kann es dann ein böses Erwachen geben.

Tipp:
Glauben Sie nicht an die vollmundigen Ankündigungen der Politiker, die Ihnen vortäuschen wollen, dass eine Vermögenssteuer »gerecht« sei, weil sie die »Vermögenden« trifft. Wie Sie gesehen haben, ist das nicht der Fall!

Dabei ist diese Abgabe gar nicht notwendig. Denn aufgrund des linear-progressiven Steuertarifs trägt das oberste Prozent der Steuerpflichtigen bereits jetzt 22 Prozent zum gesamten Einkommenssteueraufkommen bei. Die oberen zehn Prozent der Vermögenden sogar 54,6 Prozent.

Aber auch, wenn Sie Ihr Einkommen vollständig ausgeben, kommen Sie nicht ungeschoren davon. Dann zahlen Sie nämlich Verbrauchssteuern wie zum Beispiel Energiesteuer, Stromsteuer, Ökosteuer, Kaffeesteuer und obendrauf noch die Mehrwertsteuer.

Der Staat hat kein Einnahmeproblem. Im Gegenteil: Die Steuereinnahmen sprudelten im Jahr 2012 so stark wie noch nie in der Geschichte unserer Republik. **Aber unsere raffgierigen Politiker können mit dem Geld, das sie bekommen, nicht mit kaufmännischer Sorgfalt umgehen.** Das übersteigt offenbar ihre Fähigkeiten.

Achtung!
Die nächsten Steuererhöhungen werden ganz sicher kommen. So ist es immer gewesen und so wird es auch bleiben. Europa ist bankrott und nur das Vermögen der Deutschen kann den Karren noch halbwegs am Laufen halten.

4.7 IMMOBILIENZWANGSABGABE UND BESTEUERUNG

Warum, glauben Sie, wurde im Sommer 2011 die Volksbefragung »Zensus« durchgeführt, bei der jeder Immobilienbesitzer zur Angabe seiner Wohnsituation quasi verpflichtet wurde?

Bis *heute* haben die Medien das vergessen und auch viele Immobilienbesitzer machen sich keine Gedanken mehr darüber.[153] Doch die Rädchen im Hintergrund arbeiten ununterbrochen. **Der Staat vergisst nichts!**

Ich habe mich bereits damals, bei der Durchführung von »Zensus«, gefragt, ob sich der Staat damit vielleicht auf Kosten der Immobilienbesitzer entschulden möchte? Warum zwang er alle Immobilienbesitzer dazu, sensible Daten über ihr Eigentum abzugeben? Und das gerade in Zeiten, in denen sich die Staatsverschuldung auf einem erschreckenden Höhepunkt befindet?

Zur Erinnerung: 80 000 Zensus-Volkszähler befragten insgesamt 26 Millionen Menschen. Die Teilnahme war Pflicht und jeder, der den Fragebogen nicht zurückschickte, musste mit einem Bußgeld von mindestens 150 Euro rechnen. Entkommen konnten die Aufgeforderten sowieso nicht, denn neben der Datensammlung durch die

Haushaltsinterviewer wurden auch Informationen aus den Melderegistern der Kommunen und der Bundesagentur für Arbeit zusammengetragen und ausgewertet.

Zehn Prozent der Gesamtbevölkerung, also acht Millionen zufällig ausgewählte Menschen, wurden im Rahmen der Haushaltsbefragung zu Erwerbstätigkeit, Bildung und Migrationshintergrund befragt. Aber alle 17,5 Millionen Eigentümer von Häusern und Wohnungen **mussten** Auskunft über ihr Eigentum geben.

Die Daten sollten »geschützt« werden. Aber Fakt ist, dass es den Statistikämtern im Zensus-Gesetz ausdrücklich erlaubt wurde, »für jede Anschrift, jedes Gebäude, jede Wohnung, jeden Haushalt und jede Person« eine Ordnungsnummer zu vergeben und diese bei der Zusammenführung der Datensätze zu nutzen.

4.7.1 Staatliche Schnüffelei in Ihrem Vermögen

Alle Haus- und Wohnungseigentümer waren auskunftspflichtig – und zwar ohne Ausnahme. Die offizielle Begründung: »*Wo gibt es Wohnungsmangel, wo Leerstand? Wie viele Quadratmeter haben die Menschen zum Wohnen zur Verfügung? Derartige Informationen sind wichtig – beispielsweise für die Stadtplanung. Die Gebäude- und Wohnungszählung wird darauf Antworten geben.*«[154]

Bei Gebäuden wollte das Bundesamt wissen, um was für ein Gebäude es sich genau handelt, wann es gebaut wurde, wie viele Wohnungen es in dem Gebäude gibt und welche Heizungsart verwendet wird. Bei Wohnungen interessierten die Größe, die Zahl der Räume und Bewohner sowie das Vorhandensein von Bad/Dusche und WC. Um Angaben für Haushalte berechnen zu können, wurde auch nach den Namen von bis zu zwei Wohnungsnutzern gefragt.

War »Zensus« also die Bestandsaufnahme für eine künftige Immobilienzwangsabgabe?

4.7.2 Aus der Vergangenheit für die Zukunft lernen

Die Staatsverschuldung Deutschlands beträgt *offiziell* schon über zwei Billionen Euro. Inklusive künftiger Staatsverpflichtungen sogar rund acht Billionen Euro (siehe Kapitel → 9 »Warum es zum deutschen Staatsbankrott kommen *muss*«). Diese exorbitante Verschuldung ist mit »normalen« Mitteln nicht mehr zu tilgen. Eine völlige Bankrotterklärung wird nur dann zu verhindern sein, wenn die Bürger zusätzlich enteignet werden. Am besten geschieht dies über den Immobilienbesitz, den man vor dem Staat nicht »retten« kann.

Schauen Sie mit mir einmal kurz in die Vergangenheit, um für die Zukunft zu lernen.

Lastenausgleichsgesetz 1952
Im Jahr 1952 wurde vom Bundestag das sogenannte »Lastenausgleichsgesetz« erlassen. Die Umverteilung erfolgte dadurch, dass diejenigen, denen erhebliches Vermögen nach der Währungsreform verblieben war – insbesondere Immobilienbesitzer –, die Hälfte ihres Vermögens nach dem Stand vom 21. Juni 1948 in 120 vierteljährlichen Raten, also verteilt auf 30 Jahre, in einen Ausgleichsfonds einzahlen mussten.

Zu diesem Zweck wurden eine Vermögensabgabe, eine Hypothekengewinnabgabe und eine Kreditgewinnabgabe eingeführt, die an die Finanzämter zu zahlen waren. Diese Sonderabgabe, das heißt Teilenteignung, traf vor allem Haus- und Wohnungseigentümer.

4.7.3 Laut Grundgesetz ist eine Enteignung möglich

Das, was 1952 möglich war, kann sich heute beinahe problemlos wiederholen. Grundlage dafür ist unser Grundgesetz.

GG Artikel 14, Abs. 2: *»Eigentum verpflichtet. Sein Gebrauch soll zugleich dem Wohle der Allgemeinheit dienen.«*
GG Artikel 14, Abs. 3: *»Eine Enteignung ist nur zum Wohle der Allgemeinheit zulässig (…)«*[155]

Eine **Zwangshypothek,** bei der eine Grundschuld zugunsten des Staates in die Grundbücher eingetragen, der Immobilienbesitzer also quasi zwangsweise verschuldet wird, ist demnach durchaus möglich. Unser Grundgesetz gibt dieses her. Rechtsgrundlage dafür könnte ein neues Lastenausgleichgesetz sein.

Dies wäre äußerst lukrativ für den Staat, denn die deutschen Immobilienvermögen werden auf knapp neun Billionen Euro geschätzt. Bei einer staatlichen Zwangshypothek von zehn Prozent könnte der Fiskus sich 900 Milliarden Euro aneignen, die er sogar mit Grundschulden besichern könnte. Die Hälfte der offiziellen Verschuldung von rund zwei Billionen Euro könnte man so also bequem »tilgen«. Die Haus- und Wohnungsbesitzer hingegen würden ärmer. Die Erfahrungen von 1952 lassen also nichts Gutes erahnen.

Tipp:
Warum es trotzdem gut ist, eine eigene Immobilie zu haben, erfahren Sie im Kapitel → 13.8 »Krisenmodul 4: Immobilieninvestments«.

4.7.4 Neue Steuern für Mieter und Immobilieneigentümer?

Natürlich können und *werden* unsere Politiker von unseren Nachbarn, den Franzosen, lernen. Dort ist nämlich einmal im Jahr die Wohnsteuer (taxe d'habitation) zu entrichten.[156]

Die Wohnsteuer wird nach der Größe der Wohnung, also nach Quadratmetern berechnet. Sie variiert von Region zu Region. Die Steuer liegt im dreistelligen Euro-Bereich.

Aber auch der Vermieter kommt in Frankreich nicht ungeschoren davon: Er zahlt ebenfalls eine Steuer auf die Wohnung, die »taxe foncière«, die der bundesdeutschen Grundsteuer ähnlich ist und nach denselben Kriterien wie die Wohnsteuer errechnet wird.

Wohnt man in seiner eigenen Wohnung oder in seinem eigenen Haus, zahlt man sowohl die taxe d'habitation *als auch* die taxe foncière, also beide Steuern. Für ein durchschnittliches Haus sind als Mieter zusätzlich zur Miete oder als Eigentümer dann schnell 300 Euro pro Monat fällig.

Auch das gibt es seit dem 1. Februar 2012 in Frankreich: Bei einem Verkauf der Immobilie muss der Wertzuwachs versteuert werden, falls es sich nicht um den selbst genutzten Hauptwohnsitz handelt. Höhe des Steuersatzes: 32,5 Prozent.

Der Abzug des Inflationsausgleichs vom steuerpflichtigen Wertzuwachs innerhalb der ersten fünf Jahre nach dem Erwerb ist ebenfalls nicht mehr möglich.

Ich fasse also nochmals zusammen: In Deutschland wecken die französischen Regelungen und Maßnahmen bei vielen Parteienvertretern bereits Begehrlichkeiten. Bei der Umsetzung hierzulande würde das Folgendes für Sie bedeuten:

- **Wohnsteuer** für Sie als **Mieter.**
- **Grundsteuer und Wohnsteuer für Sie** als **Immobilienbesitzer.**
- **Versteuerung des Wertzuwachses bei Verkauf** einer nicht **selbst genutzten Immobilie.**
- Die **Anrechnung des Inflationsausgleichs** in den ersten fünf Jahren wurde **gestrichen.**[157]

Der Staat würde also wiederum zugreifen, und zwar von hinten durch die Brust ins Auge.

4.8 »CAC«: ENTEIGNUNG DURCH DIE HINTERTÜR

Dasselbe Prinzip gilt auch für die nächste Enteignungsmaschinerie. Sie ist aber noch viel perfider.

4.8.1 An Griechenland wurde es durchexerziert

Als Griechenland im Frühjahr 2012 nur Tage von einem echten Bankrott entfernt war, kam im letzten Moment der Schuldenschnitt zustande. Die griechische Regierung erließ auf Druck der EU-Troika **rückwirkend** ein Gesetz, das die Gläubiger zu einem schmerzhaften Verzicht auf ihre Forderungen zwang.

Den Gläubigern wurde folgender Vorschlag gemacht:

- Verzicht auf 53,5 Prozent des ursprünglich investierten Geldes.
- Aufteilung der restlichen 46,5 Prozent auf mehr als 20 neue Anleihen mit Laufzeiten zwischen zehn und 30 Jahren. Die letzte läuft erst 2042 aus.

Die größten Gläubiger Griechenlands, Banken, Versicherungen und staatliche Versorgungswerke, konnten dem Druck der EU-Staaten nicht standhalten. Sie stimmten letztlich zu. Dies wurde dann als »freiwillige« Umschuldung tituliert. Allerdings waren nicht alle Gläubiger mit dem Angebot einverstanden. Die Uneinsichtigen wurden aber dann damit »bestraft«, dass ihre Anleihen einfach zwangsweise umgetauscht wurden. Bis heute versuchen manche, sich gerichtlich gegen diese Teilenteignung zu wehren.[158]

Und das waren die Folgen für Griechenland:

- Die größten Verlierer waren die griechischen Bürger.
- Die griechischen Pensionskassen hatten die eingezahlten Gelder in »sichere Staatsanleihen« des eigenen Landes angelegt. Das war keine Fehlentscheidung, sondern gesetzliche Vorschrift. **54 Prozent der Vermögen der Rentenkassen waren mit einem Schlag ausgelöscht.**
- Nicht anders erging es den Lebensversicherungen, die viele Griechen als private Altersvorsorge angespart hatten. Auch die Lebensversicherer legen ihr Geld zu großen Teilen in griechische Staatsanleihen an.

- Auch andere Kapital- und Rentenfonds, die beispielsweise Sparkassen und Banken ihren Kunden empfohlen und verkauft hatten, waren massiv betroffen.
- Die meisten Finanzprodukte und Versicherungen, die zur Bildung einer privaten Altersvorsorge beitragen, enthalten Staatsanleihen – aus »Sicherheitsgründen«. Die griechischen Anleger mussten hilflos zusehen, wie der größte Teil ihrer Ersparnisse in Rauch aufging (mehr zu diesem Desaster im Kapitel ➔ 7.1 »Bankrotte Staaten – Griechenland«).

4.8.2 Staatsanleihen sind tickende Zeitbomben

Die Verantwortlichen der einzelnen Euro-Staaten gingen im Januar 2013 ganz offensichtlich davon aus, dass die meisten ihrer Länder früher oder später in Zahlungsschwierigkeiten geraten werden. Oder, dass den noch einigermaßen stabilen Mitgliedsstaaten die Mittel fehlen, um die zahlungsunfähigen Staaten zu »retten«.

Also beugte man vorausschauend vor und baut von nun an bei allen *neuen* Staatsanleihen im Euro-Raum eine Klausel ein: die CAC-Klausel *(»Collective Action Clause«).*[159] Siehe dazu auch das Kapitel ➔ 2.4 »Der Rettungsschirm ›ESM‹«).

4.8.3 So funktioniert die Enteignungsklausel

- Der Anleihen ausgebende Staat kann einen Schuldenschnitt in einer mit den Gläubigern auszuhandelnden Höhe ansetzen. Auch wenn das nur zwei Drittel der Gläubiger wollen.
- Es gibt keine juristische Handhabe dagegen. Der Gläubiger kann nicht auf Erfüllung seiner Forderung klagen. Wie bei den Preisausschreiben unten im Kleingedruckten steht: Keine Gewähr, der Rechtsweg ist ausgeschlossen.
- Damit wird die Enteignung der Gläubiger gerichtsfest gemacht.

Achtung!

Staatsanleihen von EU-Ländern, einschließlich Deutschlands, sind in Zukunft *noch* unsicherer. Nach und nach werden die alten Staatsanleihen fällig und vom Markt verschwinden. Die neuen Staatsanleihen enthalten diese CAC-Klausel und sind im Zweifelsfall nicht oder nur teilweise einzutreiben.

4.8.4 Auch Sie ganz persönlich werden enteignet

Zahlungsausfälle bei Staatsanleihen gehen auch Sie ganz persönlich etwas an. Es ist nämlich Ihr Geld, das durch die neue CAC-Klausel heimtückisch enteignet wird. Warum das so ist, erkläre ich Ihnen jetzt:

- Auch in Deutschland investieren **Rentenkassen** das eingezahlte Geld entsprechend den gesetzlichen Vorschriften in Staatsanleihen – vornehmlich deutsche Bundesanleihen. Doch die enthalten in Zukunft die CAC-Klausel.
- Aber Deutschland ist bereits überschuldet und trägt auch noch immense Haftungsrisiken. Was, wenn die schlagend werden? Ein Schuldenschnitt könnte den größten Teil der Rentengelder vernichten. Das bedeutet für Sie, dass Sie möglicherweise mit starken Einbußen bei Ihrer Rente rechnen müssen.
- Auch die Anlagen Ihrer **betrieblichen Altersvorsorge** sind meist eine Mischkalkulation aus Aktien, Pfandbriefen, Unternehmensanleihen und Staatsanleihen quer durch die Euro-Zone. Pfandbriefe und Unternehmensanleihen sind in Zeiten wirtschaftlicher Krisen und heftiger Auftragseinbrüche keine sichere Bank – nun sind auch noch die Staatsanleihen nicht mehr sicher. Auf die betrieblichen Rentenkassen kommen möglicherweise große Ausfälle zu.[160] Diese treffen auch Sie.
- Sie haben mit **Lebensversicherungen** für Ihr Alter vorgesorgt? Die Versicherer sind ebenfalls gesetzlich verpflichtet, das ange-

sparte Geld der Kunden zum großen Teil in »sichere« Staatsanleihen zu investieren. Ich warne schon seit Jahren, dass hier das dicke Ende unausweichlich kommt. Die Zinsen, die Staatsanleihen zurzeit einbringen, reichen nicht aus, um den Garantiezins für die Versicherten zu erwirtschaften. Jetzt ist schon abzusehen, dass wahrscheinlich nicht einmal das investierte Geld wieder hereinkommt. Unter Umständen kappt ein Teil- oder Totalschuldenschnitt dieser Staatsanleihen, in die Ihre Versicherung investiert hat, Ihre Auszahlungssumme. Ade, goldener Lebensabend!

Tipp:
In meinem Buch *Vorsicht Lebensversicherung*[161] erläutere ich Ihnen 30 Gründe, warum Sie *keine* Lebensversicherung haben sollten.

- Sie haben in »sichere« **Kapitalfonds** investiert? Haben Sie einmal das Portfolio dieser Finanzprodukte überprüft? Welchen Anteil haben hier Staatsanleihen? Hat man vielleicht auch noch Ihr Geld in südeuropäische Staatsanleihen investiert, weil die mehr Zinsen bringen? Sind Sie sicher, dass Sie Ihr Geld überhaupt noch wiedersehen?
- Auch große **Banken** halten nicht unbeträchtliche Pakete an Staatsanleihen aus der gesamten Euro-Zone. Haben Sie Investitionen im Vertrauen darauf getätigt, dass Ihr Bankberater ja so ein netter Mensch ist, der immerhin für die seriöse und solide XY-Bank steht?

Tipp:
Nehmen Sie Ihre Vermögensanlagen kritisch unter die Lupe und prüfen Sie, wie viele Investitionen in Staatsanleihen Ihre »Partner« vornehmen. Am besten geht das über Geschäftsberichte der Unternehmen. Sie werden meist im Internet veröffentlicht.

- Selbst wenn Sie ein Sparbuch besitzen, nützt Ihnen das nicht mehr viel. Wenn die entwerteten Staatsanleihen den wackeligen Geldinstituten den Garaus machen, setzt ein Bankensterben ein. Dabei gehen die Sparbücher mit unter. Da helfen auch kein Einlagensicherungsfonds und keine Kanzlergarantie mehr (siehe Kapitel ➛ 4.4.3 »Ihre Spareinlagen sind nicht mehr sicher«)

Mit der Einführung der CAC-Klausel wird eine bisher unantastbare Grenze überschritten. Man signalisiert bereits am Tage der Emission der Anleihe, dass die geschriebene Vereinbarung möglicherweise gebrochen wird.

Achtung!

Wer leiht einem hoffnungslos Überschuldeten Geld, der im Kreditvertrag auch noch festschreibt, dass er im Zweifelsfall nicht oder nur teilweise zahlt? Und der auch noch den Ausschluss des Rechtsweges festschreibt? Sie jedenfalls sollten das nicht tun.

4.9 FINANZIELLE REPRESSION

Wie Sie täglich aus den Medien erfahren, hat sich die Schuldenkrise in den meisten Industrieländern festgefressen. Immer mehr Staaten stehen vor dem Ruin.

Die »normalen« finanzpolitischen Instrumente sind so gut wie ausgereizt und schon macht ein neuer Begriff die Runde: finanzielle Repression. Wenn der Staat absichtlich Finanzmärkte behindert und so das Wirtschaftswachstum beeinflusst, nennt man das »finanzielle Repression«.

Beispiel China: Hier legt die Regierung fest, wie hoch die Guthaben- und Darlehenszinsen sind. Das freie Spiel der Märkte wird somit ausgehebelt. Ist die Inflationsquote höher als der Sparzins, werden die Vermögen der Anleger entwertet. Der Staat hingegen entschuldet sich auf deren Kosten.

Weitere Instrumente der finanziellen Repression sind Verbote, im Ausland Werte zu kaufen oder dort Geld zu leihen. Für die heimischen Banken gibt es somit keine internationale Konkurrenz. Diese kollektive Monopolstellung kann wiederum ein Nachteil für die Kunden sein, da es quasi keinen Wettbewerb unter den Kreditinstituten mehr gibt. Doch auch das Geschäftsgebaren der Banken ist reglementiert. Sie dürfen nur in bestimmte, vorgeschriebene Projekte investieren. Strenge Kapital- und Liquiditätsvorschriften binden viel Kapital in Staatsanleihen und Rücklagen bei der Zentralbank.

Häufig dürfen die Kreditinstitute ihr Geld nur jenen Branchen verleihen, die von der Regierung bevorzugt werden, und das oft zu Zinsen, die unter dem marktüblichen Durchschnitt liegen.

Beispiel USA: Die finanzielle Repression funktionierte auch in den USA, und zwar am Ende des Zweiten Weltkriegs. Sie galt bis in die 1980er-Jahre hinein. Damals lag die Verschuldung bei 180 Prozent des BIP (heute rund 112 Prozent). Die US-Regierung zwang Banken, Versicherungen und Investmentfonds daraufhin zum Kauf von Staatsanleihen durch folgende Maßnahmen:

- US-Finanzinstitutionen wurde das Halten von amerikanischen Bonds aus »Sicherheits- und Liquiditätsgründen« zur Pflicht gemacht.
- Zinsobergrenzen für Bankeinlagen wurden eingeführt.
- Es wurde ein Geldtransferverbot ins Ausland erlassen.

Dadurch wurden Anleger zum Kauf von US-Staatsanleihen quasi »gezwungen«. Das hätte unter normalen Umständen zu einer Erhöhung der Zinsen geführt. Da der Staat dies aber unterband, lag der Durchschnittszins unter der Inflationsrate. Anleger machten mit den aufgezwungenen Bonds also Realverluste, da die Teuerung die Erträge quasi auffraß. Doch die hohe Inflation entwertete die Schulden der Regierung. Das war das eigentliche Ziel gewesen.

Doch auch noch von einer anderen Seite droht Gefahr: Die Zinsen sind auf einem historischen Tief. US-Staatsanleihen, die in den vergangenen Jahrzehnten als »sichere« Geldanlage galten, sind zum Risiko geworden. Zudem sind die Amerikaner daran interessiert, ihre Währung abzuschwächen. Dadurch werden ihre Waren für die ausländischen Kunden erschwinglicher. Das soll ihre stagnierende Wirtschaft wieder antreiben, entwertet aber den »Greenback« mehr und mehr.

Beispiel Europa: Auch die Europäische Zentralbank (EZB) befindet sich in einer prekären Situation. Einerseits muss sie durch Zinserhöhungen die finanzielle Stabilität wahren, um so die Inflation in den Griff zu bekommen, andererseits sind steigende Zinsen eine hohe Belastung für die schon vor der Zahlungsunfähigkeit stehenden EU-Länder. Sie erkennen darin ein Dilemma, das sich nicht lösen lassen wird: Denn die einheitliche Geldpolitik der EZB kann nicht auf alle so ökonomisch unterschiedlichen Mitgliedsländer angewendet werden (siehe Kapitel ➔ 2 »Der Euro ist schlecht für Sie!«).

Da sich die EZB schon längst vom Status einer *unabhängigen* Institution verabschiedet hat, führt sie ebenfalls schon eine Art finanzieller Repression durch. Aber versteckt und weniger öffentlich. Denn eine hohe Inflation hilft Staaten, ihre Schulden abzubauen, wenn die Zinsen niedriger sind als die Preissteigerungsrate. In den letzten 30 Jahren war es üblich, dass der Leitzins um ein Prozent höher lag als die Inflationsrate. Das ist nicht mehr so. Denn der aktuelle Leitzins der EZB notiert bei 0,5 Prozent, die offizielle Inflation in der Euro-Zone beträgt rund zwei Prozent.[162] Real ist sie sogar noch weit höher und liegt bei etwa sechs bis acht Prozent. **Das heißt für Sie:** Ihr Geldvermögen wird durch den negativen Realzins massiv entwertet und verliert an Kaufkraft.

4.9.1 »Geheime« Zusatzsteuer

Für Sie als Anleger ist der negative Realzins der reinste Horror, denn Ihnen wird dadurch skrupellos in die Tasche gegriffen.

Beispiel: Kaufen Sie eine zehnjährige Bundesanleihe zu einem Zinssatz von rund 1,6 Prozent und berücksichtigt man die Inflationsrate von rund 2,0 Prozent (real rund acht Prozent) ergibt sich ein negativer Realzins von 0,4 Prozent bzw. real 6,4 Prozent. Wenn Sie Deutschland also Geld borgen, müssen Sie mit deutlichen Verlusten rechnen. Dies ist eigentlich eine Umverteilung von den Anlegern zum Staat, oder anders ausgedrückt: eine zusätzliche Steuer auf

Ersparnisse. Der Staat hingegen erspart sich viele Milliarden durch niedrigere Zinszahlungen.

Tipp:
Mit Anlagen in Sachwerte können Sie diesen Verlusten entgehen. Dazu gehören Immobilien, Immobilieninvestments, Edelmetalle und Aktien krisenresistenter Unternehmen. Mehr dazu im Kapitel ➔ 13 »So schützen Sie sich vor dem Deutschland-Kollaps«.

5 Wann ist ein Staat bankrott?

Was Sie in diesem Kapitel erwartet:

- **Wir stehen vor einer Zeitenwende**
- **Was Ihnen bei einem Staatsbankrott blühen kann**
- **Checkliste: So schützen Sie sich vor der Staatspleite**

5.1 WIR STEHEN VOR EINER ZEITENWENDE

Unternehmen, Banken und Versicherungen können pleitegehen. Aber wie sieht das mit Staaten aus? – Genauso!

Die Situation ist ernster denn je. Um einen Kollaps des globalen Banken- und Finanzsystems zu vermeiden, haben Regierungen und Zentralbanken die Märkte mit billigem Geld geflutet. Es ist ein Teufelskreislauf: Die Staaten verschulden sich, um ihre Banken zu retten, und Banken geben überschuldeten Staaten Kredite, um deren Zahlungsfähigkeit zu erhalten. Dadurch sind die gigantischen Schulden in Billionenhöhe in die Verantwortung der Steuerzahler übergegangen.

Das Thema »Staatsverschuldung« ist somit das drängendste Problem unserer Zeit. Das Gelddrucken ohne Ende ebenfalls.

Achtung!

Die **Weltverschuldung** beträgt bereits über **100 Billionen** US-Dollar.[163]

Die Regierungen und Zentralbanken sitzen in der Falle. Sie können aus der Politik des »leichten Geldes« nicht mehr so einfach aussteigen. Denn dann droht eine neue Welle von Bankenpleiten.

Wir stehen also vor einer harten Zeitenwende und müssen uns wohl auf einen »anhaltend niedrigeren Lebensstandard« einstellen. Gier und Systemfehler haben die Welt in eine der schlimmsten wirtschaftlichen, finanziellen, politischen und sozialen Krisen gestürzt, die wir in den letzten Jahrzehnten erlebt haben. Büßen dafür müssen wir jetzt alle.

Es sind aber nicht mehr nur einzelne Unternehmen oder Banken, die vor einem Bankrott stehen. Mehr oder weniger neuartige »Finanzmassenvernichtungswaffen« wie Derivate, Kreditverbriefungen oder Fiat Money destabilisieren immer mehr Staaten und bedrohen dadurch die ganze Welt.

Bereits im November 2009 warnte der Internationale Währungsfonds (IWF): *»Mehr als ein halbes Dutzend Volkswirtschaften sind vom Bankrott bedroht.«*[164]

Jüngstes Beispiel ist Zypern. Das hat Ihnen gezeigt, wie schnell ein Staat bankrott sein kann. Und ich rede nicht von einem Dritte-Welt-Land, sondern von einem EU-Mitgliedsstaat. Buchstäblich jedes Land kann also zahlungsunfähig werden.

Eine wichtige Erfahrung aus der seit fünf Jahren anhaltenden Krise ist: Ereignisse, die wir für unwahrscheinlich hielten, sind häufiger vorgekommen, als wir gedacht haben. Ich sehe eine große Gefahr darin, dass Länder nicht rechtzeitig aus den Notfallprogrammen aussteigen und das billige Geld nicht wieder rechtzeitig einziehen. Daraus können sich außer einer galoppierenden Inflation weitere Staatsbankrotte entwickeln.

Dabei war der Ausdruck »Staatsbankrott« vor einigen Jahren noch für viele ein abstraktes Wort, das sich erst in letzter Zeit in den Medien etabliert hat. Die Ereignisse in Griechenland, Irland, Portugal und Zypern haben sogar die Mainstreammedien aufhorchen lassen.

Hintergrund:
Ursprünglich stammt das Wort »Bankrott« von »banca rotta« aus der großen Zeit der norditalienischen Handelsstädte ab. Die Banken der damaligen Zeit waren tatsächliche »bancas«, also Tische, an denen die Geldwechsler ihre Geschäfte betrieben.

Doch wie kann man einen Staatsbankrott rechtzeitig erkennen? Welche »Warnzeichen« und welche »Katastrophenzünder« gibt es? Was also, wenn die Sicherungsnetze reißen, die Politik versagt und ein Land »kippt«?

5.2 DIE KREDITWÜRDIGKEIT EINES STAATES

Auch Regierungen müssen sich Geld leihen. Vor allem dann, wenn die Steuereinnahmen niedriger sind als die Ausgaben. Das ist gegenwärtig bei den meisten Industriestaaten der Fall. Aufgrund des sich daraus ergebenden Budgetdefizits müssen die Länder am Kapitalmarkt Kredite aufnehmen. Der Anstieg der Staatsverschuldung kann jedoch langfristig schädliche Effekte auslösen.[165]

Auch bei einem Staat spielt, ähnlich wie bei einer privaten Kreditaufnahme, die Bonität eine wichtige Rolle. Um Staatsbankrotte zu vermeiden oder die Folgen abzumildern, wird deren Bonität (Kreditwürdigkeit) von Ratingagenturen gemessen. Dabei reduziert eine sinkende Bonität die Bereitschaft der Gläubiger, Kredite bereitzustellen.

Ratingagenturen geben »unabhängige« Urteile über die Ausfallwahrscheinlichkeit von Unternehmen, Regierungen und Finanzinstrumenten ab. Sie bewerten die Wahrscheinlichkeit, dass die genannten Akteure ihre Schulden zurückzahlen können. Zudem benoten sie Finanzprodukte. Das Ergebnis dieser Bewertung wird in einer Note – dem sogenannten »Rating« – ausgedrückt. Die Urteile der Ratingagenturen haben eine große Auswirkung auf die Verfügbarkeit von Krediten und die Kosten für die Kreditnehmer.[166] Sie entscheiden zudem über den Erfolg und das Scheitern von Anleihen, strukturierten Finanzprodukten, Unternehmen oder gar ganzen Ländern.

Die wichtigsten Ratingagenturen sind *Standard & Poor's*, *Moody's* und *Fitch*, die in der Branche auch »The Big Three« genannt werden und seit Langem den Markt beherrschen.

Die Ratingagenturen gerieten jedoch selbst unter schweren Beschuss. Man gab ihnen eine Mitschuld für die Weltwirtschafts- und Finanzkrise, da sie »toxische« Finanzprodukte, bei deren Herstellung sie als Berater *selbst* mitgewirkt hatten, günstig bewerteten.[167]

Ich fasse zusammen: Die Bonität eines Staates wird durch ein Rating ausgedrückt, das eine Einschätzung der Ratingagenturen darstellt, inwiefern der Staat seinen Zins- und Tilgungszahlungen nachkommen kann.

Hintergrund:
Die verschiedenen Bewertungsstufen am Beispiel von *Standard & Poor's:*

AAA	maximale Sicherheit
AA+/AA/AA–	hoch qualitativ
A+/A/A–	hochwertig
BBB+/BBB/BBB-	weniger hochwertig
BB+/BB/BB–	unsicheres Investment
B+/B/B–	hoch spekulativ
CCC+/CCC/CCC–	riskant, Ausfälle möglich
D	in Zahlungsverzug [168]

Ist die Kreditwürdigkeit sehr gut (»AAA«), kann der Staat auf den Kapitalmärkten Kredite zu niedrigen Zinsen aufnehmen. Ein Rating kann sich aber bei steigenden Schuldenständen auch verschlechtern, was dann zu höheren Finanzierungskosten führt. Die Renditeaufschläge an den Kapitalmärkten steigen, wenn sich das entsprechende Land dann Geld leihen will.[169]

Aufgrund niedriger privater Ersparnisse müssen Konsum, Investitionen und Staatsdefizite zum Teil im Ausland finanziert werden. Solange die Wirtschaft wächst, lassen sich die Kredite ohne Probleme zurückzahlen. Eine jahrelange Rezession kann das betreffende Land und seine Rückzahlungsverpflichtungen jedoch in ernsthafte Schwierigkeiten bringen.

Denn ein Staat finanziert – wie schon angedeutet – seine Schulden durch das Auflegen von Staatsanleihen. Die Käufer erhalten nach einem bestimmten Zeitraum (10, 20, 30 Jahre) ihr »geliehenes« Geld plus Zinsen zurück.

Hintergrund:
Ein Staatsbankrott tritt offiziell dann ein, wenn ein Land einen Zahlungstermin für seine Staatsanleihen und Zinsen nicht mehr bedienen kann. In der Folge wird niemand mehr neue Anleihen kaufen und der Staat ist pleite.

Ein Staatsbankrott definiert sich demnach als förmliche Erklärung einer Regierung, fällige Forderungen nicht mehr oder nur noch teilweise erfüllen zu können, oder die faktische Einstellung fälliger Zahlungen.

So führen hohe Staatsausgaben und niedrige Steuereinnahmen zu einem immer höheren Anstieg der Staatsverschuldung, der letztendlich in einer Pleite münden kann.

5.2.1 Indikatoren zur Messung des Staatenrisikos

Ein Staatsbankrott ist zwar nicht immer »vorhersehbar«, aber es gibt verschiedene Indikatoren, die als »Frühwarnsystem« dienen können:

- **»Reinvermögen«:** Ein wichtiges Kennzeichen für die Gefahr eines Bankrotts ist das sich zunehmend verschlechternde »Reinvermögen« des Staates, was sich (vereinfacht) aus dem Vermögen abzüglich der Schulden errechnet.
- **Zinslasten:** Auch die Zunahme der Zinslasten auf die aufgenommenen Staatsschulden kann ein Indikator für einen nahenden Staatsbankrott sein. Dies ist der Fall, wenn jährlich immer größere Anteile des Staatsbudgets für Zinsen auf die aufgenommenen Staatsschuldtitel (Kredite) bereitgestellt werden müssen, was die finanzielle Handlungsfähigkeit weiter einschränkt.
- **Staatsverschuldung:** Aussagekräftig ist auch der Anteil der Staatsverschuldung am Bruttosozialprodukt (BIP). Ursachen hierfür können teure Konjunkturprogramme und niedrigere Steuereinnahmen sein.[170]

- **Rating:** Das Herabstufen der Bonität durch die Ratingagenturen ist ein Indiz für die finanziellen Probleme eines Staates.
- **Zinssatz der Staatsanleihen:** Staaten, die wenig solvent sind oder ein größeres finanzielles Risiko bergen, müssen höhere Zinsen auf ihre Staatsanleihen zahlen, also eine Art »Risikoprämie«, weil es wegen der niedrigeren Bonität schwieriger ist, die Anleihen am Markt loszuwerden.
- **Wachstum:** Ein anhaltend niedriges Wirtschaftswachstum begünstigt einen Staatsbankrott.
- **Reserven der Notenbanken:** Sie geben darüber Auskunft, wie lange sich ein Staat noch Importe leisten kann.
- **Außenhandelsdefizit:** Von einem »Außenhandelsdefizit« spricht man, wenn eine Wirtschaft eine negative Außenhandelsbilanz aufweist.
- **Verschuldungskennzahlen:** Die Höhe der Verschuldung und der Anteil der kurzfristigen Verschuldung im Ausland sind weitere wichtige Indikatoren.[171]

Hintergrund:

Beispiel: Staatsverschuldung

Ein Staat hat eine Schuldenquote von 160 Prozent. Bei einem **Zinssatz von einem Prozent** p. a. macht die Staatsschuld also jährliche Zinszahlungen von 1,6 Prozent des Bruttoinlandsprodukts (BIP) aus.

Bei einem **Zinssatz von sechs Prozent** p. a. wären das schon BIP-Zinszahlungen in Höhe von 9,6 Prozent (also sechs Prozent von 160) des BIP.

5.3 SO KANN DER STAAT SEINEN BANKROTT HINAUSZÖGERN

Natürlich wollen Staaten nicht bankrottgehen. Deshalb gibt es »Maßnahmen«, mit denen sie ihre Verbindlichkeiten zwar nominell erfüllen, aber die wahren Ausmaße ihrer finanziellen Situation verschleiern.

Diese haben aber immer auch Auswirkungen auf Sie als Steuerzahler und Bürger.

- **Senkung der Staatsausgaben:** Den größten Teil des öffentlichen Haushalts machen Sozialleistungen und Subventionen aus. Diese müssten zurückgefahren werden, um eine weitere Überschuldung zu verhindern. **Das bedeutet für Sie:** Kürzungen bei Renten, Pensionen, Kindergeld, Arbeitslosengeld, anderen staatlichen Transfergeldern sowie Einschnitte bei Beamtengehältern und Löhnen im öffentlichen Dienst.
- **Offizielle oder inoffizielle Abwertung der Währung:** Niedrige Zentralbankzinsen können die Geldmenge erhöhen. Durch diese »Politik des billigen Geldes« steigt die Geldmenge schneller als die Gütermenge an, was eine – in diesem Fall – »gewollte« Abwertung der Währung zur Folge hätte. **Das bedeutet für Sie:** Gegenüber anderen Währungen wird die Inflation importiert. Einfuhrgüter werden teurer.
- **Staatliche Refinanzierung:** Der Staat leiht sich von den internationalen Finanzmärkten neues Kapital, um alte Zinsen zu tilgen. Dies kann durch das Auflegen neuer Staatsanleihen geschehen. **Das bedeutet für Sie:** Die Verschuldung und der Zinsdienst werden immer größer. Die Gefahr eines Staatsbankrotts wächst.
- **Steuererhöhungen oder neue Steuern/Abgaben einführen:** Das »Erfinden« von Steuern ist noch keinem Staat schwer gefallen. Deutschland ist dafür geradezu ein Musterbeispiel. **Das bedeutet für Sie:** Steuererhöhungen in allen Bereichen und Einführung von neuen Steuern und Abgaben. Nach der Bundestagswahl im September werden Sie sich verwundert die Augen reiben, wie »kreativ« ein Staat sein kann.
- **Inflationierung:** Die Geldmenge wird erhöht, was eine ansteigende Inflation zur Folge hat. Dadurch sind die nominellen Schulden real weniger wert und leichter zu tilgen. **Das bedeutet für Sie:** Kaufkraftverluste und das Abschmelzen Ihrer Ersparnisse und Ihres Geldvermögens.
- **Fehlende Konvertierbarkeit der Währung:** »Konvertierbar« bedeutet, dass eine Währung zum jeweiligen Wechselkurs austauschbar ist. Eine fehlende Konvertierbarkeit heißt demnach

nichts anderes als Zwang zur Nutzung der eigenen Währung. Damit soll eine Kapitalflucht verhindert werden. **Das bedeutet für Sie:** Einschränkungen im Kapitalverkehr. Sie könnten in keine Fremdwährung mehr anlegen und wären dem Euro auf Gedeih und Verderb ausgeliefert.

Es gibt noch zwei andere Möglichkeiten, wie ein Budgetdefizit finanziert oder ausgeglichen werden kann:

❶ **Geld leihen:** Das heißt nichts anderes, als Kredite zu vergeben. Ein Staat leiht Geld, indem er Staatsanleihen ausgibt.
❷ **Geld »schaffen«:** Das funktioniert nur, wenn die Zentralbanken kooperativ sind. Vereinfacht funktioniert die »wundersame« Geldschöpfung so: Eine Regierung gibt Staatsanleihen heraus. Die Zentralbank druckt dafür Geld und kauft die Anleihen auf. Das Geld wird dann von der Regierung dazu verwendet, das Defizit zu finanzieren. Im Fachjargon nennt man das »Monetarisierung der öffentlichen Schuld«.[172]

Das alles funktioniert aber nur bis zu einem gewissen Grad der Verschuldung. Ist das Vertrauen der Anleger an den Finanzmärkten und der Ratingagenturen verloren, greifen keine Konjunkturmaßnahmen und keine Rettungspakete mehr. Ein Staatsbankrott ist die Folge.

5.4 DIE FOLGEN EINES STAATSBANKROTTS

Betroffen von einem Staatsbankrott sind in der Hauptsache die Gläubiger des Staates, die Wirtschaft und die Bürger. Gläubiger verlieren ganz oder teilweise ihr Geld samt Zinsen, das sie an den Staat gegeben und dafür Staatsanleihen erhalten haben.

Im Rahmen internationaler Verhandlungen (wie etwa des Londoner Schuldenabkommens von 1953) kann mit dem betroffenen Staat ein teilweiser Schuldenerlass oder gar eine Umschuldung vereinbart werden. Diese Abkommen sichern die Rückzahlung von Teilbeträgen unter Verzicht auf die meisten Forderungen.

Achtung!
Im Rahmen des argentinischen Staatsbankrotts (2001) mussten die Gläubiger auf bis zu 75 Prozent und in Griechenland (2012) sogar auf bis zu 90 Prozent ihrer Forderungen an den Staat verzichten.[173]

Erklärt ein Staat seinen Bankrott, entledigt er sich also dadurch seiner finanziellen Verbindlichkeiten. Dies führt in der Regel zu einer Entlastung des Staatshaushalts, weil Zinsen nicht mehr zu zahlen sind und die Tilgung der Schulden nicht mehr erfolgt. Je nach Höhe der vergebenen Anleihen kann dieser Betrag enorme Ausmaße annehmen.

Allerdings ist das Land nach einem Staatsbankrott zeitweise nicht mehr in der Lage, neue Kreditaufnahmen am Kapitalmarkt vorzunehmen. Das hat auch Auswirkungen auf das Geldvermögen der Bürger, das dadurch drastisch abgewertet wird. Außerdem können staatliche Leistungen gekürzt werden oder ganz entfallen.

Die Folgen für die Volkswirtschaft sind gravierend:

- **Bankenkrise:** Die Banken müssen hohe Abschreibungen auf ihre Staatskredite vornehmen, was ihre eigene Liquidität beeinträchtigt.
- **Wirtschaftskrise:** Die Binnennachfrage schrumpft und ausländische Investoren ziehen ihre Gelder ab, die Produktion bricht ein, was eine höhere Arbeitslosigkeit zur Folge hat.
- **Währungskrise:** Das staatseigene Geld wird entwertet und eine Währungsreform ist wahrscheinlich (siehe Kapitel → 10 »Vorsicht Währungsreform!«).

5.5 WAS IHNEN BEI EINEM STAATSBANKROTT BLÜHEN KANN

Man kann zwar nicht alles aus der Vergangenheit lernen, aber zumindest gibt sie Anhaltspunkte, was in Zukunft auf Sie zukommen kann.

Deshalb habe ich die Staatsbankrotte und Fast-Pleiten der jüngsten Vergangenheit für Sie analysiert. Folgende Aufstellung gibt Ihnen einen Vorgeschmack auf das, was Ihnen blühen kann:

- Bankkunden verlieren 37,5 Prozent ihrer Anlagen über 100 000 Euro. Weitere 22,5 Prozent werden zunächst eingefroren – um dann später vielleicht auch noch für die Bankenrettung herangezogen zu werden (Zypern 2013).
- Einschränkung des Online-Kapitalverkehrs (Zypern 2013).
- Beschränkung der Überweisungshöhe (Zypern 2013).
- Kapitalverkehrskontrollen (Zypern 2013).
- Abhebelimits auf eigene Konten (Zypern 2013).
- Landesweite Schließung von Banken, um Panikabhebungen zu unterbinden (Argentinien 2001, Zypern 2013).
- Höhere Steuern und Sozialabgaben (Island 2008, alle EU-Krisenländer 2012/2013).
- Verminderung von staatlichen Sozialleistungen und Renten (Island 2008, alle EU-Krisenländer 2012/2013).
- Erhöhung von Einkommenssteuer-, Körperschafts- und Mehrwertsteuer (Ungarn 2008, viele EU-Krisenländer 2012/2013).
- Lohnkürzungen im öffentlichen Dienst um bis zu 35 Prozent (Lettland 2009, viele EU-Krisenländer 2012/2013).
- Auszahlung von Staatsanleihen und Zinsen über nur noch 50 bzw. 70 Prozent ihres Wertes (Argentinien 2001, Griechenland 2012).
- Zwangsüberführung der privaten Altersvorsorge in das staatliche Rentensystem (Ungarn 2008, Irland 2011).
- Besteuerung von Familienzuschlägen (Ungarn 2008).
- Einschränkung von Unterstützungen für Mütter (Ungarn 2008).
- Schließung von Schulen und Kliniken (Lettland 2009).
- Schaffung einer eigenen nationalen Währung (Simbabwe 2007 bis 2009).
- Abwertung von Inhaberschecks (Simbabwe 2007 bis 2009).
- Abwertung der nationalen Währungen um bis zu 50 Prozent (Russland 1998, Argentinien 2001, Nordkorea 2009, Venezuela 2010).
- Umwandlung von Staatskrediten in langfristige Anleihen (Russland 1998).

- Einführung von Schuldenbonds, mit denen staatliche Angestellte und Beamte entlohnt wurden (Argentinien 2001).
- Gesetzliche Einschränkungen von Bargeldabhebungen, um den Umtausch der eigenen Währung in eine andere (z. B. Dollar) zu verhindern (Argentinien 2001).
- Umwandlung von Geldkonten in festverzinsliche Sparbücher (Argentinien 2001).
- Umtausch von Dollar-Konten in die nationale Währung (Argentinien 2001).
- Rückkauf von Staatsanleihen zu einem Wert von nur noch 35 Prozent (Ecuador 2008).

5.6 CHECKLISTE: WAS SIE JETZT SCHON TUN KÖNNEN

5.6.1 Bei Abwertung der Währung

☑ Halten Sie lediglich eine Sicherheitsreserve von drei bis sechs Monatseinkommen in Euro.

☑ Kaufen Sie Schweizer Franken und Norwegische Kronen in Cash. Sehen Sie diese als Sicherheitswährungen und nicht als Renditeanlage. Achtung: Sollte es zu einer Währungsreform kommen und eine neue (alte) D-Mark wieder eingeführt werden, verkaufen Sie Schweizer Franken und Norwegische Kronen wieder, bevor die neue Währung aufwertet (siehe auch Kapitel ➔ 13.9 »Krisenmodul 5: Fremdwährungen«).

☑ Legen Sie Ihr Bargeld nicht auf ein Bankkonto, sondern deponieren Sie es in Ihrem eigenen Tresor.

☑ Kaufen Sie Gold und Silber in Eine-Unze-Münzen. Die Edelmetalle sind inflationssicher. Gold ist ein Sicherungsinstrument für größere Geldanlagen, Silber die operative Krisenwährung, mit der Sie auch auf dem Schwarzmarkt einkaufen oder tauschen können. Achtung: Gold und Silber sind ebenfalls keine Renditeobjekte. Es kann kurzzeitige Schwankungen geben (siehe Kapitel ➔ 13.6 »Krisenmodul 2: Edelmetalle«).

- ☑ Kaufen Sie die Edelmetalle nicht auf einer Bank, sondern am besten bei einem renommierten Edelmetallhändler wie *pro aurum*, muenzenmueller oder Westgold. Bis zu 14 999 Euro ist der Erwerb ohne Registrierpflicht möglich. Aber am besten gehen Sie persönlich hin, denn auch eine Internetbestellung hinterlässt Datenspuren.
- ☑ Lagern Sie die Edelmetalle ebenfalls nicht in einem Schließfach einer Bank, sondern zu Hause in einem guten Versteck oder eigenem Tresor (siehe Kapitel ➔ 12.2.1 »Was Sie bei einem eigenen Tresor beachten müssen«).

5.6.2 Bei Ihrer Altersvorsorge

- ☑ Die Sicherheit Ihrer angesparten Altersvorsorge ist ungewiss; dasselbe gilt für das Vermögen in Versicherungen und Bausparverträgen. Schichten Sie Ihr Vermögen deshalb in Sachwerte wie Aktien krisenresistenter Unternehmen, Fremdwährungen, Edelmetalle und Immobilieninvestments um (siehe Kapitel ➔ 13 »So schützen Sie sich vor dem Deutschland-Kollaps!«).
- ☑ Versuchen Sie, so wenig wie möglich Verluste zu realisieren, wenn Sie eine Altersvorsorgeversicherung abgeschlossen haben:
- ☑ Unterbrechen Sie bei kurzfristigen Geldproblemen die Zahlung (Stundung).
- ☑ Stellen Sie den Vertrag beitragsfrei. Das Kapital wird weiterverzinst. Den Beitrag können Sie dann in andere Kapitalanlagen investieren. Das allerdings mindert die Rendite, weil man die jährlichen Kosten trotzdem bezahlt, der Vertrag aber nicht mehr bespart wird. Eine Stilllegung bzw. Beitragsfreistellung ist eine Vertragsänderung, die wiederum Kosten verursacht.
- ☑ Bei längerfristigen Geldproblemen können Sie Ihre eigene Versicherung beleihen. Das wird »Policendarlehen« genannt. Meist geht das bis zu 70 Prozent des Rückkaufswerts. Die Zinsen sind je nach Versicherung verschieden. Doch die Beitragszahlung bleibt.
- ☑ Sie können Ihren Vertrag auch verkaufen. Aber Achtung: Hier tummeln sich viele schwarze Schafe, informieren Sie sich gut! Al-

lerdings gibt es auch Anbieter, die – wenn bestimmte Voraussetzungen stimmen – zehn bis 15 Prozent mehr bezahlen als der Rückkaufswert hergibt. In der Regel werden Policen mit einem Wert ab 5000 Euro und Restlaufzeiten bis zu 15 Jahren aufgekauft. Bei manchen Aufkäufern bleibt ein Teil des ursprünglichen Todesfallschutzes sogar erhalten.

> ☑ **Tipp:**
> Achten Sie darauf, dass der Verkaufspreis nicht gestückelt ausgezahlt wird. Am besten ist es, wenn die Abwicklung über einen Treuhänder angeboten wird.

- ☑ Wenn Sie nur die Prämie reduzieren wollen, können Sie auch die Laufzeit des Vertrages verlängern oder die Versicherungssumme reduzieren.
- ☑ Ob eine Kündigung sinnvoll ist, hängt von Ihrer individuellen Situation ab. Sicher ist jedoch, dass im Falle einer Währungsreform nicht mehr viel von Ihrer Versicherungssumme übrig bleibt.

5.6.3 Bei Einschränkung von Bargeldabhebungen/ Schließung von Banken

- ☑ Beschaffen Sie sich einen eigenen Tresor. Halten Sie nur noch Geld auf Konten, das Sie zur alltäglichen Zahlungsabwicklung brauchen, aber keine großen Vermögenswerte.
- ☑ Bewahren Sie Bargeld/Edelmetalle/Fremdwährungen zu Hause auf, um liquide zu sein, wenn Banken geschlossen sind oder Bargeldabhebungen eingeschränkt werden.

Tipp:

Es muss Ihnen klar sein, dass es keinen umfassenden Schutz gegen einen Staatsbankrott und eine Währungsreform gibt. Mit den angeführten Ratschlägen verlieren Sie aber *nicht* Ihr *gesamtes* Vermögen. Weitere Strategien im Kapitel ➔ 13 »So schützen Sie sich vor dem Deutschland-Kollaps«.

6 Staatsbankrotte der jüngsten Vergangenheit

Was Sie in diesem Kapitel erwartet:

- **Praxisbeispiele: Wie Banken Staaten in den Abgrund reißen**
- **Wie Menschen von heute auf morgen ihr Erspartes verlieren**
- **Wie bei einem Staatsbankrott die Bevölkerung in Hunger und Armut versinken kann**

Ich möchte nun auf drei Staatsbankrotte der jüngsten Vergangenheit eingehen. Sie bestätigen die finanzpolitischen und wirtschaftlichen Mechanismen, die Sie bis jetzt nur in der »Theorie« kennengelernt haben. Lesen Sie das Folgende ganz genau, denn das kann irgendwann auch auf Sie zukommen.

6.1 RUSSLAND (1998)

Mit der Freigabe des Rubel-Kurses am 17. August 1998 brach die bis dahin größte Finanzkrise in Russland aus, die in einer Zahlungsunfähigkeit des Staates endete.

Bei unserer Betrachtung müssen Sie mit mir aber zunächst in das Jahr 1995 zurückreisen: Die Stabilität des Finanzsystems hing damals unmittelbar mit der Härte des Rubel zusammen. Bei einem stabilen Kurs war die Verwertung einer Rubel-Anleihe lukrativer als die einer Anlage in US-Dollar oder D-Mark. Ausländische Anleger spekulierten also, dass die Zinssatzdifferenz zwischen Krediten in Rubel und westlichen Hartwährungen größer sein würde als eine mögliche Abwertung des Rubel. Jede *starke* Rubel-Abwertung würde also fatale Auswirkungen auf die Anleger haben.

Der russische Staat hatte aufgrund der Übernahme der Verbindlichkeiten der ehemaligen Sowjetunion einen Schuldenbestand in Auslandswährung in Höhe von damals 123,5 Milliarden US-Dollar bzw. 27,5 Prozent am russischen BIP aufgebaut. Für ihn kam jede Abwertung ebenfalls einer Katastrophe gleich, denn eine Abwertung der inländischen Währung *erhöht* bei Schulden in fremder Währung das reale Schuldenvolumen.[174]

Beispiel: Der russische Staat nahm Steuern in Rubel ein, musste seine Auslandskredite jedoch in Fremdwährung bedienen.[175]

Große Risiken gingen die russischen Banken ein, indem sie Anleger durch Termingeschäfte gegen Wechselkursrisiken absicherten. Damit verpflichteten sie sich, zu einem künftigen Zeitpunkt zu einem festen Kurs Rubel gegen Auslandswährung zu tauschen. Die Summe der Terminsicherungsgeschäfte der russischen Banken betrug Anfang 1998 rund das *Dreifache* ihrer Bilanzsumme.[176]

Die Asienkrise, die ebenfalls mit der Freigabe eines Wechselkurses begann[177], schlug voll auf Russland durch. Zwar lagen die Exporte in die asiatischen Länder bei nicht mehr als acht Prozent.[178] Aber viel schwerer wog der Abzug von Geldanlagen seitens asiatischer Anleger in Höhe von rund fünf Milliarden US-Dollar.[179] Eine Menge Geld für ein bereits angeschlagenes Land. Weil sich auch andere ausländische Investoren aus Russland verabschiedeten, brach der Aktienmarkt ein und der Aktienindex verlor bis Mitte 1998 rund vier Fünftel seines Wertes.[180]

Russland brauchte dringend neues Kapital. Zunächst gelang es, durch höhere Zinssätze ausreichend Käufer für Staatspapiere zu finden. Aber 1998 zeigten sich immer größere Schwierigkeiten bei der Finanzierung des Defizits und vor allem bei der Umschuldung der kurzfristigen Verbindlichkeiten.

Bereits Ende 1997 stieg der Zinssatz für GKOs (kurzfristige russische Staatsanleihen) auf über 20 Prozent. Im Mai 1998 waren es sogar 150 (!) Prozent bei einer Inflationsrate von zehn Prozent. Der Realzinssatz bei Bankkrediten stieg auf über 40 Prozent. Das wirkte sich sehr destruktiv auf die Wirtschaft aus, da Unternehmen wegen der hohen Zinsen keine Investitionen mehr tätigten und Privatschuldner in den Ruin getrieben wurden.[181]

Der russische Staat saß in der Schuldenfalle, aus der es keinen Ausweg mehr gab. Die Gründe waren der Anstieg der Zinszahlungen und die kurze Laufzeit der Verbindlichkeiten. Die Zinszahlungen des Zentralhaushalts stiegen im ersten Halbjahr 1998 auf über fünf Prozent[182] des Bruttoinlandsprodukts (BIP) und ließen sich aufgrund der schnell steigenden Zinslast nicht mehr konsolidieren.[183]

Die einzige Möglichkeit bestand schließlich darin, am 17. August 1998 den Kurs des Rubel freizugeben. Das hieß: eine Abwertung von über 50 (!) Prozent. Russland erklärte sich für zahlungsunfähig.

Die russische Zentralbank verlor durch Devisenmarktinterventionen rund fünf Milliarden US-Dollar. Dies entsprach etwa der Hälfte ihrer Währungsreserven.

Achtung!
Die Menschen verloren die Hälfte ihres Ersparten – einfach so, per staatlich verordnetem Pinselstrich.

Der Staatsbankrott hatte aber auch Folgen für die Investoren: Kurzfristige Rubel-Kredite (GKOs) wurden einseitig in langfristige Rubel-Anleihen umgewandelt. So saßen ausländische Anleger, die Kredite in US-Dollar oder anderen westlichen Währungen an Russland vergeben hatten, auf unsicheren, teilweise uneinbringlichen Forderungen und mussten hohe Verluste hinnehmen. Am stärksten waren die deutschen Banken betroffen, die Guthaben von über 30 Milliarden US-Dollar gegenüber Russland hielten.[184]

Das russische Bankensystem brach nach der Freigabe des Wechselkurses zusammen, da die Geldinstitute hohe Fremdwährungsrisiken eingegangen und die russischen Aktien, die von ihnen gehalten wurden, nahezu wertlos geworden waren.

Achtung!
Die Menschen stürmten die Banken und hoben alles ab, was sie auf ihren Konten hatten. Durch diese Panik brachen viele Geldinstitute zusammen.[185]

Die Anzahl der Banken schrumpfte in einem Jahr von 1600 auf 1390. Nach einer Weltbank-Studie waren 15 der 18 ehemals größten russischen Finanzinstitute zahlungsunfähig. Das Eigenkapital des russischen Bankensystems hatte sich nach der offiziellen Statistik in etwa halbiert.

Der russische Staat musste die nächsten Jahre rund die *Hälfte* seiner Steuereinnahmen für Zinszahlungen und Tilgungen aufwenden.[186] Ende 1998 lag die öffentliche Auslandsverschuldung bei 150,9 Milliarden US-Dollar oder bei 55,1 Prozent des russischen BIP.[187] Durch die Zahlungsunfähigkeit wurde Russland de facto vom internationalen Kapitalmarkt abgeschnitten.

Achtung!

Die Inflation stieg auf 85,5 Prozent. Der Anteil der in Armut lebenden Menschen, gemessen an der Gesamtbevölkerung, stieg um zehn Prozent.[188]

Aber der russischen Regierung war keine andere Wahl geblieben, als den Rubel so massiv abzuwerten. Das hatte zwar sinkende Einkommen gebracht und Geldvermögen vernichtet, aber auch gleichzeitig die Nachfrage nach russischen Produkten erhöht und die Exporte stimuliert. Dies war ein wesentlicher Grund dafür, weshalb Russland im Jahr 1999 wieder eine positive Wachstumsrate erzielen konnte, die vor allem von der Industrieproduktion getragen wurde[189], aber auch zu einer »Dollarisierung« der russischen Ökonomie beitrug.[190]

Achtung!

Die Finanzkrise von 2008 traf die Russen wiederum mit voller Wucht: Ende 2009 waren rund 20 große Banken kollabiert. Die Wirtschaft schrumpfte um knapp neun Prozent. Kreditausfälle häuften sich.

6.2 ARGENTINIEN (2001)

Ende 2001 rutschte Argentinien in die größte Finanzkrise seiner Geschichte, die den gewaltigsten Staatsbankrott auslöste, den es bis dahin gegeben hatte.

Vor rund 100 Jahren lag das Land wirtschaftlich noch gleichauf mit Deutschland und Frankreich. Aber in den 1950er-Jahren und vor allem während der Militärdiktatur zwischen 1976 und 1983 stieg die Verschuldung dramatisch an und kletterte auch später immer weiter nach oben.[191]

Um die hohe Inflation zu stoppen, band Argentinien im Jahr 1991 seine Währung mit einem festen Wechselkurs an den US-Dollar. Tatsächlich ging daraufhin auch die Inflation zurück. Doch die Auswirkungen dieses monetaristischen Eingriffs waren erst ein paar Jahre später zu spüren, als sich die Preise argentinischer Produkte auf dem Weltmarkt drastisch verteuerten. Daraufhin lagerten internationale Unternehmen ihre Produktionsstätten nach Brasilien aus. Das führte zu einer geringeren Wettbewerbsfähigkeit, einer negativen Handelsbilanz und einer starken Erhöhung der Auslandsverschuldung, die durch eine Neuverschuldung ausgeglichen werden musste. So wuchsen die Staatsverbindlichkeiten allein zwischen 1996 und 1999 um 36 Prozent.[192]

Der argentinische Staat führte Schuldenbonds (»LECOP«) ein, mit denen staatliche Angestellte und Beamte – zum Teil zu über 50 Prozent des Lohnvolumens – entlohnt wurden. Die Bonds sahen wie Geldscheine aus und wurden in den meisten Geschäften als Zahlungsmittel (gegen Aufpreis) akzeptiert. Zum Höhepunkt der Krise 2001/02 bestimmten die LECOP einen beträchtlichen Teil des gesamten Zahlungsverkehrs.

Achtung!

Anstatt Geld als Lohn gab es Schuldenbonds!

Nachdem Argentinien Ende November 2001 bekannt gemacht hatte, dass es das vom Internationalen Währungsfonds vorgegebene Haushaltsziel nicht erreichen werde, weigerte sich der IWF, eine vorgesehene 1,25-Milliarden-Dollar-Tranche zu überweisen.

Allein die Tatsache, dass der IWF dem argentinischen Staat Geld vorenthielt, führte zu einem drastischen Vertrauensverlust und zu einer rasanten Kapitalflucht der Anleger, die das gesamte Bankensystem erzittern ließ. Aus diesem Grund prangerte die argentinische Regierung später den Internationalen Währungsfonds (IWF) als Hauptverantwortlichen für den Staatsbankrott an.[193]

Um eine Katastrophe zu verhindern, ergriff Argentinien Anfang Dezember 2001 drastische Zwangsmaßnahmen gegen die Bevölkerung. Es begann mit dem sogenannten »Corralito«: Von nun an durften nur noch 250 Peso pro Woche und Person an Bargeld von Girokonten abgehoben werden. Damit wollte man den Umtausch der eigenen Währung in Dollar verhindern, da sonst die Banken Giro- und Sparkonten nicht mehr hätten auszahlen können.

Diese Maßnahme rief den Zorn des Volkes hervor und verschlimmerte die Vertrauenskrise in die Wirtschaft im In- und Ausland um ein Vielfaches. Es kam zu einem Generalstreik und gewalttätigen Demonstrationen mit insgesamt 28 Toten.

Als das Land im Jahr 2001 schließlich alle seine Zahlungen einstellte, waren die 140 Milliarden Dollar an Staatsobligationen verloren, die Privatbanken und der IWF gehalten hatten. Aber auch die Menschen litten unter dem Staatsbankrott.

Achtung!

Die Arbeitslosigkeit stieg rapide an und erreichte auf ihrem Höhepunkt 23 Prozent. Die Armutsrate stieg auf 57 Prozent. Das Bruttoinlandsprodukt sank um mehr als ein Fünftel.[194]

Die Auswirkungen auf die Bevölkerung waren enorm:

- Die Abwertung des Peso und die hohe Inflationsrate führten zu einem großen Reallohnverlust (s. u.), der besonders die Mittelschicht traf; ein Teil von ihr fiel unter die Armutsquote.

- Armut, Kindersterblichkeit und Unterernährung stiegen in einigen Provinzen rapide an.
- Immer mehr Menschen wurden arbeitslos.
- Die Zahl der Tagelöhner und »Cartoneros« (Sammler von Kartons und anderen recycelbaren Materialien) nahm rapide zu.
- Tauschringe, in denen nicht nur Waren, sondern vor allem auch Dienstleistungen ausgetauscht wurden, erlebten eine neue Blüte.
- Straßenblockaden und Demonstrationen verstärkten sich.
- Die Wohnsituation verschlechterte sich.
- Immer mehr Menschen waren gezwungen, in Slums zu ziehen.
- Die Landflucht nahm zu.[195]

Fast 500 000 private Gläubiger, die insgesamt für 81 Milliarden Dollar Staatsanleihen erworben hatten, begannen, um ihr Geld zu zittern, als Argentinien sich für zahlungsunfähig erklärte. Die Rechnung für diesen größten Staatsbankrott aller Zeiten mussten jedoch die Banken zahlen, die Argentinien vorher mit Krediten überhäuft hatten.[196]

Anfang Januar 2002 entschieden sich die Wirtschaftsexperten in der Regierung dann für eine Abwertung des Peso. Gleichzeitig wurden die Banken landesweit an mehreren Tagen geschlossen, um Panik-Dollar-Käufe zu unterbinden.

Die Abwertung wurde für den *Außenhandel* auf 28 Prozent festgesetzt (1,40 Peso: 1 USD). Für den *Binnenhandel* galt ein frei schwankender Kurs (»freier Dollar-Kurs«). Doch der Erfolg war ernüchternd. So stieg der »freie Dollar-Kurs« aufgrund massiver Panikkäufe schon innerhalb weniger Tage über zwei Pesos, was die Regierung schnell dazu veranlasste, den »offiziellen« Kurs (der bisher für den Außenhandel gegolten hatte) abzuschaffen. Doch dies hatte weitere Panikkäufe zur Folge, die den Kurs noch weiter nach oben trieben.

Achtung!

Die Abwertung des argentinischen Peso hatte einen großen Verlust der Kaufkraft zur Folge. Im Jahr 2002 lag die Inflationsrate bei 41 Prozent[197] und das Reallohnniveau sank um 23,2 Prozent.

Aber auch die Banken befanden sich in großen Schwierigkeiten. Um ein völliges Zusammenbrechen des Finanzsektors zu verhindern, entschieden sich die Verantwortlichen im Finanzministerium für eine weitere rigide Zwangsmaßnahme, die den Namen »Corralón« erhalten sollte: Alle Konten über einem bestimmten Grenzwert wurden auf staatliche Anordnung hin in festverzinsliche Sparbücher umgewandelt, deren Rückgabetermine bis 2010 gestreckt wurden.[198]

Doch auch hier gab es Probleme, denn die Konten, die seit 1989 in Dollar eröffnet worden waren, hatten sich ja in ihrem Wert vervielfacht. Wie sollte man damit umgehen? – Kurzerhand entschied man sich deshalb zu einer brutalen Maßnahme:

Achtung!

Dollar-Konten wurden »einfach« als Peso-Konten mit Wert 1:1,4 betrachtet und der Zugriff darauf erst im Laufe von mehreren Monaten, im Falle von hohen Werten sogar erst in mehreren Jahren gestattet. Schulden konnte man dagegen zunächst mit dem Kurs 1:1, später dann 1:1,4 zurückzahlen.

Erst Jahre später erholte sich das Land vom Staatsbankrott und dessen Folgen.

Aber was geschah mit den Gläubigern, die immer noch argentinische Staatsanleihen hielten?

Jahrelange harte Verhandlungen waren die Folge, in denen die Anleger ihr Recht auf 100-prozentige Erstattung durchboxen wollten.

Im Jahr 2005 einigte sich Argentinien schließlich in einer der größten Umschuldungsaktionen der Finanzgeschichte mit den Gläubigen: 76 Prozent der Privatgläubiger *mussten* durchschnittlich einen Abschlag von 50 Prozent ihrer Forderungen akzeptieren. Die anderen 24 Prozent, die sogenannten »Holdouts«, lehnten das Angebot ab und erheben seitdem Forderungen in Höhe von insgesamt rund 29 Milliarden Dollar. Doch Argentinien gab sich unerbittlich: Sogar per Gesetz wurde festgelegt, dass keine weiteren Verhandlungen geführt werden und jeder, der das Angebot nicht annehme, leer ausgehe.[199] Das war Status quo bis Oktober 2009.

Dass viele andere, darunter Regierungen, Finanzinstitutionen und Tausende von Investoren aus Deutschland, Italien und der Schweiz, das Angebot nicht angenommen hatten, ließ die argentinische Regierung unbeeindruckt.

Seither kam es zu mehr als 100 Gerichtsurteilen. Unter anderem sogar zu Schiedssprüchen der Weltbank, mit dem Ergebnis, das Land solle für seine Schulden geradestehen. Das bleibt aber bis heute ohne erkennbare Reaktion der Verantwortlichen.

Argentinien schuldet dem deutschen Steuerzahler 2,1 Milliarden Dollar. Der Staat verfügt zwar mittlerweile über die nötigen Mittel für die Rückzahlung der Schulden, weigert sich aber beharrlich, diese zu begleichen.

Ein New Yorker Bezirksgericht hatte Argentinien eine Frist zum 15. Dezember 2012 gesetzt, um ausstehende Schulden bei privaten Gläubigern zu begleichen. Buenos Aires weigerte sich aber trotzdem, den Forderungen nachzukommen, und legte Berufung ein.

Die argentinische Präsidentin Cristina Fernández de Kirchner bezeichnete das Urteil sogar schlicht als »gerichtlichen Kolonialismus«. Als Reaktion auf die Verweigerung setzte die Ratingagentur *Fitch* die Kreditwürdigkeit des Landes gleich um fünf Stufen herab. Doch die Gläubiger stehen nach wie vor im Regen.[200]

6.3 ISLAND (2008)

Noch vor wenigen Jahren ging es den meisten Isländern noch sehr gut: Großinvestoren hofften auf hohe Renditen und legten im »Steuerparadies« viel Geld an. Die Einheimischen waren zufrieden, der Wohlstand wuchs. Immer mehr Isländer hegten den Wunsch nach einem eigenen Haus oder einer eigenen Wohnung.

Viele von ihnen verwirklichten sich schließlich den Traum, der Immobiliensektor boomte. Aber die Insulaner verschuldeten sich immer mehr.

Hintergrund:
Im Durchschnitt stand jeder der 320 000 isländischen Bürger mit rund 200 Prozent seines Jahreseinkommens in der Kreide. Das war damals die höchste Privatverschuldung der Welt.

Aber auch die Banken überschätzten sich und gingen in großem Umfang risikoreiche Geschäfte ein. Sie investierten massiv in Unternehmenszukäufe im Ausland, die großteils aus Fremdwährungskrediten finanziert wurden.

Die Finanzkrise traf die »Wikinger« dann bis ins Mark, vor allem den Finanzsektor: Viele Geldinstitute konnten ihre Kredite nicht mehr rechtzeitig bedienen. Um einen totalen Zusammenbruch zu verhindern, mussten die größten Banken im Land verstaatlicht werden.[201] Somit gibt es in Island bis heute keine private Großbank mehr. Allein die drei größten Geldinstitute standen mit dem neunfachen Bruttoinlandsprodukt in der Kreide – über 120 Milliarden Euro. Ein wahrlich gigantischer Betrag für ein so kleines Land.

Doch die Verstaatlichung der Banken war der einzige Weg, das Land noch zu retten. Aber sie hatte einen hohen Preis: Sie hinterließ Island einen Schuldenberg vom Zehnfachen der bisherigen jährlichen Wirtschaftsleistung.[202]

Eine der hauptverantwortlichen Banken war die *Kaupthing Bank*, die noch kurz vor der Krise riesige Kredite, teilweise ohne Sicherheiten, an eigene Großaktionäre sowie deren Geschäftsfreunde ausgezahlt haben soll. Wie die Zeitung *Fréttablaðið* berichtete, erhielten allein die fünf wichtigsten Kreditnehmer aus dieser Bankengruppe umgerechnet fünf Milliarden Euro, was dem kompletten Staatshaushalt Islands entsprach.[203]

Achtung!
Die Alterssicherung der Isländer wurde ebenfalls stark in Mitleidenschaft gezogen, denn Islands Pensionsfonds mussten den Banken eine Millionen-Beihilfe anbieten. Der damalige Minis-

terpräsident Geir Haarde prophezeite, dass »viele Menschen sehr viel Geld verlieren werden«.[204] Die Situation wurde noch dramatischer: Von September 2007 bis September 2008 stieg die Inflation von knapp unter vier Prozent auf 14 Prozent. Der isländische Leitzins lag im Mai 2008 bei satten 15,5 Prozent.

Am 16. Oktober 2008 gab die isländische Regierung schließlich an, eine fällige Anleihe der verstaatlichten *Glitnir*-Bank in Höhe von 750 Millionen US-Dollar nicht zurückzahlen zu können. Damit war das Land de facto zahlungsunfähig. Ein formaler Staatsbankrott bestand jedoch nicht, da die Anleihe nicht von Island selbst emittiert wurde.

Aber wären die Banken nicht verstaatlicht worden, hätte nach Angaben der isländischen Regierung tatsächlich ein Bankrott des Landes gedroht.

Hintergrund:

»Es besteht die Gefahr, dass die isländische Wirtschaft im schlimmsten Fall in den Abwärtsstrudel der Banken gerät und das Ergebnis ein Bankrott des Landes sein könnte.«[205]

Geir Haarde, isländischer Ministerpräsident, in einer TV-Ansprache

Island wäre pleite, wenn der IWF nicht eingegriffen hätte. Bereits am 19. November 2008 genehmigte er einen 2,1-Milliarden-Dollar-Kredit. Diese finanzielle Unterstützung wurde sogar noch um mehr als drei Milliarden US-Dollar in Form von Darlehen aus Russland und Polen ergänzt und um etwa fünf Milliarden US-Dollar von Großbritannien, den Niederlanden und Deutschland. Das gesamte Paket umfasste demnach einen Wert von rund zehn Milliarden Dollar. Das Land benötigte das Geld zur Stabilisierung seiner Landeswährung.

Achtung!

Die isländische Krone verlor alleine im Jahr 2008 rund 75 Prozent ihres Werts.[206]

Die isländische Regierung fixierte daraufhin den Wechselkurs und setzte zeitweise den Handel mit sämtlichen Finanzwerten aus. Die Ratingagentur *Standard & Poor's* stufte Islands Bonität daraufhin um zwei Stufen von »A« auf »BBB« herunter.[207] Im Januar 2010 senkte auch *Fitch* die Kreditwürdigkeit des Inselstaates auf »BB+« und warnte vor einer weiteren Herabstufung.[208]

Der »theoretische« Staatsbankrott hatte Folgen: Die Regierungskoalition aus Unabhängigkeitspartei und sozialdemokratischer Allianz unter Premierminister Geir Haarde brach auseinander.[209] Eine Übergangsregierung aus Allianz und Links-Grüner Bewegung war gebildet worden; diese wurde bei vorgezogenen Neuwahlen im April 2009 schließlich bestätigt.

Doch auch die neue Regierung kam um harte Maßnahmen nicht herum. Neun Monate nach dem Kollaps des isländischen Finanzsektors bekamen die Bürger mit dem »Stabilitätspaket« schließlich die Quittung für die Risikobereitschaft ihrer Banken präsentiert.

Achtung!

So wurden die Isländer von ihrer Regierung zur Kasse gebeten:

- Deutlich höhere Steuern auf Genussmittel, Alkohol und Tabak.
- Anhebung der Beiträge zur Arbeitslosenversicherung.
- Senkung staatlicher Sozialleistungen.
- Weniger Geld für Krankenhäuser und Schulen.
- Ausgabenkürzungen der verschiedenen Ministerien von zehn Prozent.
- Leistungen für Mutter- oder Vaterschaftsperioden sowie für Rentner mit Nebenerwerbstätigkeit wurden gekürzt.

Das alles sollte dazu beitragen, das Minus im Staatshaushalt auf zehn Prozent des Bruttonationalprodukts zu beschränken. Aber auch Wohlhabende sollten besonders zur Sanierung des Staatsbudgets beitragen: Unter anderem wurden die Steuern auf höhere Einkommen um acht Prozent sowie auf Kapitaleinkommen um zehn Prozent erhöht.[210]

Doch die Gefahr war dadurch nicht gebannt. Ende 2009 lag die Inflation immer noch bei knapp neun Prozent und die Arbeitslosigkeit stieg von zwei Prozent auf mehr als acht Prozent.[211]

Verhindern könnte dies ein EU-Beitritt. *Vor* dem Beinahe-Staatsbankrott wollte die Insel kein Vollmitglied in der EU werden, doch der isländische Botschafter Haukur Jóhannesson forderte Ende 2009 zügige Beitrittsverhandlungen, schließlich sei sein Land seit 1970 Partner der europäischen Integration: *»Der EU-Beitritt ist der logische nächste Schritt – natürlich beschleunigt durch die akute Finanzkrise.«* Natürlich, denn das Land ist de facto bankrott und könnte sich durch die EU-Gemeinschaft wieder »gesund sparen«: Islands Auslandsverschuldung beträgt das Dreifache seines Bruttoinlandsprodukts und ein Fünftel der größten Unternehmen stehen unmittelbar vor dem Bankrott.[212]

In ihrem Fortschrittsbericht zu Island vom 10. Dezember 2012 äußert sich die Europäische Kommission dann auch sehr positiv zum Verlauf der bisherigen Beitrittsverhandlungen.[213]

Infolge der Finanz- und Wirtschaftskrise haben sowohl der Internationale Währungsfonds (IWF) als auch andere bilaterale Partner Unterstützungsvereinbarungen mit Island zur Stabilisierung des Wirtschafts-, Finanz- und Währungssystems getroffen. Als Grundlage für eine nachhaltige Erholung der Wirtschaft hat Island eine Bankenreform eingeleitet, deren Implementierung weitgehend abgeschlossen ist. Die jüngsten Erfahrungen mit einer unabhängigen Währung haben in Island zu einer breiten Diskussion über die Anbindung an einen anderen Währungsraum geführt. Eine Einführung des Euro in Island ist nach der geltenden Rechtslage frühestens zwei Jahre nach einem Beitritt zur Europäischen Union möglich und erfordert außerdem die Erfüllung der »Maastricht-Kriterien«.

Der EU-Beitritt des Landes wird innerhalb der isländischen Bevölkerung intensiv debattiert. Für einen Beitritt ist die Zustimmung der Bevölkerung in einem Referendum erforderlich.

Doch seit Juli 2010 profitiert auch Island wie andere Beitrittskandidaten von der finanziellen Unterstützung der Europäischen Union im Rahmen des *Instrument for Pre-Accession assistance* (IPA). Die EU stellt für Island im Dreijahreszeitraum 2011 bis 2013 insgesamt 30 Millionen Euro bereit, welche unter anderem für den Ausbau der Kapazitäten von Verwaltung und Justiz genutzt werden können.[214]

Die EU-»Gemeinschaft« könnte das Land also vor dem Super-GAU bewahren. Natürlich in der Hauptsache mit Ihren Steuergeldern. Aber Ende April 2013 wählte das isländische Volk eine neue Regierung. Die künftigen Machthaber waren ausgerechnet jene alten und konservativen Eliten, die das Land einst in den Bankrott geführt hatten.[215] Wie es mit der Insel im Norden weitergehen wird, bleibt ungewiss.

7 Bankrotte Staaten

Was Sie in diesem Kapitel erwartet:

- **Vorsicht Staatsbankrott!**
- **Griechenland, Irland, Portugal und Zypern am Ende**
- **Angela Merkel sollte für die Veruntreuung deutscher Steuergelder strafrechtlich verfolgt werden**

Achtung!
Dieses und das folgende Kapitel sind sehr wichtig für Sie, weil von der Überlebensfähigkeit der darin besprochenen Staaten auch die Bonität Deutschlands – als »Zahlmeister der Welt« – und damit auch Ihr Schicksal als deutscher Steuerzahler und EU-Hauptbürger abhängt.

Mit Griechenland hat das Euro-Drama begonnen. Mit Griechenland wird es enden. Deshalb befasse ich mich an dieser Stelle eingehender mit der damaligen Situation, die bis heute Einfluss auf das europäische Währungssystem hat.

7.1 GRIECHENLAND (2009–2013)

Das Griechenland-Drama dauert schon lange an. Ausufernde Staatsschulden und eine Regierung, die die Vorgaben der Europäischen Kommission zum Abbau der Defizite nicht beachtet hatte, brachten Griechenland bereits Ende 2009 immer mehr in Bedrängnis.

Doch das Land gehört zur EU und konnte sich darauf verlassen, dass die anderen europäischen Staaten es nicht bankrottgehen lassen.

So stiegen die Zinsen für griechische Staatsanleihen immer weiter, und Käufer vertrauten darauf, dass die EU haften würde. Zwei Ratingagenturen stuften im Dezember 2009 das Rating Griechenlands von »A–« auf »BBB+« zurück.[216] Damit hatte Griechenland das mit Abstand schlechteste Rating unter allen Ländern der Euro-Zone. Der damalige Ministerpräsident Giorgos Papandreou versicherte eilig, die Regierung wolle die Glaubwürdigkeit schon deshalb schnell wieder herstellen, weil sonst »sogar die Souveränität des Landes Gefahren ausgesetzt« wäre.[217] Das beruhigte die Investoren jedoch nicht. Die Herabstufung löste eine Flucht der Anleger aus griechischen Staatsanleihen aus und an der Athener Börse brach der Leitindex um mehr als fünf Prozent ein.

Hintergrund:

So begann die EZB ihre erste Todsünde: Denn mit der Herabstufung auf »BBB+« unterschritten die griechischen Anleihen die bis dahin geltende Mindestanforderung der Europäischen Zentralbank (EZB), die bis Oktober 2008 mindestens eine Bonität von »A–« für bei ihr als Sicherheit hinterlegte Papiere verlangte. Wegen der Finanzkrise hatte sie diese Grenze auf »BBB« gesenkt.[218]

Aber auch der griechische Bankensektor war in akuter Gefahr. Wegen der Finanzkrise hatten die Institute rund 47 Milliarden Euro bei der EZB zu Sonderkonditionen ausgeliehen. Zudem hielten die griechischen Banken rund 45 Prozent griechischer Staatsanleihen und waren somit der größte Gläubiger des Landes.[219]

Griechenlands schlechte Bonität könne »Folgen für alle Euro-Länder« haben, hieß es deshalb bereits im November 2009 beim EU-Finanzministertreffen. Im schlimmsten Falle drohe sogar die Zahlungsunfähigkeit.[220] Doch die Regierung in Athen vertraute weiterhin auf die EU, aber dort schwand die Geduld. Die *Süddeutsche Zeitung* schrieb damals dazu: *»Dass laut EU-Kommission ›kein Vertrauen‹ mehr besteht, liegt auch daran, dass sich Griechenland nicht zum ersten Mal mit wichtigen Daten vertan hat. Das Land wurde einst aufgrund* *geschönter Zahlen in die Währungsunion aufgenommen. Seither hat es immer wieder rekordverdächtige Schuldenberge angehäuft.«*

Hintergrund:
Griechenland nahm es in der Tat mit der Ehrlichkeit nicht so genau. **Hier nur *ein* Beispiel:** Offiziell hatte das Land nur ein einziges Mal die Kriterien des Maastricht-Vertrags zur Begrenzung des Haushaltsdefizits auf drei Prozent eingehalten. Das war im Jahr 2004. Doch wie sich später herausstellte, erweiterten die Griechen damals ihr offizielles Bruttosozialprodukt um stolze 25 Prozent. Das gelang auch deshalb, weil sie Schwarzhandel und Prostitution zur Wirtschaftsleistung zählten! Nur so sank die Defizitquote dann auf 2,9 Prozent.[222]

Doch Anfang 2010 war die Verschuldung Griechenlands so hoch, dass ein Bankrott viele Banken, die griechische Staatsanleihen hielten, destabilisiert hätte und eine weitere allgemeine Finanzmarktkrise die Folge gewesen wäre.[223]

Die Finanzdienstleistungsaufsicht BaFin hatte das Finanzministerium schon vorab in einem internen Vermerk vor den Auswirkungen eines Staatsbankrotts Griechenlands für deutsche Banken gewarnt: Dieser könnte auch auf andere schwache EU-Staaten wie Portugal, Italien, Irland oder Spanien (PIIGS-Staaten) übergreifen und verheerende Auswirkungen haben. Von »katastrophalen Folgen« war in dem Papier die Rede, und: *»Das Hauptrisiko für den deutschen Finanzsektor besteht in den kollektiven Schwierigkeiten der PIIGS-Staaten. Griechenland könnte hierfür möglicherweise der Auslöser sein.«*[224]

Das Risiko eines Crashs war groß. Aber nicht nur für deutsche Gläubiger. Griechenland hatte sich in ganz Europa verschuldet. Im Mai 2010 wurde deshalb in einer Krisensitzung ein Notfallplan erstellt, um Griechenland vor dem Staatsbankrott zu retten: Die EU-Staaten und der IWF stellten Athen Notkredite über 110 Milliarden Euro mit einem Zinssatz von 5,5 Prozent in Aussicht. Deutschlands Anteil hieran betrug rund 22 Milliarden Euro. Die Gelder sollten in insgesamt zwölf

Tranchen bis März 2013 ausgezahlt werden. Nach drei tilgungsfreien Jahren sollte der Hilfskredit dann in acht vierteljährlichen Raten zurückgezahlt werden.[225] Das stellte sich bald darauf als frommer Wunsch heraus.

Achtung!

Mit dem im Mai 2012 beschlossenen ersten Rettungspaket trug die EU den Vertrag von Maastricht zu Grabe. Denn schon im Jahr 1996 hatten die Verantwortlichen der EU-Staaten in Maastricht beschlossen, dass jedes Land für sich haftet und die Gemeinschaft *nicht* für Verbindlichkeiten anderer Mitglieder eintritt.

Dies ist im Artikel 104b festgelegt (sogenannte »No Bailout«-Klausel). Doch seit dem Rettungsplan für Athen war diese Regelung nicht mehr das Papier wert, auf dem Sie geschrieben stand.

Bundeskanzlerin Angela Merkel war mitverantwortlich für diesen fundamentalen Vertrags- und Tabubruch. Am 11. April 2012 hatte sie in einem Telefonat mit Luxemburgs Regierungschef Jean-Claude Juncker dazu ihr Einverständnis gegeben.

→ **Für mich ist das Veruntreuung von deutschen Steuergeldern in Milliardenhöhe und sollte strafrechtlich verfolgt werden, sobald ihre Immunität aufgehoben ist.**

7.1.1 Angela Merkel hat die Deutschen belogen

Was den Griechen vielleicht kurzfristig half, war bei genauer Betrachtung der Anfang vom Ende des Euro, wie wir ihn kennen. Denn trotz monatelanger Dementis und Verschleierungstaktiken der Staats- und Regierungschefs wurde mit der Finanzhilfe der Maastricht-Vertrag, der den Bürgern als Garantie für die Stabilität des Euro versprochen wurde, gebrochen.

Ausreden hin oder her. Jürgen Trittin, Fraktionsvorsitzender der Grünen, brachte es damals auf den Punkt: »*Frau Merkel hat die deutsche Öffentlichkeit belogen. Sie wusste, dass Griechenland geholfen wer-*

den musste. Dennoch hat sie etwas anderes versprochen, um so über die NRW-Wahlen zu kommen.«[227]

Die FDP formulierte es so: Es gibt Milliarden für Griechenland, aber es ist kein Geld da für Steuersenkungen.

Der Preis für die Scheinrettung der Griechen war groß: Denn die Euro-Zone wurde zu einer *Haftungs-* oder *Transfergemeinschaft*, bei der Sie als deutscher Steuerzahler die Zeche zahlen müssen (siehe Kapitel ➔ 2 »Der Euro ist schlecht für Sie!« und ➔ 4 »Armut für alle – So will der Staat Ihr Geld abgreifen«).

Und noch eines: Griechenland verlor de facto seine Souveränität. Erstmals mischte sich der IWF in die Finanzen eines europäischen Kernlandes ein. Amerikaner und Chinesen sitzen also jetzt mit im Boot, wenn es um die europäische Währung geht. Dasselbe gilt für Portugal, Irland und Zypern.

7.1.2 Sie haften für andere, die über ihre Verhältnisse gelebt haben

Olaf Gersemann gab in der *Welt am Sonntag* ein sehr treffendes Beispiel, wie irrsinnig die europäische Finanzhilfe für Athen war. Ich gebe es etwas verkürzt wieder: »*Stellen Sie sich vor, Ihr Cousin verdient 60 000 Euro im Jahr. Er gibt aber 75 000 Euro, in manchen Jahren sogar 80 000 Euro aus. Die Lücke zwischen Einnahmen und Ausgaben deckt er durch Kredite. Die bekommt er von der Bank. Deren Mitarbeiter ahnen zwar, dass es kein gutes Ende nehmen wird (…), doch sie leihen weiter Geld, nur eben zu immer höheren Zinsen. Irgendwann, na klar, steht Ihr Cousin vor der Pleite. Was bleibt Ihrem Cousin also anderes übrig, als bei der Familie um Hilfe zu bitten? Natürlich können Sie und der Rest Ihrer Großfamilie sich weigern, Ihrem Cousin zu helfen. Es ist ja schließlich nicht gerecht, dass Sie, der Sie zumindest einigermaßen ordentlich gewirtschaftet haben, haften sollen für einen anderen, der über seine Verhältnisse gelebt hat. Und wie machen Sie die Nothilfe jener Cousine (…) klar, die sich ebenfalls finanziell übernommen hat (…)?«*[228]

Doch schon vier Monate nach den vollmundig angekündigten Griechenlandhilfen zeigten sich Experten darüber besorgt, ob Athen seine

Kredite überhaupt jemals zurückzahlen könne. Gegenüber *Bloomberg* sagte Andrew Bosomworth, Leiter Portfoliomanagement bei PIMCO: »*Griechenland ist zahlungsunfähig. Ich denke, das Risiko eines Ausfalls oder einer Schuldenrestrukturierung ist beträchtlich.*«[229] Im besten Fall werde die öffentliche Verschuldung auf 150 Prozent des BIP ansteigen. Neben dem Rettungspaket, das den Griechen unter Federführung der EU für drei Jahre zur Verfügung steht, benötigt Athen im gleichen Zeitraum noch zusätzlich 82 Milliarden Euro, die die Regierung am Kapitalmarkt aufbringen müsste. Das dürfte, so Bosomworth weiter, »sehr schwierig« werden.[230]

Es kam, wie es kommen musste: Bereits Ende November 2010 sprangen die Euro-Finanzminister schon wieder für das immer höher verschuldete Griechenland ein: Athen konnte sich mit der Tilgung der Hilfskredite viereinhalb Jahre länger Zeit nehmen als ursprünglich vereinbart.[231] Mit dieser Entscheidung wollte man den absehbaren Staatsbankrott des Landes ein zweites Mal hinausschieben. Währenddessen stieg die Arbeitslosenzahl auf ein Zehn-Jahres-Hoch – Auswirkung des von der EU und dem IWF verordneten Sparpakets. Die Wut der Menschen wurde immer größer. Bei einem Generalstreik Mitte Dezember 2010 wurde der frühere Verkehrsminister Kostis Chatzidakis von gewalttätigen Demonstranten blutig geschlagen, und in Athen brannte es auf den Straßen.[232]

7.1.3 Hilfen ohne Ende

Im Juni 2011 forderte Bundesfinanzminister Schäuble ein zweites Hilfspaket für Griechenland. Währenddessen stufte die Ratingagentur *Standard & Poor's* die Kreditwürdigkeit der Hellenen gleich um drei Stufen auf »CCC« herab.

Ende Juni stimmte das griechische Parlament dem ersten von vielen noch folgenden Sparprogrammen zu. Damit machte es den Weg für weitere Kredithilfen der EU und des IWF frei.

Am 21. Juli 2011 beschloss ein Sondergipfel der EU-Staaten dann das zweite Hilfspaket für Griechenland. Es hatte ein Volumen von 109 Milliarden Euro.

Achtung!
Weiterer Tabubruch: Zum ersten Mal sollten private Gläubiger einen freiwilligen Beitrag zur Finanzierung eines Rettungspakets leisten.

Im Oktober enthüllte der Bericht der Troika, dass Griechenland noch weitaus mehr Geld benötigen werde als bis dato geschätzt: bis zu 444 Milliarden Euro.

Am 27. Oktober einigte sich der Euro-Gipfel dann mit den Banken auf einen freiwilligen Schuldenerlass für Griechenland in Höhe von 50 Prozent.

Harte Sparprogramme für die Bevölkerung und viele Streiks bildeten den Hintergrund für den Jahresanfang 2012. Am 1. Februar stimmten dann – nach den Beschlüssen auf dem EU-Sondergipfel im Juli 2011 – auch die Finanzminister der Euro-Staaten einem zweiten Rettungspaket zu. Voraussetzung dafür war auch die Beteiligung der privaten Gläubiger. Diese sollte aus einem freiwilligen Verzicht auf 53,5 Prozent der Forderungen bestehen und in Form eines Tauschs von Staatsanleihen gegen neue Papiere mit längerer Laufzeit und niedriger Verzinsung ablaufen. De facto war dies ein Schuldenschnitt.

Doch die Bevölkerung war zermürbt. Viele, teils auch sehr gewalttätige Proteste und Streiks hatten ihre Lage noch schlimmer gemacht. Die Unzufriedenheit der Menschen entlud sich an den Wahlurnen. Die Regierung wurde Mitte Juni 2012 kurzerhand abgewählt. Die Konservativen wurden stärkste Kraft.[233]

7.1.4 Ohne Knete keine Fete – oder doch?

Im Sommer 2012 muckte dann schließlich auch der deutsche Steuerzahler – immerhin der Hauptlasttragende – langsam auf. Der Bundesregierung fiel es nämlich zunehmend schwerer, ihrem Volk die Notwendigkeit immer höherer Finanzspritzen ins ferne Athen *plausibel* zu erklären.

Offiziell hörte man zwar Verlautbarungen, dass es keine neuen Finanzhilfen mehr für die Griechen geben werde. Doch daran glaubten nur noch politische Schönfärber und regierungsnahe Propaganda-Massenmedien. Denn Griechenland war immer noch bankrott.

Aber warum sollten deutsche Rentner für die Altschulden der Griechen büßen? Warum sollten deutsche Arbeitnehmer für die Verschwendungssucht griechischer Politiker haften? Warum sollten die deutschen Sparer ihre Vermögen für griechische Korruptionsmechanismen riskieren?

Das war tatsächlich schwer an die Frau und an den Mann zu bekommen. Schützenhilfe kam ausgerechnet aus Athen. Dort überlegten sich die Verantwortlichen einen perfiden Trick, der für den deutschen Steuerzahler nicht gleich als solcher erkennbar war.

Hintergrund:

Und so funktionierte der »Griechentrick«:

- Die Regierung in Athen stand Mitte 2012 – trotz Hilfspaketen – immer noch unmittelbar vor dem Staatsbankrott und brauchte schnellstens vier Milliarden Euro.
- Doch die EU verzögerte die Auszahlung der nächsten Tranche, bis der neue Troika-Bericht vorlag. So lange konnte Athen nicht mehr warten.
- So begab Griechenland Schuldenpapiere mit einer Laufzeit von nur wenigen Monaten.
- Die Papiere wollte aber niemand haben, da das Land kurz vor der Pleite stand. Doch das war Kalkül.
- Griechische Banken kauften deshalb die Staatsanleihen ihrer eigenen Regierung ab.
- Die Banken hatten dafür aber kein Geld, da sie sich auf den Märkten nicht mehr selbst finanzieren konnten, also quasi ebenfalls insolvent waren.
- Deshalb liehen sich die Institute das Geld dafür als »Nothilfe« bei der griechischen Notenbank. Als Sicherheit hinterlegten sie die kurz zuvor gezeichneten Anleihen, die praktisch wertlos waren.

- Die griechische Notenbank erhielt wiederum Nothilfekredite von der EZB.
- Für die EZB haften die nationalen Notenbanken.
- Für die nationalen Notenbanken haften die nationalen Regierungen.
- Für die nationalen Regierungen haften die Bürger.
- So wurde das Hauptrisiko auf den deutschen Steuerzahler übertragen – und zwar ohne lästige Bundestagszustimmung.[234]

Ich hielt und halte das auch noch heute für einen vorsätzlichen Betrug!

Aber wissen Sie was? Die EU-Kommission und die Bundesregierung versuchten das auch noch klein zu reden!

Achtung!

Diese betrügerische »Zwischenfinanzierung« zeigte Folgendes:

- Die Probleme des griechischen Staates und der griechischen Banken wurden auf die EZB abgeladen.
- Rettungsschirme wurden so umgangen.
- Die EZB verliert mehr und mehr ihre Unabhängigkeit.
- Die EZB verstößt weiterhin gegen ihre eigenen Statuten. Diese verbieten nämlich eine Finanzierung von Staaten.
- Die EZB beteiligte sich an der Konkursverschleppung Griechenlands.
- Die Notenpresse soll mehr Geld drucken – die Inflationsgefahr wächst.
- Das Volk – also Sie! – soll auch weiterhin für dumm verkauft werden.

7.1.5 So wurden und werden die Bürger in Griechenland zur Kasse gebeten

Im Oktober/November 2012 halfen dann auch alle staatlichen Tricks und auch keine Bankentricks mehr. Jetzt wurde das eigene Volk *massiv* zur Kasse gebeten. Denn trotz umfangreicher Sparmaßnahmen und milliardenschweren Hilfspaketen schlingerte das Land immer noch am Rand einer Pleite.

Die Liste der bisher durchgeführten und geplanten Einschnitte für die Menschen zeigt, dass der Staat absolut keine Skrupel hat, sich an »seinem« Volk zu bedienen, wenn er mit dem Rücken zur Wand steht (siehe auch Kapitel ➔ 5.5 »Was Ihnen bei einem Staatsbankrott blühen kann«):

- Die Preise für Nahrungsmittel sind nach wie vor viel zu hoch. Immer mehr Menschen sind deshalb auf Suppenküchen angewiesen.
- Viele verlieren ihre Häuser oder Wohnungen, weil sie arbeitslos geworden sind und die Miete nicht mehr zahlen können. Sozialhilfe wie etwa Hartz IV in Deutschland, die durchgängig ausgezahlt wird, gibt es nicht.
- Schätzungen zufolge hat jede Familie mindestens einen Arbeitslosen, der von dem Geld mitversorgt wird.
- Die Gehälter im staatlichen Sektor wurden massiv gekürzt. Das 13. und 14. Monatsgehalt fielen weg.
- Mitarbeiter des öffentlichen Dienstes und Freiberufler wurden mit einem Solidaritätsbeitrag zur Kasse gebeten.
- Zuschläge wurden gestrichen, die meisten frei werdenden Stellen nicht wieder besetzt und jede zweite befristete Stelle nicht verlängert.
- In Staatsunternehmen wurden massive Entlassungen vorgenommen.
- Laut einem Schreiben des Finanzministeriums mussten die Unternehmen Listen von Angestellten präsentieren, die zunächst in eine sogenannte »Arbeitsreserve« geschickt wurden. Diese erhalten ein Jahr lang 60 Prozent ihres Lohns und werden dann entlassen. Andere mussten in Frührente gehen.

- Abfindungen für entlassene Arbeitnehmer wurden drastisch gesenkt.
- Arbeitgeber dürfen seither Verträge mit jedem einzelnen Arbeitnehmer schließen. Damit werden praktisch Tarifverhandlungen umgangen.
- Bei Staatsbediensteten wurden das Weihnachtsgeld und das Urlaubsgeld gestrichen.
- Viele Löhne und Gehälter wurden um sechs bis 20 Prozent verringert.
- Die Arbeitszeit der Verbleibenden wurde von 37,5 auf 40 Wochenstunden verlängert.
- Die Mehrwertsteuer wurde um drei Prozent angehoben.
- Die Steuern auf Tabak, Spirituosen, Zigaretten, Heizöl, Erdgas und Kraftstoff stiegen.
- Die Kfz-Steuer wurde erhöht.
- Eine Finanztransaktionssteuer wurde eingeführt.
- Im Gesundheitswesen wurden über zwei Milliarden Euro gekürzt. Unter anderem sollten sich die Versicherten mit höheren Eigenbeiträgen beim Kauf von Medikamenten beteiligen. Zahlreiche Krankenhäuser sollen schließen. Andere sollen miteinander fusionieren.
- Die Vermögenssteuer stieg.
- Luxusabgaben für Jachten, Schwimmbecken und Autos wurden angehoben.
- Ausgaben für die Landesverteidigung wurden gekürzt.
- Der Steuerfreibetrag wurde von jährlich 8000 Euro auf 5000 Euro gesenkt.
- Die Grundsteuer, die jeder Haus- oder Wohnungsbesitzer zahlen muss, soll mit der Stromrechnung eingezogen werden. Wer nicht zahlt, dem wird der Strom abgestellt.
- Wer zu häufig zum Arzt geht, soll zur Kasse gebeten werden. Wenn die Arztkosten 1500 Euro im Jahr übersteigen, sollen die Versicherten für jeden weiteren Arztbesuch zehn Euro zahlen, bei einem Krankenhausaufenthalt 15 Prozent der Kosten selbst tragen.
- Die Aufwendungen für Kliniken und staatliche Versicherungen wurden zusammengestrichen.

- In der Verwaltung wurden 1,5 Milliarden Euro zusätzlich eingespart.
- Städte und Gemeinden erhielten eine Milliarde Euro weniger.
- Die Ausgaben für die Bildung sollen um 500 Millionen Euro sinken.
- Die Grundrenten wurden eingefroren. Die zusätzlichen Altersversorgungssysteme wurden angepasst und ebenfalls eingefroren.
- Alle Renten ab 1000 Euro aufwärts wurden um fünf bis 15 Prozent gekürzt. Das Weihnachtsgeld für Rentner wurde abgeschafft. Nach Gewerkschaftsangaben werden die Rentner dadurch im Durchschnitt 2000 Euro im Jahr verlieren.
- Das Rentenalter wurde für alle von 65 auf 67 Jahre angehoben.
- Familien, die mehr als 18 000 Euro im Jahr verdienen, haben keinen Anspruch auf Kindergeld mehr.
- Jeder Arbeitslose bekommt ein Jahr lang eine Unterstützung von rund 470 Euro – unabhängig vom vorherigen Einkommen. Danach bekommt er nichts mehr.

Aber Fakt ist auch: Der griechische Staat ist immer noch gigantisch aufgebläht. Auch deshalb holt er die Gelder von der Privatwirtschaft und seinen Bürgern. Die Folge: Aufgrund des Rückgangs der Nachfrage in allen Wirtschaftsbereichen müssen Arbeitsplätze abgebaut werden. Eine Rezession war/ist die Folge.

Achtung!

Griechenland braucht mindestens 20 bis 30 Jahre Zeit, um seine Ziele zu erreichen. Dieser Zeitraum ist aber nur dann realistisch, wenn die Wirtschaft in den nächsten zwei Jahrzehnten pro Jahr um jeweils mehr als acht Prozent wachsen würde.

Da Griechenland aber nicht China ist, wird sich der Staat sein Geld weiterhin von denen holen, die greifbar sind: Von seinen Bürgern und von den EU-Steuerzahlern.

7.1.6 Schuldenschnitt und Schuldenschnitt?

Obwohl der griechische Präsident Samaras – übrigens der fünfte seit Ausbruch der Krise[235] – Anfang 2013 verkündete, dass sein Land das Schlimmste hinter sich habe, ist die Situation trotz aller Hilfspakete nach wie vor verheerend. Der Schuldenstand befindet sich auf dem Rekordniveau von rund 175 Prozent des Bruttoinlandsprodukts (BIP). Seit 2008 hat das Land 20 Prozent seiner Wirtschaftskraft verloren – und die war im europäischen Vergleich ohnehin schon schwach. Bis Ende 2013 erwarten Ökonomen einen erneuten Rückgang von über vier Prozent.[236] Doch schon das erste Quartal 2013 zeigte einen Rückgang von 7,1 Prozent, und das trotz Schuldenschnitt und Hilfspaketen über 202 Milliarden Euro.[237] Auch die Wirtschaft kommt nicht auf die Beine. *Ein* Indiz dafür: Während der Jahreszins für Unternehmenskredite über eine Million Euro hierzulande bei 1,83 Prozent liegt, müssen griechische Firmen 5,8 Prozent berappen.[238] Das *kann* gar nicht gut gehen.

Auch die Arbeitslosigkeit wird immer größer. Sie beträgt jetzt schon knapp 27 Prozent.[239] Unter den bis zu 24-Jährigen liegt die Quote bei über 64 Prozent.[240] Von den 1,3 Millionen Arbeitslosen bekommen nur noch 400 000 staatliche Unterstützungen. Die anderen fallen aus dem Raster, da es in Griechenland nur maximal zwölf Monate Arbeitslosengeld gibt.[241] Ein Viertel der Bevölkerung lebt schon unterhalb der Armutsgrenze.

Die Privatverschuldung wird immer größer. Der Anteil der notleidenden Kredite explodiert: 2008 hatte die Quote der Darlehen, die seit 90 Tagen nicht mehr bedient werden, bei rund fünf Prozent gelegen, Ende 2012 schon bei 24,6 Prozent. Bei den Verbraucherkrediten und Kreditkarten sieht es noch viel schlimmer aus: Hier werden fast 50 Prozent der Darlehen nicht mehr bedient. Bei den Immobilienkrediten sind es bereits 20 Prozent. Fatal: Die Banken haben die drohenden Ausfälle nur zu 48,1 Prozent durch Rückstellungen gedeckt.[242] Hier tickt eine weitere Zeitbombe.

Wie schon oben beschrieben, kam es im März 2012 zum ersten Schuldenschnitt in Griechenland. Banken und Versicherungen mussten auf Forderungen im Umfang von rund 100 Milliarden Euro verzichten.

Achtung!

Das Gesetz brachte den Gläubigern *rückwirkend* einen Verlust von bis zu 70 Prozent ihrer Forderungen. **Aber auch 54 Prozent der Vermögen der Rentenkassen waren mit einem Schlag ausgelöscht.** Nicht anders erging es den Lebensversicherungen, die viele Griechen als private Altersvorsorge angespart hatten. Denn auch die Lebensversicherer legen ihr Geld zu großen Teilen in griechische Staatsanleihen an. Auch andere Kapital- und Rentenfonds, die beispielsweise Sparkassen und Banken ihren Kunden empfohlen und verkauft hatten, waren massiv betroffen (siehe Kapitel ➔ 4.8 »›CAC‹: Enteignung durch die Hintertür«).[243]

Geholfen hat der Schuldenschnitt wenig, denn Athen steht nach wie vor vor dem Kollaps. Denn mal ehrlich: Bankrott sind die Griechen schon lange.

Ende Oktober 2012 erwog die Troika einen weiteren Schuldenschnitt für Griechenland – diesmal sollten vor allem öffentliche Gläubiger auf ihre Forderungen verzichten. Die Lage wurde immer prekärer. So beschlossen die Euro-Gruppe und der IWF am 27. November 2012 eine Anpassung des Rettungspakets für Griechenland. Danach sollte die Regierung mehr Zeit für die Umsetzung der Sparvorgaben bekommen.[244]

Mitte Februar 2013 zog selbst der griechische Finanzminister einen neuen Schuldenschnitt in Erwägung. Auch der IWF drängte auf einen weiteren Schuldenerlass, der dann auch öffentliche Geldgeber wie Euro-Staaten, die EZB, nationale Notenbanken und den IWF betreffen sollte.[245]

Angela Merkel schloss das natürlich nicht mehr aus. Ihre Überzeugung hatte sie damals schon lange verraten. Ihre Voraussetzung für den neuen Schuldenschnitt ist selbstredend für das Fach*un*wissen der Kanzlerin: Griechenland müsse »eines Tages« wieder mit seinen Einnahmen auskommen, ohne neue Schulden zu machen.[246]

Doch der Druck wird immer größer. Auch der IWF brachte im Juni 2013 einen zweiten Schuldenschnitt ins Spiel.[247] Denn spätestens 2015 muss Athen für die Refinanzierung wieder an die Kapitalmärkte gehen. Da dies jedoch aussichtslos ist, muss entweder ein drittes Hilfspaket oder ein zweiter Schuldenschnitt kommen. Dieser käme uns Deutsche aber teuer zu stehen. Denn diesmal wären die öffentlichen Gläubiger, das heißt Staaten, an der Reihe. Die bisher vergebenen deutschen Hilfen summieren sich auf 45 Milliarden Euro. Ein Haircut, wie auch immer, würde ein großes Loch in den Haushalt reißen.[248]

Mitte Juni 2013 drohte dann Berlin damit, bei einem erneuten Schuldenschnitt für Griechenland weitere Hilfszahlungen einzustellen.[249] Doch schon ein paar Tage später ruderte Wolfgang Schäuble wieder zurück: »*Wir werden 2014 am Ende des Programms für Griechenland prüfen, ob die Schuldentragfähigkeit gegeben ist, und dann entscheiden, was zu tun ist.*«[250]

Achtung!

Die Bilanz sieht nach wie vor verheerend aus:

- Seit 2007 brach die Wirtschaft um 20 Prozent ein.
- Das BIP verringerte sich um 42 Milliarden Euro.
- 2013 wird das BIP noch einmal um 4,4 Prozent schrumpfen.
- Der Aktien-Leitindex verlor in dieser Zeit 82 Prozent.
- 120 Milliarden Euro Börsenkapital wurden vernichtet.
- Die Arbeitslosenquote wird 2013 auf 27 Prozent steigen.

Am 12. Juni 2013 dann der nächste Paukenschlag: Griechenland verlor den Status eines Industriestaates und wurde zum Schwellenland. Es war damit die erste entwickelte Nation, die wieder auf den Status eines Schwellenländermarkts zurückgestuft wurde. Der EU-Mitgliedsstaat Griechenland ist jetzt gleichauf mit Ländern wie Jordanien.[252]

Mitte Juni 2013 zerbrach die bisherige Regierung, weil Präsident Samaras eigenwillig den staatlichen Rundfunk ERT quasi »über Nacht« schließen ließ. Die verdutzte griechische Bevölkerung sah buchstäblich in »die Röhre«.[253] Am 24. Juni 2013 bildete sich eine neue Koalitionsregierung aus Konservativen und Sozialisten, aber mit dem »alten« Präsidenten. Damit haben die Regierungsparteien nur noch drei Sitze Mehrheit im Parlament. Das wird auf Dauer nicht gut gehen.

Anfang Juli 2013 war klar: Der Konjunktureinbruch reißt in die Haushaltsbudgets der Jahre 2014 und 2015 ein neues Loch von elf Milliarden Euro.[254] Ende Juli kam dann wieder einmal Hilfe aus Brüssel: Obwohl Griechenland »mangelnder Reformeifer«[255] attestiert worden war, wurde die Auszahlung weiterer Hilfsgelder in Aussicht gestellt, diesesmal jedoch in Raten. In den Medien war zunächst die Rede von acht Milliarden Euro.[256] Dennoch kam es vor dem »Besuch« des deutschen Finanzministers Wolfgang Schäuble zu einem dreitägigen Generalstreik.

Sie sehen auch hier: Griechenland ist ein Fass ohne Boden und wird Ihnen so oder so große Verluste bereiten. Entweder über immer neue Hilfspakete, die Sie als Steuerzahler tragen müssen, oder über den Euro-Crash, der Ihr Geldvermögen zerplatzen lässt wie eine Seifenblase.

Euro-Gruppenchef Jeroen Dijsselbloem stellte Mitte Juli 2013 jedoch schon mal den abermaligen Schuldenerlass in Aussicht: Im April 2014 werde es in Griechenland einen kompletten Kassensturz geben. Danach werde über weitere Maßnahmen entschieden.[257] Na, dann mal Prost deutscher Steuerzahler!

7.2 IRLAND (2012)

Irland war einst einer der reichsten Staaten der EU. Das Pro-Kopf-Einkommen lag sogar um ein Drittel höher als in Deutschland. Doch die Wirtschaftskrise von 2009 traf die Insel besonders hart, war der Wohlstand doch vor allem durch Spekulationsblasen (meist im Immobiliensektor) entstanden. Durch die fallenden Immobilienpreise hatten sich viele Iren maßlos überschuldet.[258]

7.2.1 Schulden ohne Ende

Aber auch die Staatsverschuldung nahm immer gewaltigere Ausmaße an – und das Volk ging auch hier auf die Straße. Ende November 2009 legte ein Streik, an dem sich rund 250 000 aufgebrachte Menschen beteiligten, darunter Feuerwehrmänner, Lehrer, Krankenschwestern und andere Angestellte, das Land lahm. Sie protestierten gegen die

Sparmaßnahmen der Regierung. Doch diese hat keine andere Wahl, als einen rigiden Sparkurs zu fahren. Das Land stand vor dem Aus.

Die Wirtschaftsdaten waren verheerend. Die Steuereinnahmen fielen auf das Niveau von 2003. Die Ausgaben lagen 70 Prozent darüber. Das konnte nicht gut gehen.

Hintergrund:

Irlands Staatsverschuldung betrug im Jahr 2007 noch 25,1 Prozent des Bruttoinlandsprodukts (BIP), stieg aber bis 2009 auf 65,8 Prozent. Bis Ende 2013 soll sie sogar bei 122 Prozent liegen, hätte sich in sieben Jahren also verfünffacht!

Die Arbeitslosigkeit, die 2007 bei gerade mal fünf Prozent lag, stieg 2009 auf knapp 13 Prozent. 2012 lag sie auf dem 18-Jahres-Hoch von knapp 15 Prozent.[259] Die Arbeitslosigkeit von unter 25-Jährigen beträgt fast 27 Prozent.[260] Die Verschuldung der Privathaushalte summierte sich auf 225 Prozent des BIP – eine der höchsten der Welt. Nicht umsonst bereitete die OECD die Insel in ihrem Länderbericht auf einen »anhaltend niedrigeren Lebensstandard« vor.[261]

Irland befand sich in einer gefährlichen Lage: Es stand kurz vor dem Bankrott.

Folgerichtig legte der damalige Finanzminister Lenihan Mitte Dezember 2009 den »härtesten« Haushalt in der Geschichte der Irischen Republik vor: Im öffentlichen Dienst wurden die Löhne zwischen fünf und 15 Prozent gekappt, das Arbeitslosengeld reduziert und Sozialleistungen gekürzt. *»Die Zukunft unseres Landes hätte auf dem Spiel gestanden«*, sagte Lenihan zu diesen drastischen Maßnahmen.[262]

Der »keltische Tiger« hatte das höchste Haushaltsdefizit in der EU, sogar noch höher als das der Griechen. Zudem wurden hohe Kosten für die Rettung der maroden Großbanken der Insel erwartet, weshalb die Ratingagentur *Standard & Poor's* das Land im August 2010 herabstufte. Die Märkte reagierten mit Sorge. Das schlechte Rating verteuerte den Schuldendienst und erschwerte die dringend notwendige Sanierung der Staatsfinanzen noch zusätzlich. Das hieß: Das Land musste immer höhere Zinsen bezahlen, um überhaupt noch Käufer für seine Anleihen zu finden. Griechenland ließ grüßen. Fakt blieb: Die Kosten für die Rettung irischer Banken drohten das Land an die Grenze der Zahlungsunfähigkeit zu bringen.[263]

7.2.2 Neue Politikerlügen

Die Lage war mehr als dramatisch: Über Jahrzehnte hinweg flossen finanzielle EU-Hilfen in Milliardenhöhe nach Irland, das so zu einem der wohlhabendsten Länder in Europa aufstieg. Aber das Geld heizte auch einen fast beispiellosen Immobilienboom an. Jeder dritte Euro an Steuereinnahmen kam schließlich aus dem Immobiliensektor. Als die Blase platzte, kollabierten auch die Staatseinnahmen. Regierung und Bankensystem standen unter Dauerdruck. Alle großen Finanzinstitute wurden teilverstaatlicht. Die Regierung nahm ihnen zudem ihre faulen Hypothekenkredite ab. Doch das reichte bei Weitem nicht, die Lage unter Kontrolle zu bekommen.

Hinter den Kulissen in Brüssel machten sich immer mehr Zweifel bemerkbar, ob Irland seine finanziellen Probleme tatsächlich noch alleine schultern könne. Die irische Nationalbank war ebenso skeptisch, denn der Raum für weitere Einsparungen war nur noch sehr begrenzt. Im September 2010 räumte erstmals auch der Chef der irischen Notenbank, Patrick Honohan, ein, dass die Haushaltssanierung auch scheitern könnte.

Die Wahrscheinlichkeit, dass Irland nach Griechenland der zweite EU-Mitgliedsstaat werden könnte, der einen Hilfskredit der EU benötigte, um einen Staatsbankrott abzuwenden, stieg. Genau das aber bestritt Irlands Finanzminister Brian Lenihan vehement und ging damit auf Konfrontationskurs zu seinem eigenen Notenbankchef.[264]

Doch Irlands Fall war zu diesem Zeitpunkt nicht mehr aufzuhalten. Nur ein paar Wochen später, Mitte November 2010, bereiteten sich dann europäische Finanzpolitiker darauf vor, dem Inselstaat eine Finanzspritze aus dem EU-Rettungsfonds zukommen zu lassen. Auch in Berliner Regierungskreisen wurde die Angst immer größer und Diplomaten in Brüssel räumten ein, dass Finanzhilfen für den Inselstaat nicht mehr auszuschließen seien.

Die Regierung in Dublin dementierte natürlich immer noch. Finanzminister Brian Lenihan hoffte nach wie vor, die Lage »eigenständig« in den Griff zu bekommen. Verschärft wurde die Situation dadurch, dass die EU-Regierungschefs ja im Falle Griechenlands beschlossen hatten, private Gläubiger künftig an den Kosten von staatlichen Insolvenzen in der EU zu beteiligen. Das versetzte viele Bondsbesitzer in Panik.

7.2.3 Öffentliche Bankrotterklärung

Am 27. Oktober 2010 half dann alles Schönreden und alle Verschleierung nichts mehr. Irlands Ministerpräsident Brian Cowen bekräftigte in einer sechsstündigen Dringlichkeitssitzung die enorme Haushaltskrise seines Landes und gestand damit den De-facto-Staatsbankrott öffentlich ein.

Durch die erneute Bankenrettung betrug das Defizit im Jahr 2010 32 Prozent des BIP. Zur Rettung seiner Finanzinstitute bürgte Dublin bereits mit 350 Milliarden Euro. Das war doppelt so viel wie die gesamte Wirtschaftsleistung des Landes. Außerdem musste Irland künftig 20 Prozent seiner Steuereinnahmen nur für Zinsen ausgeben. Unsichere Wachstumsaussichten und eine anhaltende Arbeitsmarktkrise verschärften die Lage.[265]

Doch am 13. November 2010 sagte der irische Premierminister Brian Cowen zur Überraschung aller, die seine Parlamentsrede gehört hatten: *»Irland ist bis zum kommenden Juli finanziell abgesichert.«*[266] Aber nur zehn Tage später stand die Insel vor dem Staatsbankrott.

Am 22. November 2010 unterstrich EU-Währungskommissar Olli Rehn, dass nun doch Hilfe für Irland erforderlich sei, um die finanzielle Stabilität in Europa zu wahren. Jetzt war die Katze aus dem Sack. Und wieder gaukelte man dem Volk vor, es ginge bei der EU-Rettungsaktion vornehmlich um die irische Wirtschaft und den irischen Bankensektor. Doch in Wirklichkeit ging es auch um heimische Banken und Versicherungen, die horrende Kreditausfälle fürchteten. Denn Irland stand mit knapp 13 Milliarden Euro bei deutschen Banken und mit rund 125 Milliarden Euro beim deutschen Staat in der Kreide.[267]

7.2.4 Staatlicher Zugriff auf Renten

Dann ging wieder alles sehr schnell. Am Sonntag, den 28. November 2010, noch vor Öffnung der Börsen, einigten sich Vertreter der EU, der Europäischen Zentralbank (EZB) und des IWF auf die Grundzüge des Rettungspakets im Umfang von 85 Milliarden Euro. Ein Drittel des Kreditpakets kam von der EU und ein zweites vom IWF. Die Milliardenhilfen sollten größtenteils in die irische Bankenbranche fließen, deren Krise Irland schwerwiegende Haushaltsprobleme beschert hatte. Der Rest sollte zur Sanierung des irischen Staatshaushalts genutzt werden.

Achtung!

Im Gegenzug sagte die irische Regierung zu, in den kommenden vier Jahren 15 Milliarden Euro im Staatshaushalt einzusparen und 17,5 Milliarden Euro aus eigenen Mitteln beizusteuern. Dafür sollten 12,5 Milliarden Euro der staatlichen Rentenversicherung entnommen werden. Das bedeutete für jene, die auf Altersbezüge angewiesen waren, geringere und unsichere Renten. Das zeigt, wie schnell die staatliche Rente für all jene zum Albtraum werden kann, die nur auf sie gesetzt haben.

Zusätzlich wurde für Irland die Zeit zur Haushaltssanierung bis 2015 verlängert.[269]

Doch die Finanzmärkte ließen sich nicht hinter's Licht führen: Trotz des Euro-Schutzschirms im Rücken verlor Irland weiterhin an Kreditwürdigkeit. Die Ratingagentur *Fitch* stufte die Bonität des Landes Anfang Dezember 2010 auf »BBB+« herunter.[270]

Der ehemalige Musterschüler ist – trotz Milliardenhilfen – bankrott.

7.2.5 Der Musterknabe, der keiner ist

Am 16. Dezember 2010 stimmte das irische Parlament dem Rettungspaket von EU und IWF schließlich mit einer hauchdünnen Mehrheit zu. Doch die Iren sahen nicht recht ein, warum sie eigentlich für diese Hilfe 85 Millionen Euro an Zinsen zahlen sollten. So sah also die irische Solidarität mit den »Rettern« aus.[271]

Nach Griechenland war Irland damit der zweite europäische Staat, der vor der Zahlungsunfähigkeit, das heißt vor dem Bankrott stand. So dealte die EZB ein weiteres Mal: Mit der britischen Zentralbank vereinbarte sie ein Tauschgeschäft, nachdem diese bis zu zehn Milliarden Pfund (11,7 Milliarden Euro) an die irische Zentralbank geben sollte. Die *Bank of England* erhielt im Gegenzug einen entsprechenden Euro-Betrag.

Dieser Schritt war notwendig, weil die irische Notenbank wegen der engen wirtschaftlichen Verzahnung des Landes mit Großbritannien auf zusätzliche Mittel in Pfund angewiesen war. *»Die Aktion zeigt, dass die irischen Banken trotz der Unterstützung der EZB noch immer unter Liquiditätsproblemen leiden«*, warnten die Analysten der französischen Bank *Natixis.*[272] Das war nicht unbegründet, denn weil die Märkte den irischen Banken nicht mehr trauten, refinanzierten sich diese zum großen Teil über die EZB.[273]

Sie sehen, der »europäische Musterschüler«, der wegen seiner angeblich so »erfolgreichen« Reformbemühungen auch hierzulande hoch gelobt wird, ist nach wie vor in großer Gefahr. Nach einer Prognose der EU-Kommission wird die Staatsverschuldung bis Ende 2013 sogar auf 122,2 Prozent steigen – und das trotz Rettungspaket![274]

Die Lücke im Haushaltsdefizit ist immer noch doppelt so groß wie in der Euro-Zone erlaubt. Irland hat noch vor Griechenland und Spanien die höchste Neuverschuldungsrate. Sie beträgt 13,1 Prozent. Zum Vergleich: Griechenland bringt es auf 9,1 Prozent und Spanien auf 8,3 Prozent. Doch vor allem die staatlichen Rettungsmaßnahmen für Banken verschlingen Unsummen. Irland hat 43 Prozent seines Bruttoinlandsprodukts für die Stabilisierung seiner immer noch angeschlagenen Institute ausgegeben.[275] Die Industrieproduktion ist um 13 Prozent gefallen, die Arbeitslosigkeit auf 14,7 Prozent gestiegen. Im ersten Quartal

2013 schrumpfte das Bruttoinlandsprodukt »überraschend« um 0,6 Prozent.[276]

Eigentlich hätte die Rückzahlung der Rettungshilfen ab 2013 erfolgen sollen. Doch die irische Regierung sieht sich außerstande, ihren Schuldendienst zu leisten. Mit Duldung der EZB fängt Irland jetzt erst *ab 2038* an, zu tilgen.[277] Dadurch werden jährlich drei Milliarden Euro gespart und Sie als Steuerzahler können 18 Jahre länger auf die Rückzahlung warten, als man Ihnen vonseiten der Bundesregierung versprochen hatte. Wenn das keine Bankrotterklärung ist, dann weiß ich auch nicht.

Irland wird meiner Einschätzung nach in absehbarer Zeit ebenfalls ein zweites Hilfspaket in Anspruch nehmen müssen. Die Schuldenquote wird wegen der Rettung der Banken auf der Insel sogar noch steigen. Brechen die Absatzmärkte ein, wird das katastrophale Auswirkungen auf das extrem exportabhängige Land haben.

7.3 PORTUGAL (2012)

Schön und beruhigend klangen die Worte, die Angela Merkel am 10. Mai 2010 vor den Kameras fand: »*Der Rettungsfonds ist eine entschlossene und geschlossene Botschaft an diejenigen, die glauben, den Euro schwächen zu können.*«[278] Damit wollte sie sagen, dass jeglicher Angriff auf einen Mitgliedsstaat der Euro-Zone zwecklos sei.

Aber schon sechs Monate nach dieser vollmundigen Ankündigung musste Irland mit vielen Milliarden vor dem Staatsbankrott gerettet werden. Die Märkte hatten sich von dem Rettungsschirm nicht blenden lassen, sondern zerpflückten die volkswirtschaftlichen Kennziffern einzelner schwacher Euro-Staaten. Nächster Kandidat war Portugal. Hier waren die deutschen Banken immerhin mit rund 37 Milliarden Dollar engagiert.

7.3.1 Und täglich grüßt das Murmeltier

Und wieder wurde das gleiche Verdummungsspiel wie bei Griechenland und Irland gespielt: EU-Währungskommissar Olli Rehn beschwichtigte und gab an, dass der Bankensektor in Portugal »gesund« sei. Doch er verschwieg dabei andere wichtige Tatsachen: Irland hatte nur ein Leistungsbilanzdefizit von 0,3 Prozent des Bruttoinlandsprodukts, Portugal hingegen ein Minus von über zehn Prozent!

Portugals Zentralbank warnte zudem vor großen Risiken für heimische Banken: Sollte es nicht zu Maßnahmen kommen, die Staatsfinanzen glaubwürdig und nachhaltig zu konsolidieren, werde das Risiko für die Banken untragbar, teilte sie in ihrem Finanzstabilitätsbericht Ende November 2010 mit. Da die dringend notwendigen Sparschritte aber die Wirtschaft schwächten, müssten die Banken ihre Kapitaldecke stärken und mehr Geld für Kreditausfälle zurücklegen. Auch müssten die Kreditinstitute ihre große Abhängigkeit vom Finanztropf der Europäischen Zentralbank (EZB) verringern.

Die Ratingagentur *Standard & Poor's* (S&P) teilte im Dezember 2010 mit, dass sie innerhalb von drei Monaten über eine Herabstufung der Bonitätsnote für Portugal entscheiden werde, da die »*Kreditwürdigkeit der Regierung mit erhöhten Risiken bewertet*« sei.[281] Bereits im April 2010 hatte S&P das Rating der Portugiesen um zwei Stufen abgewertet, das seither auf einer Stufe mit Botswana steht.[282]

Angesichts der prekären Wirtschafts- und Finanzlage warb die sozialistische Regierung für eine parteiübergreifende große Koalition, weil nur so die »nötige politische Stabilität« gesichert werden könne, ansonsten sei sogar das Ausscheiden Portugals aus der Währungsunion nicht mehr auszuschließen. Dessen ungeachtet versicherte der damalige Finanzminister Fernando Teixeira dos Santos, dass sein Land keine Hilfe aus dem EU-Rettungsfonds brauche und nicht mit Irland zu vergleichen sei. Starke Worte, die sein irischer Kollege noch ein paar Tage zuvor ähnlich von sich gegeben hatte.[283] Und auch der damalige Premierminister José Sócrates verkündete lauthals: »*Wir brauchen keine Hilfe von außen.*«[284]

Doch in der ersten Januarwoche 2011 stiegen die Renditen für zehnjährige Portugal-Anleihen auf den Rekordwert von 7,1 Prozent.[285] Im April stiegen sie sogar auf 8,3 Prozent. Das war der Anfang vom Ende. Der Druck auf das kleine Land wurde immer größer.

Achtung!

So lügen Politiker: Der portugiesische Premierminister José Sócrates musste am 6. April 2011 dann doch offiziell den Antrag auf Finanzhilfe aus dem EU-Rettungsschirm beantragen. Damit strafte er seine eigene Aussage vom Dezember 2010, dass Portugal keine Hilfe brauchen würde, als Lüge.

In einer Fernsehansprache sagte er, dass damit die Finanzierung des Landes, des Finanzsystems und der Wirtschaft sichergestellt werden sollte. Grund für den Antrag seien die hohen Staatsschulden und die daraus entstandenen Probleme bei der Kreditaufnahme. Dies sei »unvermeidbar« gewesen.[286]

Die Höhe des Hilfspakets betrug 78 Milliarden Euro aus dem EU-Rettungsfonds und dem IWF. Dies war wiederum verbunden mit rigiden Sparmaßnahmen. Die Verantwortlichen hielten daran fest, obwohl die Blaupausen Griechenland und Irland schon gezeigt hatten, dass Sparen und Wirtschaftswachstum nie zusammenpassen können. Und so war es auch nicht verwunderlich, dass Lissabon ein Jahr später mehr Zeit für die Tilgung seiner Milliardenkredite forderte.[287] Diese wurde im April 2013 dann auch gewährt. Die durchschnittlichen Laufzeiten sollten um sieben Jahre verlängert werden. Der Deutsche Bundestag stimmte natürlich mit großer Mehrheit zu.[288]

Dennoch blieb die Lage weiterhin katastrophal: Jeder dritte junge Portugiese ist nach wie vor arbeitslos. Der Schuldenstand des Landes beträgt 123,7 Prozent des BIP. Die Verschuldung der Privathaushalte ist sogar noch größer als die in Griechenland. Auch der Unternehmenssektor steckt immer noch tief in roten Zahlen.[289]

7.3.2 Verfassungsfeindliches Sparprogramm

Und dann auch noch das: Anfang April 2013 erklärte das portugiesische Verfassungsgericht Teile des Sparhaushalts für ungültig. Mehrere Einsparungen im Budget 2013 waren verfassungswidrig: Die Abschaffung des 14. Monatsgehalts für Staatsdiener und Rentner sowie Abgaben auf Arbeitslosenhilfe und Krankengeld.

Das war ein harter Schlag für die konservative Regierung von Ministerpräsident Pedro Passos Coelho. Denn mit dem Haushalt wollte sie Sparvorgaben von Europäischer Union und Internationalem Währungsfonds (IWF) umsetzen.[290] Regierungssprecher Luís Marques Guedes erläuterte das Urteil dann auch folgerichtig als Gefährdung der Glaubwürdigkeit des Landes. Portugal verliere durch das Veto der Richter gegen Teile des Sparpakets im Ausland das Vertrauen, das das Land bei den Anlegern und Investoren mühsam zurückgewonnen habe.[291] Die Regierung wollte im nächsten Haushalt dann noch drastischer einsparen.[292]

Zwei Wochen nach der Ablehnung durch das Verfassungsgericht beschloss Lissabon dann neue Sparmaßnahmen. Die Einschnitte im öffentlichen Dienst sollten den Haushalt um 800 Millionen Euro entlasten. Stellen sollten wegfallen und Dienstleistungen eingeschränkt werden.[293] Die Arbeitslosigkeit stieg in horrende Höhen: 17,8 Prozent beträgt sie nunmehr, bei den unter 25-Jährigen sogar 42,5 Prozent.[294]

Anfang Juli 2013 schien die Regierung von Ministerpräsident Coelho zu kippen. Mit der Neuverhandlung des Koalitionsvertrags mit der Partei CDS-PP, die baldige Steuersenkungen durchboxen wollte, sollten Neuwahlen verhindert werden.[295] Doch Portugals Staatspräsident Anibal Cacaco Silva kündigte Mitte Juli 2013 vorgezogene Neuwahlen ab Mitte nächsten Jahres an. Genau zu diesem Zeitpunkt läuft das dreijährige ESM-Kreditabkommen aus.[296] Doch es gilt als sehr unwahrscheinlich, dass sich das Land dann wieder selbstständig am Markt finanzieren kann.[297]

Trotz Hilfskrediten und Sparmaßnahmen: Portugal steht immer noch kurz vor dem Staatsbankrott. Dann kippt auch Spanien, dessen Banken jetzt schon Hilfsgelder bekommen – garantiert.

7.4 ZYPERN (2013)

Bis Mitte März 2013 hatte die Mainstreampresse den kleinen Inselstaat im Mittelmeer weitgehend ignoriert: Zypern, das erst im Jahr

2008 in die Europäische Währungsunion aufgenommen wurde. Und das, obwohl das Wirtschaftswachstum und die Finanzstabilität stark von der Entwicklung in Griechenland abhängen. Der Nachbarstaat nimmt 22 Prozent der zyprischen Exporte ab und ist somit der größte Handelspartner.

Bereits am 30. Januar 2011, also fast zwei Jahre bevor die Mainstreammedien hierzulande aufgewacht waren, schrieb ich in einem Beitrag: »Ist Zypern der nächste EU-Bankrott-Staat?«[298] Mir war damals schon klar, dass, wenn es Griechenland schlecht geht, Zypern in ernste Gefahr kommen würde. Steigende Defizite, immer höhere Schulden und die enge Verflechtung der zyprischen Wirtschaft mit dem maroden Griechenland waren das Todesurteil.

Zudem waren die zyprischen Banken mit hohen Risiken konfrontiert, weil sie sich sehr in Griechenland, ihrem Nachbarland, engagieren. Die Beteiligung der zyprischen Geldinstitute entsprach dem 2,5-Fachen der Wirtschaftsleistung.

Nächste Katastrophe: Die Bilanzsumme der zyprischen Banken war sogar 7,2 Mal größer als das Bruttoinlandsprodukt (129 Milliarden Euro zu 18 Milliarden Euro). Im Vergleich: In Deutschland beträgt die Bankenbilanzsumme »nur« das 3,2-Fache des Bruttoinlandsprodukts (8440 Miliarden Euro zu 2659 Milliarden Euro).

Die größten zyprischen Banken, die *Bank of Cyprus,* die *Marfin Popular Bank* und die *Hellenic Bank,* hatten sich auf dem griechischen Markt konsequent eingerichtet. Zyprische Banken hatten rund 40 Prozent ihrer Kredite an Griechenland vergeben und kämpfen mit zunehmenden Kreditausfällen. Aber nicht nur die Kreditvergabe stellte für die zyprischen Banken ein Risiko dar, sondern auch das Engagement in griechischen Staatsanleihen, die Bonds im Volumen von rund fünf Milliarden Euro hielten.[299]

Der ehemalige Präsident Dimitris Christofias, ein Kommunist, hatte den kleinen Inselstaat in nur fünf Jahren in den Bankrott getrieben. Die Gründe: Starke Erhöhungen der Sozialausgaben und Verdoppelung der Staatsschulden. Sein »kommunistisches Modell« fruchtete nicht. Denn seit 2011 bekommt Zypern an den Finanzmärkten kein Geld mehr. Deshalb beantragte der Inselstaat im Juni 2012 EU-Hilfskredite. Das heißt: Rettung vor dem Staatsbankrott.[300]

7.4.1 Reine Gier führte in den Abgrund

Zypern hatte bis dahin mit nur zehn Prozent die niedrigste Körperschaftssteuer der gesamten EU. Die Vorteile des extrem niedrigen Satzes wurden von jeder Regierung des Landes verteidigt. Der niedrige Steuersatz, kombiniert mit Regelungen, die Holdings praktisch von der Steuer befreiten, lockten in den vergangenen Jahren massenhaft Firmen auf die Insel. 19 000 Unternehmen waren es jährlich.

Die Gier nach neuen Investoren führte in den Abgrund. Eine der wichtigsten Ursachen, dass das Land in Schieflage geraten war, war gerade der niedrige Steuersatz: Er hatte zu einem hohen Zufluss an Einlagen in den heimischen Banken geführt. Diese sahen sich »genötigt«, ihre Engagements in Griechenland zu erhöhen. Ein tödlicher Fehler, wie sich herausstellte.

Durch den steigenden Geldfluss aus dem Ausland wurden Kredite in einer Höhe von 24 Milliarden Euro vergeben. Das entsprach 133 Prozent des Bruttoinlandsprodukts des Landes. Hinzu kam der Schuldenschnitt auf griechischen Staatsanleihen, der die zyprischen Banken rund vier Milliarden Euro kostete.[301]

Und so kam es, wie es kommen musste. Das Zypern-Drama nahm im Frühling 2013 immer katastrophalere Formen an. Die Situation war so schlimm, dass die zyprische Regierung *schnell* an das Vermögen ihrer Bürger kommen musste.

7.4.2 Nachtigall, ick hör dir trapsen

In hitzigen Sitzungen wurde beschlossen, dass Anleger, die Kapital auf zyprischen Banken bunkern, zwangsweise eine sogenannte »Stabilitätsabgabe« bezahlen sollten. Alle Anleger sollten davon betroffen sein. Bis zu 100 000 Euro sollte die Zwangsabgabe 6,75 Prozent, darüber 9,9 Prozent betragen. Das galt für in- und ausländische Kontoinhaber.

Tipp:
Ich habe Sie in meinen Publikationen und Vorträgen immer und immer wieder gewarnt: Halten Sie so wenig wie möglich Geldvermögen auf Ihren Konten! Der Staat hat so leicht Zugriff auf Ihr Erspartes. Was Sie stattdessen tun können, verrate ich Ihnen im Kapitel → 13 »So schützen Sie sich vor dem Deutschland-Kollaps!«.

Jörg Asmussen, Direktoriumsmitglied bei der Europäischen Zentralbank (EZB), hatte vorab auf *tagesschau.de* bereits erklärt, wie das vor sich gehen kann: »*So eine Finanz-Solidaritätsabgabe kann durch Parlamentsbeschluss eingeführt werden.*«[302]

7.4.3 Bankensturm

Mitte März 2013 spitzte sich die Lage dramatisch zu. Viele verzweifelte Menschen versuchten ihre Konten zu räumen. Sie wurden jedoch darüber informiert, dass das Onlinesystem außer Betrieb gesetzt sei. Aufgrund des Ansturms schlossen dann auch geöffnete Filialen.

An den Geldautomaten, die noch nicht leer waren, gab es nur noch höchstens 200 Euro. Mehr konnte nicht abgehoben werden. In der Nacht von Freitag, den 15. März, auf Samstag, den 16. März 2013, wurden die entsprechenden Beträge der Zwangsabgabe einfach eingefroren. Das bedeutete, dass bei künftigen Auszahlungen die Sonderabgabe abgezogen werden sollte. Während der Bankenschließung flossen nämlich riesige Summen über Schlupflöcher ins Ausland. Die reichen russischen Oligarchen zogen ebenso ihre Millionen ab wie britische Anlagefonds und betuchte zyprische Politiker.

Der Zahlungsverkehr sollte »weitgehend still« stehen, damit es zu keinem Run auf die Banken kam. Denn Kleinsparer und Rentner waren wütend. Eine Abgabe von knapp sieben Prozent war für sie, nach Jahren mühevollen Sparens, nicht hinnehmbar. Sie titulierten dies als »Diebstahl«. Doch es kam anders.[303]

Achtung!

Das, was auf Zypern angedacht war, kann jederzeit auch bei uns geschehen. Glauben Sie den Politikern kein – aber auch wirklich kein – Wort, was dieses Thema anbelangt. Vertrauen Sie aber auch nicht »blind« Ihrer Bank. Ein eigener Tresor kann Sie retten, wenn Banken dicht sind oder wenn eine Zwangsabgabe auf Ihre Konten eingeführt wird (siehe dazu das Kapitel ➔ 12.2.1 »Was Sie bei einem eigenen Tresor beachten müssen«).

7.4.4 Die Zyprer spielten nicht mit

Aufgrund der zunehmenden Proteste und wohl aus Angst vor inneren Unruhen lehnte das Parlament in Nikosia die Bedingungen für die Bankenhilfe ab. Mit 36 Stimmen gegen das Verhandlungspaket und 19 Enthaltungen gab es keine einzige Dafür-Stimme. Der Enteignungs-Deal zur Rettung des Euro in Zypern war abgelehnt. In Brüssel fielen die Kinnladen baumelnd auf Kniehöhe herunter. Blankes Entsetzen und Ratlosigkeit in den Gesichtern. Damit hatte keiner gerechnet.[304]

Doch nach dem großen Moment des Triumphs und einer überschwänglichen Straßenfeier machte sich schon leiser Katzenjammer auf der Insel breit. Was würde jetzt geschehen?

Aus Brüssel ließ man die Zyprer wissen, dass die Banken erst wieder geöffnet werden dürfen, wenn ein Ergebnis erzielt werde. Vorher kam keiner an sein Geld. Wolfgang Schäuble bezweifelte sogar, dass die Banken auf Zypern überhaupt wieder öffnen würden.

Doch angesichts des Massenprotests wollte man »Gnade vor Recht« ergehen lassen und nur Sparer mit *mehr* als 100 000 Euro Guthaben zur Kasse bitten, die aber dann gründlich.

Die brenzlige Situation begann auch Politikern in Deutschland zu dämmern – und das, obwohl noch drei Monate zuvor Schäuble, Barroso und Van Rompuy frohgemut verkündet hatten, die Euro-Krise sei nun endgültig vorbei. Aber plötzlich stand der Euro über Nacht wieder am Rande des Kollapses.[305]

7.4.5 »Merkel, stirb!«

Zypern kochte. Die Zyprer waren wütend. Tausende von Studenten marschierten zum Parlament und skandierten: »Eure Fehler … Unsere Zukunft!«; »Hitler, Merkel – dieselbe Scheiße«, und »Merkel, stirb!« [306] Die Situation aufgrund der Bankenschließungen spitzte sich zu:

- In den Geschäften waren die Regale leer und es gab kaum noch Kunden.
- Die Lebensmittelvorräte der Familien gingen zur Neige.
- Unternehmen konnten keine Löhne auszahlen, keine Waren verkaufen und keine Produktionsgüter einkaufen.
- Durch die Bankenschließungen und die Konfiskation von Guthaben über 100 000 Euro sind bis heute viele mittelständische Unternehmen von der Insolvenz bedroht.
- Mieten, Strom, Wasser etc. blieben unbezahlt.
- Der Zahlungsverkehr brach komplett zusammen.
- Kreditkarten, Kontokarten und Schecks wurden nirgendwo mehr angenommen.
- Nur Bargeld zählte.[307]

Um an die Hilfsgelder zu gelangen, musste der zyprische Staat rigorose Sparmaßnahmen durchsetzen: Staatsbedienstete bekamen 6,5 und 12,5 Prozent weniger Gehalt. Renten wurden um drei Prozent gekürzt. Die Unternehmenssteuer stieg von zehn auf 12,5 Prozent. Tabak, Alkohol und Treibstoffe wurden teurer. Die Mehrwertsteuer wurde von 17 auf 19 Prozent angehoben.[308]

Achtung!

Das kann Ihnen auch blühen:

- Auslandsüberweisungen und Zahlungen mit Kreditkarten im Ausland wurden auf 5000 Euro pro Person und Monat begrenzt.
- Die Bargeldabhebung wurde auf 300 Euro pro Tag beschränkt.
- Auf Auslandsreisen durften Zyprer maximal 3000 Euro Bargeld mitnehmen.

- Festgeldanlagen konnten nicht vorzeitig gekündigt werden.
- Für Schecks gab es kein Bargeld, sondern nur Kontogutschriften.
- Importe durften unbegrenzt bezahlt werden.
- Einfuhreinnahmen mussten innerhalb von zwei Wochen an die Behörden gemeldet werden.

Mit diesen Maßnahmen wollte Zypern eine Kapitalflucht verhindern.[309]

Nach rund zwei Wochen Schließung der Banken kam es bei deren Öffnungen aber zu keinen nennenswerten Zwischenfällen. Die Mehrzahl der Zyprer hatte sich wieder beruhigt und blieb friedlich.

Die zweitgrößte Bank, die *Laiki Bank* (Volksbank), wurde in eine gesunde und in eine sogenannte »Bad Bank« aufgespalten und abgewickelt. Geldeinlagen von über 100 000 Euro wurden vorerst nicht ausgezahlt. Doch eine endgültige Entscheidung über die Höhe der Zwangsabgabe ließ auf sich warten. Sie sollte erst Ende Juni 2013 festgelegt werden.[310] Doch dies verzögert sich auf unbestimmte Zeit. Die Angst der Politiker vor dem eigenen Volk ist wohl zu groß. Klar ist jedoch inzwischen, dass auch Versicherer und Wohltätigkeitsorganisationen eine Zwangsabgabe von 27,5 Prozent auf ihre Spareinlagen bei der *Bank of Cyprus* leisten müssen.[311]

Ein Insolvenzverwalter soll in den kommenden Jahren versuchen, durch den Verkauf von Immobilien und die Eintreibung fauler Kredite der Bad Bank einen Teil des verlorenen Geldes wiederzubeschaffen und an die ehemaligen Sparer zurückzuerstatten. Dieses Verfahren soll etwa sieben Jahre dauern.[312]

Achtung!

Das kann Ihnen auch blühen: Die Kunden der größten zyprischen Bank, der *Bank of Cyprus*, verloren 37,5 Prozent ihrer Guthaben. Weitere 22,5 Prozent der Ersparnisse über 100 000 Euro bleiben eingefroren, bis der Sanierungsbedarf der *Bank of Cyprus* endgültig geklärt ist. Insgesamt könnten die Sparer bis zu 60 Prozent verlieren.[313]

Mitte März 2013 verständigte sich die Euro-Gruppe auf ein Hilfspaket von bis zu zehn Milliarden Euro für Zypern. Natürlich wurde das auch wieder als »Erfolg« verkauft, denn die Zyprer wollten ursprünglich 17 Milliarden Euro. Selbstverständlich genehmigte der deutsche Bundestag am 18. April 2013 den Staatsbankrott-Rettungskredit aus dem Krisenfonds ESM.[314]

Ende Juni 2013 wurden dann die Folgen des »Zypern-Dramas« klar: *Sparer* sollen sich künftig ebenfalls an europäischen Bankenrettungen beteiligen. Die Euro-Finanzminister hatten sich nämlich auf neue Regeln verständigt[315]:

- Zuerst sollen Aktionäre und Gläubiger der jeweiligen maroden Bank zur Kasse gebeten werden.
- Dann werden die unbesicherten »Einlagen von natürlichen Personen, Kleinstunternehmen sowie mittelständischen Unternehmen«, die bei *über* 100 000 Euro liegen, herangezogen.
- **Die Sparer mit Vermögen über 100 000 Euro werden mit einer Zwangsabgabe von acht Prozent belegt, wenn die Bank gerettet werden muss.**[316]

Zypern holt uns alle ein – und Sie als deutschen Steuerzahler und Sparer jetzt gleich zweimal!

7.4.6 Katastrophale Langzeitfolgen

Die Langzeitfolgen für Zypern sind verheerend. Wir alle werden die Insel der Götter in Armut versinken sehen. Das Land wird kein Finanzzentrum, kein Steuer- und kein Zinsparadies mehr sein. Mit den reichen Ausländern verschwindet auch deren ganzes wirtschaftliches Umfeld: Vom Autohaus für Luxuslimousinen bis zum Lebensmittelladen, von der Boutique bis zum Restaurant werden immer mehr Geschäfte schließen. Die malerischen kleinen Häfen, die durch die Liegegebühren der Luxusjachten und die bummelnden Touristen, die sie bestaunten, üppige Umsätze hatten, werden verwaisen. Es wird wesentlich weniger Geld im Umlauf sein und noch weniger ausgegeben. Anwälte, Chauffeure,

Dienstpersonal, Bankangestellte – alle, die in der Umgebung der reichen Ausländer ihr Einkommen hatten, werden dieses verlieren.

Die einsetzende Verarmung und die Aggression in der zyprischen Gesellschaft werden auch – wie in Griechenland – den Tourismus einbrechen lassen. Zypern wird so arm werden, dass es seine bereits bestehenden Staatsschulden nicht mehr tragen und bedienen kann. Die Wirtschaft wird am Boden liegen, und die EU kann jetzt schon das nächste Rettungspaket schnüren.[317] Nicht umsonst warnte das Direktorium der Zentralbank Zyperns bereits im Mai 2013 davor, dass die Wirtschaft viel stärker schrumpfen könne als bisher angenommen. Bis dahin ging man von einem Rückgang von 8,7 bis 8,9 Prozent aus.[318]

Ende Juni dann ein erneuter Notruf aus Zypern: Präsident Anastasiadis bat die EU um Hilfe, weil dem größten Kreditinstitut, der *Bank of Cyprus,* der endgültige Zusammenbruch drohte.[319] Ein weiterer Grund: Trotz Kapitalkontrollen fließt immer mehr Geld aus dem Bankensystem des Landes ab. Die Einlagen bei den zyprischen Banken schrumpften im Sommer 2013 gegenüber dem Vorjahr um 23 Prozent. Wer kann, versucht bis heute, sein Geld aus Zypern abzuziehen. Das Bankensystem steuert auf einen neuen Crash zu.[320] Doch vorerst stieß der zyprische Präsident mit seinem erneuten Hilferuf bei den Euro-Finanzministern auf taube Ohren. Aber die Hilfskredite refinanzieren die Insel nur bis 2016. Im Juli 2013 war klar: Immer mehr Geld fließt aus Zypern ab. Die Einlagen der Banken sind jetzt schon um 23 Prozent geringer als vor einem Jahr.[321] Das Land blutet praktisch aus – und das trotz Kapitalverkehrskontrollen. Einer Umfrage zufolge sprechen sich schon 67 Prozent der Zyprioten gegen den Euro aus. Die Insel kann demnach das erste Land sein, das die Europäische Währungsunion verlässt.[322]

7.4.7 Die Rettung wurde zur Vernichtung

In dem sehr übersichtlichen Zypern sehe ich diese Abläufe wie auf einem Testfeld. Zu einem guten Teil wurde die »Zypern-Rettung« auch deshalb zur Zypern-Vernichtung, weil sie schlechter und stümperhafter kaum gemacht werden konnte. Diejenigen, die für die Situation verantwortlich waren und die die Kosten wirklich hätten mittragen müssen und können, haben ihre Schäfchen rechtzeitig ins Trockene gebracht. Enteignet wurden und werden hauptsächlich die Bürger durch Steuererhöhungen und Leistungskürzungen.

Dieser Schock sitzt tief, und nicht nur auf Zypern. Geld auf der Bank ist nur Guthaben auf Abruf, heißt die Lektion. Schon morgen können die Banken schließen, und das hart erarbeitete Geld ist weg.[323]

7.4.8 Bankenschließungen sind auch in Deutschland möglich

Auch in Deutschland ist eine Bankenschließung inklusive direktem Zugriff auf die Konten möglich. Das Kreditwesengesetz (KWG) enthält einen sehr schwammig formulierten Paragrafen, den § 47. Dieser besagt, dass die Bundesregierung eine Schließung der Banken und die Einstellung der Zahlungen im Kundenverkehr anordnen kann, wenn wirtschaftliche Schwierigkeiten bei Banken entstehen, die Gefahren für die Gesamtwirtschaft erwarten lassen. Das kann mittels Rechtsverordnung über Nacht stattfinden, natürlich auch am Wochenende.

Achtung!

Stellen Sie sich einfach einmal vor, das, was in Zypern angedacht war, geschähe mit Ihren Bankkonten:

- Sie als Kunde würden zur Bankenrettung gezwungen. Ihre Konten würden unangekündigt über Nacht eingefroren, Transaktionen und Abhebungen tagelang unmöglich. Sie kommen nicht mehr an Ihr Geld.
- Einlagen von über 100 000 Euro würden mit einer zehnprozentigen Zwangsabgabe belegt. Man nähme Ihnen einfach so 10 000 Euro weg.
- Der Dispokreditrahmen würde zur Zwangsabgabe mitgezählt. Hätten Sie also zum Beispiel 10 000 Euro Guthaben und einen Dispo von 5000 Euro, würden Ihnen einfach 6,75 Prozent von 15 000 Euro abgebucht. Das wären insgesamt 1012,50 Euro. Weg sind sie!

Das »Beste« ist, dass – so geschehen in Zypern – auch kein Parlament mehr gefragt werden muss. Wenn es sich nämlich um eine Bankenrestrukturierung und *nicht* um eine Enteignung oder Steuer von Staats wegen handelt, haben die Regierung und das Parlament nichts mehr zu sagen.

Von nun an ist die EZB die heimliche Geldregierung. Sie bedient sich der nationalen Notenbanken als ausführende Organe und betreibt darüber eine Restrukturierung der Banken. In der Euro-Zone können also von nun an Sparer und Anleger vom langen Arm der EZB einfach enteignet werden, *ohne* dass die Regierung oder das Parlament auch nur ein Mitspracherecht haben.[324]

8 Kurz-Check: drohende Staatsbankrotte

Was Sie in diesem Kapitel erwartet:

- **Meine Prognose: Welche Staaten als nächstes bankrott sind**
- **Bankrott-Steckbriefe bestimmter Länder**
- **Reihenfolge der Staatsbankrotte**

In diesem Kapitel möchte ich *meine* Prognose zu den nächsten Bankrott-Kandidaten anhand der »Bankrott-Parameter« Arbeitslosigkeit, Staatsverschuldung, Haushaltsdefizit und Wirtschaftswachstum geben.

Denn ohne Wirtschaftswachstum kann es keine moderate Arbeitslosenquote geben. Sind die Menschen ohne Arbeit, können sie keine Steuern zahlen und nicht konsumieren. Im Gegenteil: Sie belasten den Staat durch Sozialleistungen. Dadurch werden das Haushaltsdefizit und die Staatsverschuldung immer größer. Ein »gesunder« Staat hat also eine niedrige Arbeitslosigkeit, ein hohes Wirtschaftswachstum und dadurch eine geringe Staatsverschuldung.

Meine Staatsbankrott-Einschätzung (die Reihenfolge entspricht meiner Einschätzung der zeitlichen Abfolge):

 = auf jeden Fall
 = sehr wahrscheinlich
 = wahrscheinlich

8.1 SPANIEN

Bankrott-Steckbrief:

Im Juli 2012 gaben die EU-Finanzminister 100 Milliarden Euro aus dem Rettungsfonds EFSF zur Rettung spanischer Banken frei. Gleichzeitig verabschiedete das spanische Parlament ein Sparpaket über 65 Milliarden Euro. Doch die spanischen Banken leiden nach wie vor unter hohen Kreditausfällen, vor allem aus dem Bau- und Immobiliensektor.[325] Dazu kommt, dass Spanien so tief in der Kreide steht wie noch niemals zuvor. Die Schulden stiegen von 84,4 Prozent Ende 2012 auf 87,8 Prozent im ersten Quartal 2013.[326] Die spanischen Bankschulden betragen 305 Prozent des BIP. Das sind rund 3,3 Billionen Euro.[327]

Ende 2012 plünderte Spanien den Reservefonds der Sozialversicherung. Mindestens 90 Prozent des ursprünglich 65 Milliarden Euro schweren Fondsvermögens sind jetzt schon zweckentfremdet worden. Die Zweifel, ob der Reservefonds seine Aufgabe als Garant künftiger Rentenzahlungen überhaupt noch erfüllen kann, sind groß.[328]

Anfang Juli 2013 billigte die deutsche Staatsbank KfW ein Globaldarlehen über 800 Millionen Euro für die Unterstützung kleiner und mittlerer spanischer Unternehmen.[329]

Arbeitslosigkeit:

2013: 27,2 % (unter 25-Jährige: 56,4 %)[330]

2008: 8,2 % [331]

Staatsverschuldung:

2012: 84,1 %

2007: 56 %[332]

2014: 101,0% (Prognose)[333]

Haushaltsdefizit:

2012: –10,2 %[334] (erlaubt nach Maastricht-Kriterien: –3,0 %)

Wirtschaftswachstum:

2012: –1,4 %[335]

Meine Staatsbankrottbewertung: 

8.2 UNGARN

Bankrott-Steckbrief:
Im Juni 2011 wurde die Verstaatlichung der Privatrenten abgeschlossen. Insgesamt elf Milliarden Euro flossen von Versicherungen in das staatliche Rentensystem.[336]

Im Januar 2012 stand Ungarn kurz vor der Zahlungsunfähigkeit. Ohne EU- und IWF-Hilfskredite hätte das Land den Staatsbankrott erklären müssen.[337] Gegenwärtig will sich Ungarn an den Finanzmärkten *langfristig* wieder finanzieren. Doch das Land steht nach wie vor am Abgrund.

Arbeitslosigkeit:
2013: 10,2 %[338]
2008: 7,8 %[339]

Staatsverschuldung:
2012: 79,2 %[340]
2007: 67,0 %[341]
2014: 77,7 % (Prognose)[342]

Haushaltsdefizit:
2012: –1,9 %[343] (erlaubt nach Maastricht-Kriterien: –3,0 %)

Wirtschaftswachstum:
2012: 0,8 %[344]

Meine Staatsbankrottbewertung: 

8.3 SLOWENIEN

Bankrott-Steckbrief:
Die staatsnahen Banken halten faule Kredite in Milliardenhöhe.[345] Insgesamt sind 14,2 Prozent aller ausstehenden Kredite notleidend.[346] Die Ratingagentur *Moody's* senkte die Bonitätsnote des Landes Ende April 2013 auf »Ramschniveau«.[347]

Arbeitslosigkeit:

2013: 13,0 %[348]
2008: 5,9 %[349]
Staatsverschuldung:
2012: 54,1 %[350]
2007: 23,0 %[351]
2014: 63,4 % (Prognose)[352]
Haushaltsdefizit:
2012: –4,4 %[353] (erlaubt nach Maastricht-Kriterien: –3,0 %)
Wirtschaftswachstum:
2012: –2,2 %[354]
Meine Staatsbankrottbewertung: 

8.4 BELGIEN

Bankrott-Steckbrief:
Arbeitslosigkeit:
2013: 8,1 %[355]
2008: 7,0 %[356]
Staatsverschuldung:
2012: 99,6 %[357]
2007: 84,0 %[358]
2014: 101,1 % (Prognose)[359]
Haushaltsdefizit:
2012: –3,9 %[360] (erlaubt nach Maastricht-Kriterien: –3,0 %)
Wirtschaftswachstum:
2012: –0,2 %[361]
Meine Staatsbankrottbewertung: 

8.5 ITALIEN

Bankrott-Steckbrief:
Die Schuldenkrise und die hohe Arbeitslosigkeit machen immer mehr Italiener arm. 20 Prozent können es sich nicht mehr leisten, die Wohnung zu heizen, 17 Prozent kein Fleisch mehr kaufen. Bereits Ende 2012 lebten 8,6 Millionen Italiener unter der Armutsgrenze. Das waren 14 Prozent der Gesamtbevölkerung und doppelt so viele wie 2010.[362] Am 10. Juli 2013 stufte die Ratingagentur *Standard & Poor's* Italiens Kreditwürdigkeit herab. Sie liegt jetzt nur noch zwei Stufen über Ramschniveau.[363]

Arbeitslosigkeit:
2013: 12,0 % (unter 25-Jährige: 40,5 %)[364]
2008: 7,1 %[365]

Staatsverschuldung:
2012: 123,4 %[366]
2007: 103,3 %[367]
2013: 128,1 %[368]
2014: 127,1 % (Prognose)[369]

Haushaltsdefizit:
2012: –2,9 %[370] (erlaubt nach Maastricht-Kriterien: –3,0 %)

Wirtschaftswachstum:
2012: –2,3 %[371]

Meine Staatsbankrottbewertung:

8.6 GROSSBRITANNIEN

Bankrott-Steckbrief:
Schon im letzten Bericht gab der IWF einen Warnschuss in Richtung London ab: Die Aussichten für das Wachstum bleiben trübe und das Land sei noch *»weit entfernt von einer starken und nachhaltigen Erholung«*.[372]

Arbeitslosigkeit:
2013: 7,8 %[373]
2008: 6,0 %[374]
Staatsverschuldung:
2012: 90,0 %[375]
2007: 44,2 %[376]
2014: 97,9 % (Prognose)[377]
Haushaltsdefizit:
2012: –6,3 %[378] (erlaubt nach Maastricht-Kriterien: –3,0 %)
Wirtschaftswachstum:
2012: 0,2 %[379]
Meine Staatsbankrottbewertung: 

8.7 FRANKREICH

Bankrott-Steckbrief:
Im Sommer 2013 wartete die sozialistische Regierung mit einem Paukenschlag auf: **20 Milliarden Euro will Paris beim Rentensystem einsparen.**[380] Ich bin mir sicher: Will man erst einmal die Renten kürzen oder die Arbeitszeit verlängern, sind das die ersten Bankrott-Signale.

Dann kam es, wie es kommen musste: Am 12. Juli 2013 entzog die Ratingagentur *Fitch* Frankreichs Bestbewertung »AAA« und begründete dies mit den Anwachsen der Staatsschulden.[381]
Arbeitslosigkeit:
2013: 11,2 %[382] (unter 25-Jährige: 26,5 %)[383]
2008: 7,5 %[384]
Staatsverschuldung:
2013: 92,7 %[385]
2014: 95,0 % (Prognose)[386]
2012: 90,2 %[387]
2007: 64,0 %[388]

Haushaltsdefizit:
2012: –4,6 %[389] (erlaubt nach Maastricht-Kriterien: –3,0 %)
Wirtschaftswachstum:
2012: 0,0 %[390]
Meine Staatsbankrottbewertung:

Meine nächsten Kandidaten sind **Kroatien, Rumänien** und **Malta.** »Freuen« Sie sich, denn das EU-Sterben wird »lustig« weitergehen.

9 Warum es zum deutschen Staatsbankrott kommen *muss*

Was Sie in diesem Kapitel erwartet:

- **Die Lage ist viel schlimmer als Sie glauben**
- **Die staatlichen Enteignungsfantasien werden immer größer**
- **Checkliste: Warum es zu einem Staatsbankrott kommen wird**

Die wirtschafts- und finanzpolitische Situation in Deutschland ist noch nie so dramatisch gewesen.

In meinen Newslettern, Informationsdiensten, Büchern und auch in meinen Vorträgen weise ich immer und immer wieder auf diesen Umstand hin. Doch im medialen Alltag wird die Situation genau ins Gegenteil verkehrt: Alles ist gut!

Die Bundesrepublik leidet jedoch unter permanentem Geldmangel für die eigenen Bürger – trotz Rekordsteuereinnahmen! Die Regierenden scheuen sich aber nicht, weiterhin Hunderte von Milliarden an die ganze Welt zu verteilen, obwohl wir bereits der am höchsten verschuldete Staat in Europa sind.[391] Ja, schlimmer noch: **Mittelfristig droht sogar ein Staatsbankrott.**

Achtung!
Deutschland ist bereits der am **höchsten verschuldete** Staat in **Europa.**

Wie konnte das geschehen und was sind die Gründe dafür? Meine Analyse nennt die maßgeblichen Ursachen für dieses Dilemma.

9.1 »GESCHÖNTE ZAHLEN«: HAUSHALTSTRICKS

Stellen Sie sich vor, Sie haben einige harte Jahre hinter sich und mussten Ihre Rücklagen aufbrauchen. Dazu Ihre Konten überziehen und noch zusätzliche Kredite aufnehmen, weil der Überziehungsdispokredit nicht gereicht hat. Nun stellen Sie fest, Sie haben im letzten Jahr doch mal wieder ein hübsches Sümmchen Gewinn gemacht. Prima, sagen Sie, gehen zur Bank und nehmen noch mehr Kredit auf.

Das würden Sie natürlich nicht machen? – Nein, natürlich würden Sie das nicht machen. Sie würden so viel vom Kredit abbezahlen, wie es nur geht, um von Ihren Schulden herunterzukommen. Nicht so aber der deutsche Staat.

So gerät Deutschland immer mehr in die Schuldenfalle (siehe Kapitel → 9.5 »Schulden ohne Ende«). Und das, obwohl die Steuerquellen auch 2013 sprudeln und sprudeln.

Ende 2012 und auch in diesem Jahr verzeichnet das Bundesfinanzministerium hohe Einnahmen. Die politisch Verantwortlichen waren stolz darauf, »nur« 12,5 Milliarden Euro Verlust gemacht zu haben. Und die Hofberichterstattung à la Mainstreammedien verkündete begeistert, dass keine Regierung seit 1990 so gut gewirtschaftet hatte. Alles schien gut zu sein. Deutschland war und ist der Musterschüler der EU. Das ist die offizielle Version. Lassen Sie sich davon aber nicht täuschen!

Denn die deutsche Schuldenquote stieg 2012 gegenüber 2011 um 1,2 Prozent auf 81,7 Prozent. In absoluten Zahlen: Die *offiziellen* Staatsschulden erhöhten sich von 2,086 Billionen Euro um 74 Milliarden Euro auf 2,16 Billionen Euro.

Achtung!

Lassen Sie sich nicht täuschen: Die *offizielle* (explizite) Staatsverschuldung Deutschlands weicht *fundamental* von der *versteckten* (impliziten) Staatsverschuldung ab. Sie werden erschrecken! Mehr dazu im Kapitel → 9.5 »Schulden ohne Ende«.

Warum ist Deutschlands Schuldenberg denn dann im Jahr 2012 weiter gewachsen, obwohl man doch »Rekordsteuereinnahmen« verzeichnet? Wie passt das zusammen?

Ganz einfach: Man präsentierte einen Haushalt 2012, bei dem alle zufrieden nickten, erfreut applaudierten und sagten: »Na, geht doch. So schlimm ist es doch gar nicht. Nur keine Sorge, Mutti macht das schon!«

Also mussten die Statistiker und Buchhalter das als Ergebnis unter den Jahresabschluss der Bundesrepublik »herbeizaubern«, was aus politischen Gründen dort zu stehen hatte. Zu gut durfte es auch nicht aussehen, sonst würde selbst der Dümmste merken, dass da was nicht stimmt.

Ein interner Bericht aus dem Deutschen Bundestag[392], der mir vertraulich zugespielt wurde, zeigt, wie die Haushälter tricksten, um die wahre Situation Deutschlands für die Öffentlichkeit schönzufärben. Hier ein paar Beispiele:

- Politiker(geheim)sprache: Ein »strukturell« ausgeglichener Haushalt ist eigentlich gar kein ausgeglichener Haushalt. Denn: Es werden Konjunktureinflüsse (konjunkturelle Schwankungen als Folge einer Extremsituation wie der Finanzkrise) und **Einmaleffekte wie die Milliardenraten für den Euro-Rettungsschirm ESM herausgerechnet.** Der Bund kann dadurch trotzdem neue Schulden machen. Das ist in etwa so, als würden Sie als Unternehmer bestimmte Kosten einfach streichen und mit dieser beschönigten Bilanz auf der Bank neue Kredite erhalten. **Bilanzbetrug nennt man das im Normalfall!**
- Nächste Beschönigung: Die **Verzögerung** der Einführung des Betreuungsgeldes brachte eine **Ersparnis** für den Haushalt in Höhe von bis zu 520 Millionen Euro.
- Das Finanzministerium kalkulierte mit bis zu zwei Milliarden Euro **weniger Zinskosten** schon für 2014. Und das, obwohl der Schuldendienst jährlich **steigt!**
- Für 2014 wurde bereits mit **zusätzlichen Steuereinnahmen gerechnet.** Und das, obwohl die Spatzen schon von den Dächern pfeifen, dass sich die weltweite Konjunktur abschwächen wird.
- Die **Kosten der Bankenrettungen** hatten die staatlichen Buchhalter weitgehend **nicht mit in die Bilanzen aufgenommen.** Dabei

beliefen sich die – von Ihrem Steuergeld finanzierten – Garantien und Kapitalhilfen für die angeschlagenen deutschen Banken bis dahin noch auf knapp 23 Milliarden Euro.

- Ebenfalls **aus der Bilanz:** Der **Bankenrettungsfonds SoFFin** kommt mit Ihren Steuergeldern auch für die Abwicklungsanstalten EAA und FMS Wertmanagement auf. Hinter diesen wohlklingenden Namen verbergen sich »Bad Banks«. Hier lagen und liegen die riskantesten ausgegliederten Assets der WestLB und der HRE. Das ist eine Mega-Bombe von 197 Milliarden Euro an oberfaulen Wertpapieren. Man versucht, über diese Abwicklungsanstalten ganz langsam diese Assets mit möglichst wenigen Verlusten an Dummköpfe oder tollkühne Zocker zu verkaufen. Davon gibt es nicht allzu viele. Auch hier drohen hohe Verluste. Das Zeug ist praktisch wertlos.
- Genauso gingen die kreativen Buchhalter mit den **Hilfskrediten für Krisenstaaten** um. Solange diese noch nicht komplett und unwiederbringlich verloren sind, tut man fröhlich so (bis heute!), als sei alles bestens. Nur, weil noch nicht ganz klar ist, wie fürchterlich die Verluste werden, lässt man sie vorsichtshalber ganz **außer Betracht.** Das macht die Bilanz sonst so unschön.
- Deutschland musste für die Rettungsaktionen Kredite – also Staatsanleihen – auf dem Kapitalmarkt aufnehmen. Dieses Geld wird aber gleich weitergereicht an die Bailout-Empfänger und ist auf gut Deutsch gesagt »weg«. Natürlich entsteht ein echter, bezifferbarer Verlust für den Haushalt erst dann, wenn z. B. Griechenland nicht bezahlt. Bis dahin kann man die **Forderungen an die Hilfsgeldempfänger** immer noch tapfer **als Aktiva ausweisen.** Oder gleich ganz weglassen.

Sie sehen also: Tricksen, was das Zeug hält, nur um gut dazustehen. Im Kapitel ➔ 3.3 »Der Inflationstrick« habe ich Ihnen bereits gezeigt, wie auch bei der Teuerungsrate getrickst wird, was das Zeug hält. Im nächsten Kapitel ➔ 9.2 »Die Arbeitslosen-Lüge« beweise ich Ihnen das am Thema »Beschäftigung«.

Um Ihnen Ihre Situation als deutscher Steuerzahler in Europa noch einmal zu verdeutlichen, bleibe ich bei meinem Eingangsbeispiel: Sie schauen sich Ihren kleinen Gewinn an, den Sie sich so frohgemut errechnet haben. Hübsch!

Leider können Sie der Bank aber nichts zurückzahlen. Denn Sie haben Schwager Felix, dem netten, aber leichtfüßigen Verwandten, schon wieder neues Geld gegeben, obwohl er einfach keine Ordnung in seine Finanzen bringen kann. Aber – er hat halt Ihre Schwester geheiratet, und da können Sie irgendwie nicht einfach »nein« sagen. Und Ihr neues Auto läuft auch noch auf Kredit.

Die monatlichen Raten sind saftig. Dem Sohn haben Sie zum Schulabschluss auch ein kleines Auto versprochen und gekauft. Sie sind mittlerweile fast mit Ihrem doppelten Jahresgehalt verschuldet … aber das sind ja alles keine Probleme. Dafür gibt's ja zwei Autos in der Familie, und Schwager Felix wird Sie schon nicht hängen lassen. Das wird Ihr Sachbearbeiter in der Bank sicher verstehen. Kein Problem. Sie haben ja Ihr Haus, in dem Sie wohnen, als Sicherheit gegeben.[393]

Achtung!

Ich wiederhole es mantragleich: Glauben Sie keinem Politiker, egal welcher Partei. Sowieso nicht in Wahlzeiten, in denen vollmundig »Geschenke« verteilt werden, die später revidiert oder deren Kosten an anderer Stelle wieder hereingeholt werden.

9.2 DIE ARBEITSLOSEN-LÜGE

Laut einer Studie der Bertelsmann-Stiftung haben 7,9 Millionen Menschen keinen festen Vollzeitjob. Das ist jeder Vierte. Im Jahr 2003 waren es noch sechs Millionen Menschen gewesen, die sich als Minijobber, Zeitarbeitnehmer oder mit einem befristeten Job verdingten.[394] Alleine diese erschreckenden Zahlen zeigen, wie fragil die Situation derer ist, die eigentlich arbeiten. Bei den Arbeitslosen ist es noch viel schlimmer.

9.2.1 Schöngefärbt, frisiert, gefälscht

Ich beobachte und kommentiere die Entwicklung der Arbeitslosigkeit schon lange. Und auch hier sind die Tricks, mit denen die Statistiken verbogen und manipuliert werden, für einen »Laien« einfach unglaublich.

Doch bei der Veröffentlichung neuer Arbeitslosenzahlen feiert sich Deutschland immer wieder selbst. Natürlich reihen sich Politiker, politisch korrekte Ökonomen und Medienvertreter gleich in dieses Jubelkonzert mit ein. Aber niemand scheint ernsthaft zu hinterfragen, wie diese Zahlen überhaupt zustande kommen.

Achtung!

Ich sage es Ihnen auch hier im Klartext: Die Zahlen kommen nur mit Verschleierungen und Schönrechnerei zustande. Mit frisierten und gefälschten Zahlen kann man natürlich auch als einer der Musterschüler in Europa dastehen.

In der freien Wirtschaft würde jeder so handelnde Unternehmer wegen Bilanzbetrug angezeigt werden. Für die Bundesregierung und »ihre« Bundesagentur für Arbeit aber ist es völlig normal, mit ihren monatlichen Betrugszahlen aufzuwarten.

Aber das ist noch nicht alles: Die frisierten Zahlen werden auch noch als Erfolg gefeiert! Und die Medien – na klar – machen natürlich kräftig mit.

9.2.2 Aus der Trickkiste

Die Bundesagentur für Arbeit gibt ja sogar offen zu, dass sie die Zahlen manipuliert. Ich zitiere hier wörtlich (Hervorhebungen durch mich):

»Durch das Gesetz zur Neuausrichtung der arbeitsmarktpolitischen Instrumente wurde mit Wirkung zum 1. Januar 2009 eine Reihe von Instrumenten verändert, abgeschafft oder neu gestaltet. (…) Die Neuaus-

richtung der Instrumente hat indirekt Auswirkungen auf die Vergleichbarkeit der Arbeitslosenzahlen im Zeitablauf. Nach § 16 Absatz 2 SGB III ***gelten Teilnehmer an Maßnahmen der aktiven Arbeitsmarktpolitik nicht als arbeitslos.*** *Diese Regelung kommt bei den neuen Maßnahmen nach § 46 SGB III zum Tragen und* ***entsprechend werden Teilnehmer an solchen Maßnahmen einheitlich nicht als arbeitslos geführt. Dies galt auch schon für Teilnehmer an Eignungsfeststellungs- und Trainingsmaßnahmen. (…) Erwerbsfähige Hilfsbedürftige, die nach Vollendung des 58. Lebensjahres mindestens für die Dauer von zwölf Monaten Leistungen der Grundsicherung für Arbeitssuchende bezogen haben, ohne dass ihnen eine sozialversicherungspflichtige Beschäftigung angeboten worden ist, gelten nach Ablauf dieses Zeitraums für die Dauer des jeweiligen Leistungsbezugs nicht als arbeitslos (…).«***[395]

Ich frage Sie: Können das die Mainstreamjournalisten nicht lesen? Warum verschweigen sie diese fundamental wichtigen Parameter zur Arbeitslosenberechnung? Warum übernehmen sie nur blind die Zahlen der Arbeitsagentur?

Mich aber interessierte, was sich *hinter* den genannten »arbeitsmarktpolitischen Instrumenten« verbirgt – und das ist Folgendes:

- Kurzarbeiter
- ABM (Arbeitsbeschaffungsmaßnahmen)
- Beschäftigungszuschuss
- Berufliche Weiterbildung (einschließlich Reha)
- Eignungsfeststellungs- und Trainingsmaßnahmen (einschließlich Reha-Restabwicklung)
- Maßnahmen zur Aktivierung und beruflichen Eingliederung
- Vorruhestandsähnliche Regelungen, Personen in geförderter Altersteilzeit
- Förderung der Selbstständigkeit durch Gründungszuschuss u. Ä.
- Personen, die arbeitsunfähig sind und Arbeitslosengeld beziehen
- Aktivierung und berufliche Eingliederung

Nach § 16 Abs. 2 SGB III gelten also alle Teilnehmer an solchen Maßnahmen der aktiven Arbeitsmarktpolitik **nicht mehr als arbeitslos!**

Achtung!

So werden die Statistiken frisiert und Sie an der Nase herumgeführt. Politiker klopfen sich aufgrund vermeintlicher Erfolge durch gefälschte Zahlen also jeden Monat selbst auf die Schultern – die Bananenrepublik lässt grüßen!

Die Bundesagentur für Arbeit meldet monatlich neue Zahlen. Arbeitslos sind – wie Sie gesehen haben – also nur jene Menschen, die offiziell nach Paragraf 16 SGB III als Arbeitslose **nicht mehr »wegzudefinieren«** sind.

Außerdem spricht der Bericht ständig von »Untererfassung«, Schätzungen und Hochrechnungen. Nicht erfasst sind die Empfänger von Kinderzuschlag, Wohngeld, Grundsicherung im Alter oder die Bezieher von Sozialhilfe nach SGB XII.

Da dic Zahlen sich monatlich verändern, habe ich den Durchschnitt genommen und gerundet:

- Rund 1,0 Millionen Arbeitslose, die ALG I erhalten.
- Rund 880 000 Menschen, die ebenfalls ALG I beziehen, aber NICHT als arbeitslos gelten.
- Rund 2,8 Millionen Menschen müssen von Hartz IV (ALG II) leben, obwohl sie erwerbsfähig sind.
- Rund 1,7 Millionen Menschen bekommen Sozialgeld (auch Hartz IV), da sie nicht erwerbsfähig sind.

Zusammengerechnet sind das **durchschnittlich 6,4 Millionen Leistungsempfänger staatlicher Transfers,** das heißt Steuergelder.

- Dazu kommt noch ein Heer von durchschnittlich 3,5 Millionen Menschen, die als »unterbeschäftigt« eingestuft sind.

Achtung!

Sie werden sich die Augen reiben: **Das sind zusammengerechnet zehn Millionen Menschen, die nicht arbeiten oder trotz Arbeit staatliche Hilfsgelder erhalten.** Von den Hartz-IV-Empfängern sind nach Angaben der ARGE über vier (!) Millionen zum Teil über Jahre hinweg auf die Sozialleistungen angewiesen.

Warum sagt Ihnen das keiner? Warum tauchen diese Zahlen nirgendwo auf?

Sie erkennen auch hier einen gigantischen Schwindel, einen Volksbetrug, der Ihnen die wahre Situation in unserer Republik verschweigen soll. Im nächsten Kapitel noch mehr davon.

9.3 DER WOHLFAHRTSSTAAT VOR DEM KOLLAPS

Unvorstellbar: Schon jetzt müssen knapp 50 Prozent der Gesamteinnahmen des Staates für Zuschüsse an die Sozialsysteme ausgegeben werden. Und das, obwohl Sie jeden Tag in den Medien hören, wie »gut« es den Krankenkassen und der Rentenversicherung doch geht.

Trotzdem steigt Ihre Steuer- und Abgabenquote unaufhörlich. Jeder will in Ihr Portemonnaie greifen. **Nach Angaben des Statistischen Bundesamtes zahlt der Durchschnittshaushalt jährlich schon knapp 800 Euro *mehr* an Abgaben als noch vor zehn Jahren.**

Die Ausgaben für Arbeitslose haben sich seither um 38 Prozent, für die Pflegeversicherung um 36 Prozent, für die Krankenkassen um 30 Prozent und für die Renten um elf Prozent erhöht.[397]

9.3.1 Das Rentensystem ist sicher unsicher

Noch gibt es keine unmittelbaren Folgen der Weltschuldenkrise für die gesetzliche Rentenversicherung. Das System selbst wird gegenwärtig nur noch von wenigen Kritikern infrage gestellt, weil es sich in Krisenzeiten wohl »bewährt« habe. Das meinen zumindest die Befürworter.

Und tatsächlich, nach außen hin sieht alles »gut« aus: 2013 sank der Rentenbeitrag sogar von 19,6 auf 18,9 Prozent. Super – Jubel allenthalben!

Achtung!

Die politischen Schönfärber lassen dabei außer Acht, dass der Staat pro Jahr durchschnittlich 56 Milliarden Euro Steuergelder in die gesetzliche »Zwangs«-Rentenversicherung zuschießen muss. Tendenz steigend.

Für die Ausgaben der gesetzlichen Rente reichen die Beitragszahlungen nämlich heute schon nicht mehr aus. 2012 flossen rund 190 Milliarden Euro in die Rentenkasse. Ausgezahlt wurden aber 225 Milliarden Euro. Zusammen mit dem Zuschuss für Vertriebene und Spätaussiedler **hat der Staat 59 Milliarden Euro zusätzlich** aufgewendet.

Das bedeutet für Sie: Sie zahlen für Ihre Rente mehrfach ein. Zu Ihrem Rentenbeitrag kommen nämlich noch ein Prozent aus der Mehrwertsteuer und obendrauf noch die Ökosteuer. Experten rechnen aufgrund des demografischen Wandels und der Umlagefinanzierung mit einem weiteren Anstieg der Steuerzuschüsse. Andernfalls müsste der Beitragssatz angehoben und/oder die Rentenleistungen gekürzt werden.[398]

Das ist für mich ein klarer Beweis dafür, dass das Umlageverfahren (aufgrund der Alters- und Bevölkerungsentwicklung) schon jetzt nicht mehr funktioniert und nur noch mittels jährlicher Notzuschüsse aller Steuerzahler künstlich am Leben gehalten wird.

Das Deutsche Institut für Altersvorsorge (DIA) stellte bereits Mitte 2010 in einer Studie eine immer größere »Rentenlücke« fest. Bleiben einem Rentner*ehepaar* heute nach Abzug von Steuern und Abgaben noch rund 1700 Euro, muss bereits in 20 Jahren eine Privatrente in

Höhe von etwa 500 Euro angespart werden, damit der jetzige Lebensstandard überhaupt gehalten werden kann.

Schon in jungen Jahren soll deshalb konsequent Geld fürs Alter zurückgelegt werden, um die drohenden »Kaufkraftverluste« auszugleichen. Beispiele werden auch gleich genannt: Wohnungseigentümer sollen acht Prozent und Mieter gleich neun Prozent ihres Bruttoeinkommens *zusätzlich* zu den Rentenbeiträgen sparen.

Der Studie zufolge wird künftig auch die Kaufkraft der gesetzlichen Rentenzahlungen durch Zusatzbelastungen im Alter – speziell in den Bereichen Gesundheit und Pflege – viel stärker schrumpfen als die restlichen Einkommen der Bevölkerung. »Rentnerspezifische Güter und personalintensive Dienstleistungen« werden teurer und deren Kosten schneller steigen als die Inflationsrate. Und genau das ist es, was zusätzliche Lücken in die Lebenshaltungskosten und »Einkommen« der Rentner reißen wird, mit denen kaum einer rechnet, von denen fast keiner etwas weiß.[399]

Folgende Zahlen verdeutlichen Ihnen, wie »krank« das System der gesetzlichen Rentenversicherung in Wirklichkeit ist:

Anzahl der Renten:	24,7 Millionen
Anzahl der Beitragszahler:	39,7 Millionen

Das heißt für Sie: Jeder Beitragszahler trägt jetzt schon im Schnitt die Kosten von mehr als einem »halben« Rentner pro Monat.

Zudem kommen noch die Kosten für Beamte von rund 104 Milliarden Euro und für Pensionäre von rund 68 Milliarden Euro[400] pro Jahr. Auch hier ist die Tendenz steigend. Ich gehe weiter unten genauer darauf ein.

9.3.1.1 Mogelpackung »Rentengarantie«

Am 19. Juni 2009 beschloss der Bundestag mit den Stimmen von Union und SPD die sogenannte »Rentengarantie«. Rentner müssen seither auch im Falle sinkender Löhne höchstens Nullrunden fürchten. Das hört sich schon wieder toll an!

Achtung!

Aber auch das ist eine Mogelpackung: Denn die Rentner müssen diese »Garantie« bei Besserung der Lage durch Nullrunden oder reduzierte Erhöhungen selbst bezahlen.[401]

Und das geht so: Die unterbliebenen Senkungen werden durch Verrechnungen mit positiven Rentenanpassungen nachgeholt. So kommen die Senkungen durch die Hintertür doch zum Tragen. Sie sehen, das alles ist nur ein Hütchenspiel.

Im Frühjahr 2013 warnte der ehemalige Wirtschaftsweise Professor Wolfgang Franz, dass es weiterhin viele Unsicherheitsfaktoren gebe. Sollte sich die aktuelle Schuldenkrise erneut verschärfen, hätte auch dies einen unmittelbaren Einfluss auf Ihre Rente. Dann muss der Staat seine Ausgaben weiter kürzen.[402] **Das bedeutet für Sie:** Ihr Rentenbeginn wird abermals verschoben. Die Rente mit 70 lässt grüßen!

9.3.2 Als Rentner sind Sie »arm« dran

Auch eine höhere Inflation trifft Sie als Rentner besonders schlimm. Denn Ihre Altersbezüge werden nicht in dem Maße steigen wie die Preise. Zudem sinkt die Kaufkraft. So haben Sie doppelt verloren.

Tipp:

Investieren Sie dringend in inflations- und krisensichere Anlagen, wie ich Ihnen das im Kapitel ➔ 13 »So schützen Sie sich vor dem Deutschland-Kollaps!« aufzeige. Es ist fünf vor zwölf!

Ihre gesetzliche Rente ist zudem mit Lohnsummenrisiken verbunden und deshalb von der Entwicklung des Arbeitsmarkts und der demografischen Entwicklung abhängig.

Ein oder mehrere Staatsbankrotte in der europäischen Haftungsunion würden deswegen über die damit verbundenen negativen realwirtschaftlichen Effekte und Verwerfungen an den Finanzmärkten auch negative Auswirkungen auf Ihre Rente haben. **Im Klartext:** Rentenkürzungen.

Warum das so ist: In einer Rezession sinkt die Produktion. Es gibt weniger Arbeit, die Lohnsumme schrumpft. Daraus folgt die ausbleibende Erhöhung der gesetzlichen Rente. Aber das ist noch das Mindeste.

Achtung!

Ich gehe mittelfristig sogar von einer Grundrente von 500 Euro aus (sollte es den Euro bis dahin noch geben), egal wie viel und wie lange Sie in das Zwangssystem eingezahlt haben. **Inflationsbereinigt** entspricht dies nach heutigem Stand nur etwa **200 bis 300 Euro.**

Auch die offiziellen Prognosen für die nächsten Jahre zeigen, dass immer mehr Rentner in die Nähe der Grundsicherung kommen, auch wenn sie 45 Jahre lang in die gesetzliche Rentenversicherung eingezahlt haben. Sie sind dann trotzdem de facto ein Sozialfall.

Achtung!

Die Anhebung des Renteneintrittsalters auf 67 Jahre ist nichts anderes als eine Rentenkürzung. Denn wenn Sie früher aufhören zu arbeiten, müssen Sie Abzüge von 3,6 Prozent *pro Jahr* in Kauf nehmen.

9.3.3 Es ist schlimmer, als Sie denken

Wie schlimm die Lage der gesetzlichen Rentenversicherung in Wirklichkeit ist, enthüllte bereits im Jahr **2009** das Argumentationspapier des Bundesministeriums der Finanzen so erschreckend ehrlich, dass ich es Ihnen nicht vorenthalten möchte: »*Mit rund 80,7 Milliarden Euro machen die Leistungen des Bundes an die Rentenversicherung wie bereits in den vergangenen Jahren den größten Ausgabenblock im Bundeshaushalt aus. Mittlerweile liegt sein Anteil an den Bundesausgaben bei rund 24,6 Prozent. 1984 waren es noch rund 13 Prozent. Das heißt: Nominal haben sich die Ausgaben des Bundes für die Rentenversicherung innerhalb eines Vierteljahrhunderts fast verfünffacht, während sich die Ausgaben der Rentenversicherung seither fast verdreifacht haben. Mit anderen Worten trägt der Bundeshaushalt eine immer größere Last.*«[403]

Konjunktur hin oder her: Bis zum Jahr 2050 erwarten Experten Verluste in der gesetzlichen Rentenversicherung von 200 Milliarden Euro – eine riesige Summe![404]

Selbst das Bundesministerium für Arbeit und Soziales rechnet schon vor, dass Arbeitnehmer mit einem monatlichen Bruttoeinkommen von 2500 Euro im Jahr 2030 nur noch eine Rente in Höhe der Sozialhilfe (politisch korrekt: Grundsicherungsbetrag) von 688 Euro erhalten.

Achtung!

Ihre gesetzliche Rente ist zum Risiko geworden. Inflation, Demografie, Wirtschaftsentwicklung, Arbeitslosigkeit und drohende EU-Staatsbankrotte machen jedes Kasinospiel sicherer.

Daran sehen wir, dass die gesetzliche Rentenversicherung für die Zukunft alles andere als sicher ist. Lassen Sie sich also nicht von den Politikern hinters Licht führen. Es wird *ganz sicher* nicht mehr lange gut gehen.

Deshalb wird den kommenden Regierungen nichts anderes übrig bleiben, als die Renten immer mehr zu kürzen und die Beiträge zu erhöhen, ansonsten droht der Zusammenbruch des gesamten staatlichen Alterssicherungssystems.

9.3.4 Billionenbombe Pensionen

In Deutschland gibt es rund 1,9 Millionen Beamte und 1,5 Millionen Pensionäre.[405] Diese bekommen eine Pension in Höhe von bis zu 71,75 Prozent des letzten Dienstgehalts.[406] Zudem eine Beihilfe, nämlich 70 Prozent Zuschuss zu ihren Krankheitskosten. Pensionen sind überdies nicht mit Sozialabgaben belastet.

Ich möchte das an einem **Beispiel für eine durchschnittliche Beamtenpension** demonstrieren: Die Pension eines Studienrates von etwa 2500 Euro monatlich kostet den Staat bei einem 25-jährigen Bezug einen Betrag von 750 000 Euro zuzüglich 150 000 Euro (500 Euro monatlich) Krankenkostenzuschuss, also insgesamt 900 000 Euro.

Sie können sich selbst ausrechnen, welche Milliardenbeträge der Staat künftig ausgeben muss, nur um für die Pensionen seiner Bediensteten aufkommen zu können. Denn die monatlichen Pensionszahlungen verschlingen bereits jetzt zehn bis zwölf Prozent der Bundeseinnahmen.[407] Doch woher soll das Geld kommen?

Achtung!
Unglaublich: Bisher wurde für die Billionenbombe Pensionen *kein einziger Cent* als Rücklagen angespart!

Die Staatsausgaben für die Zahlungen für Pensionen werden in den kommenden Jahren sprunghaft ansteigen, denn jedes Jahr gehen neue Beamte in den Ruhestand. Im Jahr 2018 wird es dann erstmals mehr Pensionäre als Beamte geben.[408] Die Bundesregierung rechnet in ihrem Versorgungsbericht damit, dass die Versorgungsausgaben für Beamte und Pensionäre im Jahr 2050 auf über 90 Milliarden Euro ansteigen werden.[409] Schon heute sind die Altersansprüche der Beamten plus die Ansprüche der noch aktiven Beamten auf drei *Billionen* Euro gestiegen.

Dies überfordert vor allem die Haushalte der Länder, die rund 75 Prozent der Beamten beschäftigen. Insgesamt geben sie derzeit über 20 Milliarden Euro für deren Altersversorgung aus.

Der Bund der Steuerzahler fordert deshalb nicht umsonst drastische Einsparungen. Doch die Politik traut sich (noch) nicht, die Privilegien ihrer »Diener« zu beschneiden. Denn während das Rentenniveau eines Normalbürgers 46,4 Prozent (1998: 53,6 Prozent[410]) des Bruttoverdienstes ausmacht, erhalten Beamte 71,75 Prozent. Diese werden zwar voll versteuert und die Rente erst ab 2040 zu 100 Prozent (2013: 60 Prozent), aber dennoch dürfte klar sein: Den Beamten bleibt mehr übrig.[411]

Die Pension mit 67 ist aber schon kein Tabu mehr. So würde die Schuldenlast um 30 Prozent verringert.

Wie dem auch sei, klar ist: Auch bei den Beamtenpensionen tickt eine Zeitbombe.

9.3.5 Ohne staatliche Hilfe geht nichts mehr

Ohne staatliche Hilfe geht schon lange nichts mehr. Der Steuerzahler trägt die Kosten des (überteuerten) Sozialstaates also in dreifacher Hinsicht:

❶ Steuern
❷ Sozialversicherungsbeiträge
❸ Geringere Leistungen

Staatliche Zuschüsse an die Sozialversicherungssysteme (in Milliarden Euro):

2008:	99,12
2009:	104,65
2010:	128,36
2011:	114,65 [412]
2012:	116,75 [413]
2013:	114,43 (Planung)[414]

Die Einnahmen 2012 betrugen laut Finanzierungsrechnung des Bundesfinanzministeriums 284 Milliarden Euro.[415] Im letzten Jahr mussten also 41 Prozent der Gesamt*einnahmen* des Staates für Zuschüsse an die Sozialsysteme ausgegeben werden.

Und auch der Vergleich der Steuern und Sozialabgaben in den letzten 34 Jahren sieht nicht gut aus:

	1979:	**2013:**
Mehrwertsteuer	12 %	19 %
Sozialabgaben	28 %	38 %
Pflegeversicherung	–	2,05 %
Arbeitslosenversicherung	2 %	3 %[416]
Staatsschuld (Bund)	103 Mrd. €	2125 Mrd. €
Zinsausgaben (Bund)	2,7 Mrd. €	32 Mrd. €[417]

Achtung!

Allein diese einfache Gegenüberstellung zeigt, wie es mit unserem Staat bergab ging – **und das in nur einer Generation:**

- **sieben Prozent höhere Mehrwertsteuer**
- **13 Prozent höhere Lohnabgaben**
- **20 Mal höhere Verschuldung**
- **zwölfmal mehr Zinszahlungen**

Das heißt für Sie: Immer höhere Steuern und Sozialabgaben. Immer weniger Sozialleistungen. Drastische Erhöhung der Staatsschulden und ein ebenso drastischer Anstieg der Zinsen zur Tilgung der Schulden.

Und die Steuer- und Abgabenquote steigt und steigt: Obwohl die Bundesregierung in der Vergangenheit immer wieder eine **Ent**lastung verkündet hatte, sind die **Be**lastungen für die Bundesbürger gestiegen.

9.3.6 Der »unsichtbare« Dritte

Ich möchte einen zweiten Vergleich heranziehen, um das Dilemma, in dem sich unser Sozialstaat befindet, noch mehr zu verdeutlichen.

Verhältnis zwischen Erwerbstätigen und Nicht-Erwerbstätigen (Zahlen gerundet):

Einwohner Deutschland:	80 Millionen
Erwerbstätige:	**40 Millionen**
Nicht-Erwerbstätige: (25 Millionen Rentner, acht Millionen Arbeitslose/ Hartz-IV-Empfänger)	33 Millionen
Erwerbstätig, aber vom Steuerzahler finanziert: (1,9 Millionen Beamte, 1,5 Millionen Pensionäre)	3,4 Millionen
Nicht-erwerbstätig bzw. vom Steuerzahler finanziert:	**36,5 Millionen**

Achtung!

Rund **40 Millionen** Erwerbstätige stehen also **über 36 Millionen** Menschen gegenüber, die vom Staat finanziert werden!

Das heißt nichts anderes, als dass bereits *jeder,* der arbeitet, *einen* anderen Menschen mitfinanzieren muss, der staatliche Transferzahlungen erhält oder von Steuergeldern bezahlt wird (Beamte/Pensionäre).

Zwar haben die Rentner ein Leben lang in die Rentenkasse eingezahlt, aber dieses Geld ist in dem Monat schon ausgegeben, in dem es eingezahlt wird.

➛ **Sie ernähren also einen ganzen Menschen mit!** Sie sehen ihn aber nicht. Doch er sitzt unsichtbar neben Ihnen, beim Frühstück, Mittag- oder Abendessen. Er hat immer Hunger, auch wenn Sie keinen haben. **Das ist der unsichtbare Dritte!**

Sogar ein Laie kann sich vorstellen, dass die Lösung nur darin bestehen kann, drastische Kürzungen bei den Sozialleistungen oder Steuererhöhungen oder beides vorzunehmen.

Die Grundsatzfrage, wie viele soziale Wohltaten sich ein so hoch verschuldeter Staat wie Deutschland in Zukunft noch leisten kann, bleibt bisher von allen Parteien und politisch Verantwortlichen unbeantwortet. So lebt unser Sozialstaat immer mehr auf Pump und steht vor dem Kollaps, wenn nichts Einschneidendes geschieht.

Achtung!

Die Wahrheit: Kürzungen und Einsparungen im Sozialsystem sind unausweichlich. Der Wohlfahrts- und Alimentierungsstaat wird umgebaut werden *müssen,* denn die Sozialkassen werden künftig nicht mehr das Gleiche leisten können wie bisher. Ein noch höheres Renteneintrittsalter, eine Steigerung der Erwerbstätigkeit von Frauen, höhere Abgaben und Steuern sind zu erwarten. Eines ist jedoch sicher: **So wie früher wird's nie mehr!**[418]

9.4 DIE MITTELSCHICHT STIRBT

9.4.1 Armut für alle!

In Deutschland gilt die Mittelschicht als Rückgrat der Gesellschaft. Eine Studie im Auftrag der Bertelsmann-Stiftung kam Anfang 2013 zu dem Ergebnis, dass die Mittelschicht aber seit 15 Jahren schrumpft. Sie ist um 5,5 Millionen Menschen kleiner geworden. Ihr Anteil an der Gesamtbevölkerung ist gegenüber 1997 um sieben Prozentpunkte auf 58 Prozent gesunken.[419]

Noch vor einem Jahrzehnt gehörten rund zwei Drittel der Bevölkerung zur Mittelschicht. Doch seither sind 5,5 Millionen Menschen von der Mittelschicht in die sogenannte »armutsgefährdete« Schicht durchgereicht worden. Und das, obwohl gerade die Mittelschicht mittlerweile 94 Prozent der gesamten Einkommensteuerlast erwirtschaftet.

Nach der oben bereits angeführten Studie der Bertelsmann-Stiftung zählt zur Mittelschicht, wer ein verfügbares Einkommen zwischen 70 und 150 Prozent des mittleren *Netto*einkommens hat. Dieses beträgt rund 1600 Euro monatlich. Für einen Paarhaushalt ist es das 1,5-Fache.[420] Es werden demnach alle zur Mittelschicht gezählt, die brutto zwischen 26 000 und 52 000 Euro im Jahr verdienen.

Politiker, Soziologen und Unternehmer sind sich einig: Die Mittelschicht ist die wichtigste Stütze der Wohlstandsgesellschaft. Hier sind die Leistungsträger, die Menschen, die anpacken. Deshalb muss die Mittelschicht als Garant unseres Wohlstandes und auch des Sozialstaates unterstützt werden.

Aber genau das Gegenteil ist der Fall: Die Lohnerhöhungen gleichen oft nicht einmal mehr die Inflation aus, was zu Reallohnverlusten führt, und mit immer stärkeren Belastungen droht der Staat, gerade diese Leistungsträger zu eliminieren. Gegen alle Bekundungen sind die Lasten für Arbeitende in den vergangenen Jahren exorbitant gestiegen:

- Höhere steuerliche Belastung der Einkommen durch die kalte Progression.
- Mehrwertsteuer- und Versicherungssteuererhöhungen.
- Anhebung der Sozialabgaben.
- Abschaffung der Wohnbauförderung.
- Einschränkungen bei der Absetzbarkeit eines Arbeitszimmers.
- Streichen der Abzugsfähigkeit von Steuerberatungskosten usw. usf.

Einem Bericht in der *Welt am Sonntag* zufolge hat sich die Steuerbelastung der deutschen Mittelschicht in den letzten 20 Jahren deutlich erhöht. Insbesondere diejenigen, die zwischen 29 000 und 112 000 Euro verdienen, sind stark benachteiligt: Ihnen zieht der Staat prozentual mehr ab, als das im Jahr 1990 der Fall gewesen ist. Geringverdiener hingegen, die nur etwa 12 000 Euro versteuern müssen, zahlen heute gut 50 Prozent weniger an Steuern als noch vor 20 Jahren.[422]

Die Leistungsträger unserer Gesellschaft bluten langsam aus. So zerstört der Staat seinen eigenen Nährboden, indem er immer mehr jene bestraft, die Steuergelder erwirtschaften.

Achtung!

Diese systematische Vernichtung der Mittelschicht wird unseren Sozialstaat zerstören, und dann sind vor allem zuerst jene betroffen, die nichts dafür können: die Bedürftigen.

Wie Sie oben gesehen haben, ist jetzt schon bei einem durchschnittlich verdienenden Arbeitnehmer mehr als die Hälfte des Lohnes weg. Genauer gesagt sind es schon rund 52 Prozent, die die durchschnittliche Abgabenlast beträgt.[423]

Achtung!

Bis zum 13. Juli arbeiten Sie als Steuerbürger für den Staat. Danach erst in Ihre eigene Tasche.[424] Siehe Kapitel → 4.2 »Held oder Depp Europas?«

Steuern und Abgaben »fressen« Ihr Einkommen also schneller auf, als Sie es verdienen können. Diejenigen, die hierzulande Leistung erbringen und anpacken, werden bestraft, indem sie systematisch ausgepresst und zur Kasse gebeten werden.

Achtung!

In Deutschland lohnt sich Leistung immer weniger.

So gesehen ist die Neiddebatte und die schwachsinnige Aussage »Starke Schultern müssen mehr tragen als schwache« umzudeuten in das politische Credo fast aller Parteien: **»Armut für alle!«**

Wer die Starken schwächt, kann die Schwachen nicht stark machen. Dieser Grundsatz gilt nach wie vor. Doch er hat in unserer Neidgesellschaft keinen Platz. Im Gegenteil, diejenigen, die fleißig sind, müssen sich dafür auch noch schämen. So kommt es mir jedenfalls vor.

9.4.2 Leben und leben lassen

Wie sieht das in anderen Ländern aus? Nach einer Untersuchung der OECD ist Deutschland weltweit an zweiter Stelle, was das »Schröpfen« seiner Arbeitnehmer anbelangt. Nur in Belgien wird noch stärker zur Kasse gebeten. Die Schweiz, Japan und die USA gönnen ihren Berufstätigen rund 25 Prozent weniger Abgaben- und Steuerlast, als das bei den deutschen Kollegen der Fall ist.

Im Einzelnen sieht das so aus (Angabe in Prozent der Arbeitskosten eines alleinstehenden Durchschnittsverdieners ohne Kind; EKS = Einkommenssteuer, SA = Sozialabgaben):

Land	EKS	SA	Gesamt
Belgien	21,3	34,0	55,3
Deutschland	**17,5**	**35,0**	**52,5**
Frankreich	10,9	39,2	50,1
Österreich	11,5	36,6	48,1
Schweden	18,2	29,7	47,9
Italien	13,9	31,3	45,2
Niederlande	11,7	32,7	44,4
Dänemark	30,1	11,2	41,3
Spanien	10,8	28,3	39,1
Großbritannien	15,9	18,0	33,9
Schweiz	9,8	20,0	29,8
USA	14,6	14,4	29,0
Japan	6,4	22,4	28,8 [425]

Das Schröpfen der Arbeitnehmer, das heißt der Leistungsträger unseres Sozialstaates, wird weitergehen. Dann werden noch mehr Menschen in andere Länder auswandern. **Schon jetzt verlassen uns jährlich mehr als 150 000 Menschen** – und daran ist nicht nur das schlechte Wetter schuld. Es sind gerade die Leistungsträger, die gehen, nicht die Hartz-IV-Empfänger.

Achtung!

Der Sozialstaat zerstört sich selbst. Ohne Leistungsträger gibt es keine Steuern. Und ohne Steuern gibt es keinen Wohlfahrtsstaat mehr, an dem sich andere laben können.

Denn eine sichere Rente, ein sicherer Arbeitsplatz oder jahrelanges Arbeitslosengeld sind heute keine Selbstverständlichkeit mehr. Wehe, wenn diese Unzufriedenen dann auf die Barrikaden gehen.

9.5 SCHULDEN OHNE ENDE

Die Bundesrepublik Deutschland *war* ein reicher Staat und um unsere Errungenschaften hat uns die ganze Welt beneidet. Doch in den letzten Jahrzehnten ging es damit immer weiter bergab.

Wir, eine der fleißigsten, produktivsten und sparsamsten Nationen auf dem ganzen Erdball, mussten und müssen unseren schwer erarbeiteten Wohlstand immer mehr mit anderen teilen. Da wir aber unser Geld mit vollen Händen verschenken, können wir uns nun selbst nichts mehr leisten: Unsere Sozialsysteme sind dahin, die Kommunen und Städte bankrott, das Bildungssystem am Boden und immer mehr Armut greift um sich.

Achtung!

Die Verschuldung von Bund, Ländern und Kommunen wächst inzwischen um 4481 Euro – **pro *Sekunde*.**

Die Rekordersparnisse (siehe Kapitel ➔ 4.4 »Angriff auf Ihr Erspartes«) der Bürger sind mit den Schulden »ihres« Staates auf schicksalhafte Weise verbunden, das zeigt die Vergangenheit: In Zeiten leerer Kassen bediente sich der Staat am Geld seiner Bürger durch fortschreitende Inflation, höhere Steuern und Kürzungen von Sozialleistungen.

Und nun einige »hard facts« zur katastrophalen Verschuldung unseres Staates:

9.5.1 Deutschlands Verschuldung nach Sektoren

Finanzsektor	80 %
Staatlicher Sektor	73 %
Unternehmen	69 %
Privathaushalte	64 %[426]

Alle Sektoren haben mehr Schulden aufgenommen. Bis Ende 2012 legte angesichts der niedrigen Zinsen auch die Verschuldung der privaten Haushalte mit plus 15 Milliarden Euro stärker zu als in den Vorjahren. In einem historisch niedrigen Zinsumfeld stiegen die gesamten Verbindlichkeiten der privaten Haushalte um knapp ein Prozent auf 1566 Milliarden Euro am Jahresende.[427]

9.5.2 Die Schuldenverteilung des deutschen Staates

Bund	62 %
Länder	31 %
Kommunen und Gemeinden	6 %[428]

Nach wie vor macht die Verschuldung des Bundes zwei Drittel der gesamten Staatsverschuldung aus. Das ist *auch* den ausufernden Rettungspaketen für de facto bankrotte EU-Staaten geschuldet. Tendenz: steigend.

Auch die Länder versinken langsam im Schuldenchaos. Ohne Länderfinanzausgleich wären schon die meisten Bundesländer pleite.

Die Kommunen ächzen ebenso unter der steigenden Schuldenlast.

Insbesondere aus den Verpflichtungen gegenüber Sozialgeld- und Hartz-IV-Empfängern.

Auch für die Zukunft rechne ich mit stark steigenden Lasten für Bund, Länder, Kommunen und Gemeinden. Es war in über 60 Jahren noch nie anders.

Selbst der »Wahlkampfhaushalt 2014«, der Ende Juni 2013 von Wolfgang Schäuble vorgestellt wurde, weist eine Neuverschuldung von 6,2 Milliarden Euro auf. Schön gerechnet wurde auch der, indem man immer noch niedrige Zinsen, geringe Arbeitslosigkeit und weniger Einzahlungen in den Euro-Rettungsfonds annahm.[429]

9.5.3 Die Entwicklung der Staatsverschuldung

Jahr	Schulden (in Mrd. €)	
1950:	10	
1960:	29	(+19 Mrd.)
1970:	63	(+34 Mrd.)
1980:	237	(+174 Mrd.)
1990:	536	(+299 Mrd.)
2000:	1198	(+662 Mrd.)
2005:	1448	(+250 Mrd.)
2006:	1481	(+33 Mrd.)
2007:	1502	(+21 Mrd.)
2008:	1515	(+13 Mrd.)
2009:	1760	(+245 Mrd.)
2010:	1805	(+45 Mrd.)[430]
2011:	2088	(+283 Mrd.)[431]
2012:	2144	(+56 Mrd.)[432]

Daraus erkennen wir eine signifikante Steigerung zwischen 1970 und 1980 sowie die Kosten der Deutschen Einheit (1990) und den rasanten Anstieg zwischen 2000 und 2008.

Achtung!
In nur **60 Jahren** ist die **Staatsverschuldung Deutschlands** um das **214-Fache gestiegen!** Alleine seit **Einführung des Euro** um das **95-Fache!**

Die Finanzkrise, die Rettung der Banken und die Rettungspakete für bankrotte EU-Staaten schlagen auf die Staatsverschuldung seit 2009 mit über einer halben Billion Euro zu Buche.

Achtung!
Jeden Tag wächst der Schuldenberg um rund eine Milliarde Euro – das ist Rekord!

9.5.4 Staatsschuldenquoten

Die Staatsschuldenquote ist das prozentuale Verhältnis des Schuldenstandes eines Staates zum nominalen Bruttoinlandsprodukt (BIP) dieses Staates. Sie dient als Indikator für die Frage, inwiefern ein Land finanziell in der Lage ist, seine Schulden zu bedienen. Das nominale Bruttoinlandsprodukt eines Jahres ist eine Maßgröße für die Wirtschaftskraft des jeweiligen Staates. Mit dem Bruttoinlandsprodukt steigt auch die Kreditwürdigkeit einer Nation.

Achtung!
Gemäß den EU-Konvergenzkriterien – die Sie getrost vergessen können, weil sie de facto nicht mehr interessieren – soll die Staatsschuldenquote der Mitglieder des Euro-Systems die Schwelle von 60 Prozent nicht überschreiten. Deutschland lag 2012 aber bereits 22,2 Prozent **über** dieser Marke.

Staatsschuldenquoten der Bundesrepublik Deutschland:

1980:	30,3 %
2000:	59,7 %
2008:	65,9 %
2009:	73,1 %
2010:	78,8 % [433]
2011:	83,0 %
2012:	82,2 % [434]
2013:	83,0 % (Prognose)[435]

Sie erkennen, dass sich der Schuldenstand des Gesamtstaates seit 1980 *mehr als verdoppelt* hat. Aber Sie können auch noch etwas anderes feststellen: Noch nie hat es in Deutschland *weniger* Schulden als im Vorjahr gegeben, sie steigen seit 60 Jahren dennoch rasant an.

Achtung!

Lassen Sie sich von der etwas niedrigeren Schuldenquote 2012 nicht blenden. Mit welchen Tricks diese zustande kam, habe ich Ihnen ja bereits im Kapitel → 9.1 »›Geschönte Zahlen‹: Haushaltstricks« erläutert.

Auch in Zukunft wird der Schuldenberg, alleine durch die Zinsen begründet, stetig wachsen. Auch die lächerliche Schuldenbremse wird daran nichts ändern.

Folgerichtig schrieb Gabor Steingart in einem Gastkommentar im *Handelsblatt: »Die Politiker leben also nicht nur über unsere Verhältnisse. Wenn sie so weitermachen, zerstören sie die Verhältnisse, in denen wir leben.«*[436]

Aber um diese Verhältnisse auch richtig einordnen zu können, müssen Sie erst einmal die Wahrheit kennen.

9.5.5 Die *ganze* Wahrheit über die deutsche Staatsverschuldung

Täglich hören Sie, dass sich die Staaten immer weiter verschulden. Auch die Bundesrepublik hat Verbindlichkeiten in Rekordhöhe. Doch das, was sich so dramatisch anhört, ist nur die halbe Wahrheit.

In Wirklichkeit ist es nämlich noch viel schlimmer, denn Politiker aller Couleur kommunizieren nur die **explizite** Staatsverschuldung. Diese ergibt sich aus verbrieften Staatsverbindlichkeiten wie Bundesanleihen, -schatzbriefen, Kommunalanleihen usw. und ist mit rund 2,1 Billionen Euro schon so hoch wie niemals zuvor.

Offensichtlich zögern unsere »Volksvertreter«, ihrem Volk die **ganze** Wahrheit zu sagen. Auf der einen Seite ist das verständlich, denn wer gibt denn schon gerne zu, dass Deutschland bankrotter ist als bankrott? Auf jeden Fall nicht die politische Elite, die permanent in Wahlkämpfen steckt. Sie müsste dann ja eingestehen, dass sie auf ganzer Linie versagt hat – über Jahrzehnte und über alle Parteigrenzen hinweg.

Von den Politakteuren und Medien wohlweislich *nicht* beachtet wird nämlich die **implizite** Verschuldung (»versteckte Verschuldung«), die sich aus der Höhe der künftigen staatlichen Zahlungsverpflichtungen wie etwa Renten- oder Pensionszahlungen und künftige Aufwendungen für die Sozialsysteme ergibt.[437] Rechnet man also richtig, bzw. zählt man diese außerbilanziellen Belastungen dazu, liegt die Staatsverschuldung um ein Vielfaches höher als öffentlich zugegeben.

Allerdings ist eine Hochrechnung der Zahlungsverpflichtungen aus der impliziten Verschuldung des Staates in absolute Zahlen der Gesamtverschuldung nicht eindeutig möglich.

Für 2012 ergeben seriöse Schätzungen eine implizite Staatsverschuldung von mehr als dem Doppelten der expliziten Verschuldung. Das sind knapp 300 Prozent des Bruttoinlandsprodukts. Das BIP betrug 2012 laut Statistischem Bundesamt 2,645 Billionen Euro.[438]

Achtung!
Die ***wahre* Staatsverschuldung** Deutschlands beträgt knapp **acht Billionen Euro** – eine Horrorzahl!

Acht Billionen und nicht **zwei** Billionen Euro (wie in den Medien kommuniziert) betragen also jetzt schon unsere Schulden – und es werden täglich mehr.

Beispiel: Deutschland hat also jetzt schon rund 8000 Milliarden (acht Billionen) Euro Gesamtschulden. Die jährlichen Einnahmen belaufen sich auf rund 550[439] Milliarden Euro. Würde man also ab sofort *alles* Geld, das man einnimmt (also 100 Prozent), nur für die Schuldentilgung ausgeben und keine neuen Schulden mehr aufnehmen, würde man mehr als **14 Jahre**[440] benötigen, um diese abzahlen zu können.

In Wirklichkeit werden die Schulden jedoch nur mit ein bis zwei Prozent getilgt. Dazu kommen die jährlichen Zinszahlungen (2012: 54,5 Mrd. Euro[441]) und natürlich nicht zu vergessen die jährliche Neuverschuldung, die dazu gezählt werden muss.

Achtung!
Somit wird die Schuld nicht wie bei einem Annuitätendarlehen konstant abgeführt, sondern kann sich sogar noch erhöhen, wenn die Neuverschuldung höher ist als die Tilgung. Das wiederum bedeutet, Deutschland würde bis zu **800 Jahre** benötigen, um die **jetzt schon bestehenden Schulden abzuzahlen.** Schulden, die der Staat nie wieder abbauen kann, wenn nichts Einschneidendes geschieht!

Niemand kann voraussagen, wie der Staat seine Schuldenlast loswerden wird. Die Vergangenheit hat jedoch gezeigt, dass es nur wenige Möglichkeiten gibt. Dazu gehören Inflation und Währungsreform. Wie immer sich die Politiker in der Stunde X entscheiden werden, *Sie* werden auf jeden Fall den Großteil der Zeche zahlen müssen.

Achtung!

Die Gesamtverschuldung Deutschlands beträgt rund 12,5 Billionen Euro und setzt sich wie folgt zusammen:
8 Billionen Euro Staatsverschuldung (implizit und explizit)
1,5 Billionen Euro Privatverschuldung
3 Billionen Euro Unternehmensverschuldung.
Noch nicht mit eingerechnet sind dabei die über 2,2 Billionen Euro an Garantien, Haftungen und Barzahlungen aufgrund der verschiedenen Euro-Rettungsfonds (siehe Kapitel ➔ 2.5 »Sie sind der Zahlmeister Europas und der ganzen Welt«).

9.5.6 Wann der deutsche Staatsbankrott kommt

Als mein Buch *Der Staatsbankrott kommt!* zu Beginn des Jahres 2010 erschien, lächelten nicht wenige darüber, dass ich eine Zahlungsunfähigkeit Deutschlands bis zum Jahr 2020/2030 vorhersagte.

Aber ich bleibe dabei! Spätestens im Jahr 2030 ist der deutsche Staat bankrott. So lange brauchen die Regierenden noch, um das gigantische Privat- und Unternehmensvermögen der Deutschen zwangsweise abzuschöpfen (durch Steuern, Abgaben etc., siehe Kapitel ➔ 4 »Armut für alle – so will der Staat Ihr Geld abgreifen«) und europäisch umzuverteilen.

Achtung!

Spätestens im Jahr **2030 wird der deutsche Staat bankrott** sein – und Sie Ihr Geldvermögen verloren haben!

Denn schon jetzt, wenige Jahre nach meiner ersten Vorhersage, sprechen einige Fakten für meine These.

Bereits im Jahr 2013 wird die Verschuldung des deutschen Staates bei über 83 Prozent liegen (mit neuen Schulden von 25 Milliarden Euro[442]), im Jahr 2020 sogar bei 100 Prozent, wie der Wirtschaftsweise Wolfgang Wiegard erklärte.Die Experten der Bank für Internationalen Zahlungsausgleich (BIZ) gingen sogar noch einen Schritt weiter und befürchten, dass die offiziellen Schuldenprognosen schöngerechnet seien. Denn: Kritisch wird der Schuldenstand ab 90 Prozent des BIP, wie der Finanzwissenschaftler Clemens Fuest nach Auswertung zahlreicher Studien feststellte: »*Jenseits dieser Grenze ändert sich die Situation drastisch.*«[443] Das Wachstum wird gebremst und der Staat büßt Handlungsfähigkeit ein.

Der IWF geht sogar davon aus, dass sich die Schuldenquote der zehn »reichsten« Länder von 78 Prozent im Jahr 2007 auf 106 Prozent ausweiten wird.[444] Für Japan werden für 2013 rund 245 Prozent, für die USA 112 Prozent und für Großbritannien bereits 93 Prozent Schuldenquote prognostiziert.[445] **Der Countdown läuft – weltweit!**

Die immer höhere Verschuldung unseres Landes hat natürlich auch Auswirkungen auf unsere Bonität, die einst hervorragend gewesen ist. Doch die Zeiten haben sich geändert.

Sie sehen an den aufgeführten hard facts, dass sich Deutschland schon längst inmitten eines Schuldentsunami befindet, aus dem es keine schmerzfreien Auswege mehr gibt. Zunächst wird langsam, sehr langsam, umgeschichtet werden: von den Reichen zu den Armen. Somit spart sich der Staat Sozialausgaben. Dann werden Abgaben und Steuern erhöht. Das bringt mehr Einnahmen. Danach wird das Privat- und Unternehmensvermögen abgeschöpft und im Zuge der Rettungspakete und der EU-Verpflichtungen umverteilt. Und erst ganz zum Schluss, wenn die deutsche Melkkuh keine Milch mehr gibt, ist Feierabend, das heißt: Deutschland ist bankrott – und damit auch die Euro-Zone am Ende.

9.6 AUSSEN »HUI« – INNEN »PFUI«? – DEUTSCHE BANKEN ALS RISIKOFAKTOR

9.6.1 Deutsche Banken sind bis heute nicht gesund

Seit der *Lehman*-Pleite 2008 bemühen sich die Geldhäuser, toxische Wertpapiere und faule Kredite abzustoßen. Das sind Darlehen, die aus

Sicht des Kreditgebers mit einem sehr hohen Ausfallrisiko verbunden sind. Faule Kredite waren eine der Ursachen für die globale Finanzkrise. Mit deren Auswirkungen haben Sie als deutscher Steuerzahler und Hauptbürge der gesamten EU bis heute zu kämpfen.

Doch nach fünf Jahren liegen immer noch Milliardenrisiken durch den finanziellen Giftmüll in den Büchern der Institute.

Der Bankenrettungsfonds SoFFin hat seit 2008 insgesamt 223 Milliarden Euro an Kapitalspritzen oder Garantien für die angeschlagenen Banken gegeben. Zählt man die Unterstützung der einzelnen Bundesländer noch hinzu, belaufen sich die Hilfsleistungen auf satte 259 Milliarden Euro. **Das sind etwa zehn Prozent der deutschen Wirtschaftsleistung!**[446]

Analysten der Ratingagentur *Moody's* haben dem deutschen Bankensystem bereits im Oktober 2011 einen »negativen Ausblick« attestiert. Eine weitere Abstufung ist möglich.

Das »Flagschiff«, die Deutsche Bank, wurde Anfang Juli 2013 von der Ratingagentur S&P abgestuft. Begründung: »Wir sehen steigende Risiken beim globalen Investment-Banking und glauben, dass die Fähigkeit der Bank, stabile und berechenbare Erträge zu erwirtschaften, gesunken ist.«[447]

Meiner Analyse nach haben sich die Risikofaktoren deutscher Banken seit 2008 sogar noch verschlimmert. Sehen Sie selbst:

- Die deutschen Banken stehen im Vergleich mit ihren internationalen Mitbewerbern mit **zu schwachen Erträgen** da.
- Die gegenwärtigen niedrigen Zinsen für Privatkredite bringen den Banken zusätzliche Probleme.
- Die Konjunkturaussichten sind schlecht. Die gesamte Euro-Zone rutscht in eine Depression. Der Wirtschaftsabschwung kommt zu einem sehr ungünstigen Zeitpunkt für die Institute. Arbeitslosigkeit und sinkende Umsatzzahlen treiben die Hypotheken- und Kreditnehmer wieder in die Enge. Die **Zahlungsausfälle nehmen zu.**
- Die riskanten Engagements der Banken sind immer noch nicht aus ihren Büchern. Viele davon werden im schwieriger werdenden Wirtschaftsumfeld wieder virulent. Dazu zählen zum Bei-

spiel Schiffsfinanzierungen. Bei einbrechender Weltwirtschaft werden weniger Waren auf Containerschiffen rund um den Globus bewegt. Damit sind die **Rückzahlungen der Schiffskredite in Gefahr.**

- Banken **halten noch immer viele strukturierte und verbriefte Finanzprodukte in den Büchern.** Wie Tretminen liegen Altbestände an Staatsanleihen aus den defizitären EU-Staaten sowie Immobilienfinanzierungen in Ländern, in denen gerade die Immobilienblase platzt, in den Bilanzen.
- Die – vorwiegend gewerblichen – **Immobilienfinanzierungen im Ausland (auch in den Krisenländern)** machten im letzten Jahr bei den zehn größten deutschen Banken über 400 Milliarden Euro aus. Das entspricht dem Zweieinhalbfachen ihres Kernkapitals und ist mehr als der deutsche Bundeshaushalt.
- Die deutschen Banken könnten **kaum noch größere Verluste auffangen.** Und nicht umsonst müssen die systemrelevanten Banken jetzt einen **Notfallplan** vorlegen. Nicht umsonst wurde der **Bankenrettungsfonds SoFFin verlängert.**
- Zusätzlich kommen auf die Geldhäuser deutlich strengere Vorgaben zu. Die Aufsichtsbehörden stellen weit reichende Anforderungen an Eigenkapital und Sicherheit. Das **treibt die Kapitalkosten in die Höhe.**
- Die **Banken müssen ihre Geschäftsmodelle an die neuen Bedingungen anpassen.** Beispielsweise sollen die risikoreichen Kapitalmarktgeschäfte von den Einlagengeschäften abgeschottet werden. So sollen die Einlagen der Sparer und Privatkunden vor den desaströsen Auswirkungen der Casino-Zockereien geschützt werden.
- Nach wie vor **sitzen Banken auf »faulen« Krediten.**
- Die Risikovorsorge, die die Banken für faule Kredite betreiben müssen, steigt schon wieder.[448]

Die Entwicklung der Forderungen deutscher Banken gegenüber den EU-Krisenländern lassen ebenfalls nichts Gutes erwarten (in Mrd. Euro):

	2009	2012
Griechenland:	7,63	25,32
Irland:	24,94	16,66
Spanien:	35,89	45,21
Frankreich:	81,73	200,39[449]

Nur am Rande möchte ich erwähnen, dass die EU-Bankenaufsicht den geplanten Bankenstresstest auf 2014 verschoben hat. Die deutsche Finanzaufsicht Bafin hatte auf eine Verschiebung gedrungen.[450] Ein Schelm, wer Böses dabei denkt.

9.6.2 Schwache Finanzkraft

Wichtig in diesem Zusammenhang ist auch die Finanzkraft der einzelnen Banken. Diese spiegelt das Verhältnis von Krediten zu Spareinlagen wieder.

Achtung!
Werte **über 100 Prozent** bedeuten, dass die betreffende Bank von alternativen Geldquellen abhängig ist, das heißt sich **nicht mehr selbst finanzieren** kann.

Hier einige Beispiele zur Finanzkraft deutscher Geldinstitute:

HypoVereinsbank	111 %
Commerzbank	105 %
Sparkassen	87 %
Volksbanken	82 %
Deutsche Bank	69 %[451]

Achtung!
Das heißt für Sie: Auch die Finanzkraft der großen deutschen Institute ist bedenklich. Die HypoVereinsbank und die Commerzbank wären ohne staatliche Hilfe schon längst pleite.

9.6.3 Fazit

Nichts mehr ist sicher. *Kein* Geldinstitut ist makellos:

Sparkassen sind durch die Krise der Landesbanken belastet. Zudem kämpfen einige der Sparkassen wegen der anhaltenden Niedrigzinsen ums Überleben.

Volksbanken haben eine relativ niedrige Kapitalquote. Dafür können Kunden einen Anteil an der Bank erwerben. Das stärkt deren Widerstandsfähigkeit.

Die **Deutsche Bank** hält zwar verhältnismäßig wenig faule Kredite. Doch das volatile Investmentbanking sorgt für instabile Einnahmen.

Bei der **Commerzbank** schwächelt das Privatkundengeschäft. Auch sind Kundenkredite nicht vollständig durch Einlagen gedeckt.

Die **HypoVereinsbank** hält viele faule Kredite und muss die italienische Mutterbank *UniCredit* stützen. Diese gerät durch die Italienkrise in immer größere Schieflage.

Sie sehen, auch deutsche Großbanken, Sparkassen und Volksbanken haben ihre Schwierigkeiten – und zwar nicht wenige.

Tipp:
Ich habe meine Vermögensanlagen schon lange im eigenen Tresor und mache mich dadurch unabhängig von Bankenpleiten. Auch habe ich jederzeit Zugriff auf mein Vermögen.

Aber auch in Rest-Europa sieht die Situation für die Banken nicht gut aus.

Hier eine Aufstellung über die **Finanzierungslücken** im Bankensektor (in Mrd. Euro):

Frankreich	433
Italien	347
Spanien	195
Irland	138
Griechenland	92
Luxemburg	40
Österreich	30
Portugal	12
Zypern	11
Slowenien	10
Malta	4
Belgien	4
Estland	2[452]

Achtung!

Insgesamt fehlen Europas Banken 1,2 Billionen Euro. Auch hier tickt eine Zeitbombe.

9.7 DER TARGET-STAATSBANKROTT

9.7.1 Schlesingers Gedanken

Die alten D-Mark-Scheine trugen seine Unterschrift: Helmut Schlesinger war zu D-Mark-Zeiten Bundesbankchef. Ein Mann vom Fach also. Er entdeckte Ende 2010, dass die Bundesbank über das Target-System Forderungen von damals über 300 Milliarden Euro gegen andere Notenbanken der Euro-Zone aufgetürmt hatte. Bis zu diesem Zeitpunkt war das von den politisch Verantwortlichen noch gar niemandem aufgefallen!

Die Forderungen der Bundesbank gegenüber der Europäischen Zentralbank (EZB) entsprachen zu jenem Zeitpunkt fast einem gesamten Jahreshaushalt Deutschlands. Und das war damals schon fast das 20-Fache dessen, was vor der Finanzkrise als Forderungen gegen andere nationale Notenbanken der EU in den Büchern der Bundesbank stand.

9.7.2 Target2: Versteckte Sprengsätze

Heute verstecken sich in dem unscheinbar klingenden Bilanzposten »9.4 Sonstige Forderungen« rund eine Dreiviertel Billion Euro, die die anderen europäischen Notenbanken (bzw. die EZB) der Bundesbank schulden. Das sind jetzt schon zwei Jahreshaushalte unseres Staates.

9.7.2.1 Ein Beispiel, wie das (heutige) Target2-System funktioniert

- Der Grieche Theophanis Mamadopoulos kauft eine Maschine von Michel Müller in Kleinstadt. Nun funktioniert das aber nicht so, dass er von seiner Hausbank, der Feta-Bank, den zu zahlenden Kaufpreis von einer Million Euro direkt auf das Konto von Michel Müller auf der Kleinstädter Volksbank überweist. Diese Zahlung geht über mehrere Stufen.
- Die Feta-Bank bucht die Million von Theophanis M's. Konto ab und gibt den Überweisungsauftrag an die griechische Notenbank weiter.
- Diese überweist den Kaufpreis von einer Million Euro von ihrem Zentralbankkonto zur EZB.
- Die EZB schreibt diesen Betrag nun wieder dem Zentralbankkonto der Bundesbank bei der EZB, die Bundesbank ihrerseits dem Konto von Michel M. auf der Kleinstädter Volksbank gut.
- Doch unter Target2 gibt es noch eine Besonderheit: Jede Nacht um null Uhr werden die unerledigten Zahlungsverpflichtungen aller nationalen Zentralbanken an andere nationale Zentralban-

ken innerhalb der EU zu Verbindlichkeiten gegenüber der EZB. Aber nicht mehr gegenüber der Notenbank des Empfängerlandes. Gleichzeitig werden alle Forderungen der Geld empfangenden nationalen Notenbank zu einer Forderung gegenüber der EZB, aber nicht mehr gegenüber der absendenden Notenbank.

- In meinem Beispiel hat die EZB eine Forderung gegen die griechische Nationalbank von einer Million und eine Verbindlichkeit gegenüber der Deutschen Bundesbank von einer Million.
- Die Bundesbank überweist brav die Million an die Kleinstädter Volksbank und möchte nun die Gutschrift von der EZB. Und da liegt der Hund begraben.
- Der Grieche Theophanis M. hat zwar auf seinem Konto eine Million Euro liegen. Doch leider hatte die klamme, kleine Feta-Bank das Geld gar nicht wirklich. Sie nahm also, um die Transaktion realisieren zu können, einen entsprechenden Kredit bei der griechischen Nationalbank auf.
- Die aber hatte – Sie erraten es – das Geld auch nicht. Sie nahm also ebenfalls einen entsprechenden Kredit bei der EZB auf und gab ihr dafür Sicherheiten. Deren Bonitäten waren aber entsprechend schlecht.
- Die EZB schreibt die Summe trotzdem der Bundesbank gut. Diese verfügt nun über ein Guthaben von einer Million bei der EZB.
- Sie hat also einen positiven Target2-Saldo, aber noch lange kein Geld!

9.7.3 Gefährliche Schieflagen

Auf diese Weise haben sich innerhalb des Zahlungssystems zwischen den Notenbanken der 17 Euro-Länder erhebliche Schieflagen aufgebaut.

Die Notenbanken der EU-Kernländer halten positive Target-Salden von deutlich über einer Billion Euro in ihren Büchern. Das heißt, die Peripherieländer sind gegenüber der EZB in dieser unvorstellbaren Größenordnung verschuldet. Die EZB hingegen hat bei den Notenbanken der EU-Geberländer Verbindlichkeiten in Höhe von über einer Billion Euro.

Achtung!

Der Hammer: Die defizitären Länder bilden aber längst die Mehrheit im EZB-Rat und machen es daher ihren heimischen Banken leicht, mit minderwertigen Sicherheiten immer weitere EZB-Kredite zu erlangen, das heißt zu »erschleichen«.

9.7.4 Deutschland sitzt in der Falle

Die Notenbanken der EU-Kernländer, allen voran die Bundesbank, finanzieren auf der Grundlage des Target2-Systems die Banken der defizitären Länder. Das Heimtückische daran: **Die Bundesbank kann die Bedingungen für ihre Kredite an diese Banken nicht gestalten. Sie hat nicht einmal ein Mitspracherecht, muss aber das volle Risiko tragen.**

Solange keines der Länder aus der Währungsunion ausscheidet, kann das Spiel noch ewig weitergehen: Die Bundesbank weist ihre Forderungen an die EZB auf der Habenseite aus, und alle tun so, als würden die auch erfüllt werden. Die Welt ist in Ordnung, vordergründig jedenfalls.

Ist aber Griechenland bankrott oder tritt aus dem Euro aus, kann es seine Kredite bei der EZB von 108 Milliarden Euro nicht begleichen. Die EZB muss diesen Verlust dann abschreiben.

Die Deutsche Bundesbank, die mit 27 Prozent an der EZB beteiligt ist, hat dann ihren Anteil an den Verlusten zu tragen. In diesem Fall allein für Griechenland 29 Milliarden Euro. Doch Portugal, Zypern, Irland, Spanien und Italien sind bereits auf demselben Weg wie Griechenland. Und bei jedem Zahlungsausfall dieser Länder steigt die deutsche Haftung – das heißt: Ihre Haftung –, und zwar in gigantische Höhen.[453]

Achtung!

Was bedeutet das für Sie als deutschen Steuerzahler? Wir produzieren fleißig Güter, etwa Autos, und liefern sie beispielsweise nach Spanien. Im Gegenzug haben wir einen Anspruch an die Spanier im Gegenwert der Fahrzeuge bzw. all der Materialien und Arbeitsstunden, die für die Fertigung benötigt wurden.

Dafür sollten wir Geld bekommen. Stattdessen erhalten wir aber nur Forderungen an die EZB. Diese können sich allerdings aufgrund schlechter Bonitäten schnell ins Nichts auflösen. Dann haben wir nicht nur umsonst gearbeitet, sondern müssen auch noch für die Verluste haften.

9.7.5 Der Target-Staatsbankrott

Sollte der Euro crashen oder die Währungsunion zerbrechen, bleibt die Bundesbank auf ihren gesamten Forderungen von gegenwärtig über rund 575 Milliarden Euro gegen die EZB sitzen.[454] Dieser gigantische Verlust würde ihr Eigenkapital und ihre Neubewertungsreserven ausradieren. Sie wäre umgehend bankrott. Die Bundesregierung käme nicht umhin, die deutsche Notenbank zu retten. Natürlich auf Ihre Kosten.

Achtung!

Doch Verluste in Höhe von mehr als zwei nationalen Jahreshaushalten wären nicht zu verkraften. Das würde umgehend den deutschen Staatsbankrott bedeuten.

Um dieses Szenario zu verhindern, braucht der Staat sehr viel Geld. Das heißt im Klartext: Entweder die deutsche Staatsverschuldung explodiert – und/oder die deutschen Bürger – also Sie – müssten wieder einmal zur Kasse gebeten werden.

Die brutale Tour: Zwangsabgaben und Zwangshypotheken sowie Steuererhöhungen in allen Bereichen. Sie belasten die Bürger und schöpfen die Früchte der Arbeit bis auf den Grund ab. Die Rentenkassen würden geplündert, Lebensversicherungen hoch besteuert. Das ganze Programm staatlicher Ausplünderung bietet viele Möglichkeiten – ich gehe im Kapitel ➔ 4 »Armut für alle – so will der Staat Ihr Geld abgreifen« genau darauf ein.

Man könnte auch die »Gelddruckmaschine« anwerfen und das erforderliche Geld einfach selbst drucken. Dazu müsste Deutschland aber erst einmal aus der Währungsunion austreten. Das würde dann eine Hyperinflation bedeuten, die die Verluste und Schulden zwar nominal ausgleicht, aber Ihre Vermögen zu Staub zerfallen ließe (siehe Kapitel ➔ 3.2 »Die Inflationsblase wird immer größer«).

Letzte Möglichkeit wäre ein massiver Währungsschnitt oder eine Währungsreform, was den Wert Ihrer Vermögen minimieren würde. Diese würden quasi über Nacht bis auf einen kümmerlichen Rest zusammengestutzt. Mehr darüber erfahren Sie im nächsten Kapitel.

Je länger die Euro-Krise andauert, je höher die Target-Salden sich anhäufen, desto weniger kann die Bundesregierung riskieren, den Austritt eines oder mehrerer Krisenländer in Betracht zu ziehen – oder selbst auszutreten.

Deutschland ist somit erpressbar geworden, weil es einen Zusammenbruch des Target-Systems gar nicht verkraften könnte. Wir alle sitzen in der Falle – auch Sie!

Tipp:
Machen Sie daher Ihr Vermögen krisenfest: Investieren Sie in Sachwerte wie etwa Gold und Silber. Bauen Sie Schulden so schnell wie möglich ab – und zwar, bevor der Target-Staatsbankrott kommt!

9.8 DER STAATSBANKROTT RÜCKT IMMER NÄHER

Im Jahr 1950 rangierten die Ausgaben des Bundes für die Schulden noch an *elfter* Stelle. Heute sind Zinsen und Tilgung der *zweitgrößte* Etat im Bundeshaushalt. Dazu kommen die Gelder für die EU-Hilfspakete.

Wenn der Staat auf der einen Seite Schulden tilgen und ganz Europa retten muss, kann er das Geld auf der anderen Seite nicht mehr für wichtige Investitionen ausgeben, wie etwa für Bildung, Infrastruktur oder zur Sanierung der maroden Sozialkassen. Eine hohe Verschuldung gefährdet das Wachstum in vielerlei Hinsicht:

- Wenn der Staat Geld braucht, erhöht er die Abgaben und Steuern.
- Eine hohe Abgabenlast führt zu einer höheren Belastung der Bürger und Unternehmen.
- Es wird weniger konsumiert.
- Unternehmen halten sich mit der Neueinstellung von Arbeitskräften zurück.
- Unternehmen investieren weniger.
- Die Produktion sinkt.
- Es entsteht kein Wirtschaftswachstum.
- Ohne Wirtschaftswachstum erhält der Staat weniger Steuereinnahmen.

Ein Teufelskreis also. Die Lage ist eigentlich so schlimm, dass man sie nur noch mit Humor ertragen kann. Wie Sie sich als Steuerzahler verhalten *könnten,* habe ich in der folgenden Geschichte mit einem Augenzwinkern geschrieben:

9.8.1 Herr Hase und Herr Igel

Ort: Eine Bank in Stuttgart

»Sind Sie Herr Schmidt?«

Der Angesprochene blickt von seiner Zeitung auf. »Ja, der bin ich.«

»Mein Name ist Hase. Bitte entschuldigen Sie, dass Sie kurz warten mussten.«

»Kein Problem«, sagt Herr Schmidt, »ich habe heute sowieso Urlaub.«

»Wenn Sie mir bitte folgen würden?« Herr Hase führt ihn in sein Büro und deutet auf einen bequemen Stuhl. »Bitte nehmen Sie doch Platz.«

»Danke.«

»Was kann ich für Sie tun?«, fragt Herr Hase.

»Nun, ich möchte einen Kredit aufnehmen«, sagt Herr Schmidt ohne Umschweife. »Bei mir ist es gerade ein wenig eng.«

Herr Hase ist nicht überrascht, solche Wünsche gehören zu seinem Tagesgeschäft. Das anschließende Gespräch verläuft sachlich und höflich. Herr Schmidt ist gut vorbereitet. Er hat alle Unterlagen dabei, natürlich auch seine Gehaltszettel.

»Sie verfügen also über ein Netto-Jahres-Einkommen von 21 000 Euro. An welche Kreditsumme haben Sie denn gedacht?«

»An 170 000 Euro.«

Herr Hase stockt. »170 000 Euro?«

»Ja.«

»Das wäre das Achtfache Ihres Jahres-Netto-Einkommens.«

»Das ist mir bewusst.«

»Sie verdienen 1750 Euro im Monat.«

»Jawohl.«

»Eine hohe Summe, die Sie da als Kredit möchten. Haben Sie denn Sicherheiten?«

»Sicherheiten?«

»Ja.«

»Brauche ich nicht, ich bin doch ein Bürger.«

»Ich verstehe nicht.«

»Ich bin ein Bürger, also bin ich der Staat, das ist doch Sicherheit genug. Schließlich hafte ich doch für ganz Europa. Reicht Ihrer Bank das etwa nicht aus?«

Herr Hase ist perplex.

Ja, liebe Leser, so oder so ähnlich könnten auch Sie argumentieren. Ob diese Strategie bei Ihrem Bankberater wohl Erfolg hätte? – Ich denke, eher nicht.

Aber Spaß beiseite. Die Schuldensituation unseres Landes ist wirklich dramatisch.

9.8.2. Checkliste: Warum es zu einem deutschen Staatsbankrott kommen *muss*

Deutschland droht mittel- bis langfristig der Staatsbankrott. Folgendes spricht dafür:

❶ Die **Schulden von über acht Billionen** Euro sind schon jetzt nicht mehr zurückzahlbar. Diese exorbitanten Schulden sind durch »normale« staatliche Sparmaßnahmen **nicht mehr zurückzuführen.** Inflation oder Währungsreform drohen.

❷ In den kommenden Jahren ***muss* die Wirtschaft** im Schnitt **um 1,5 Prozent wachsen,** nur um keine *neuen* Schulden aufnehmen zu müssen. Für 2013 sind jedoch gerade mal lächerliche 0,3 Prozent prognostiziert.[455]

❸ **Deutschland bricht zudem mit dem Euro-Stabilitätspakt.** Eine der Regeln besagt: Wer beim Euro mitmachen möchte, muss eine Schuldenquote von *höchstens* 60 Prozent des BIP vorweisen.[456] Für 2013 werden jedoch schon knapp 83,0 Prozent prognostiziert. Will Deutschland bis 2030 wieder die Kriterien des EU-Stabilitätspaktes erreichen (eine Schuldenquote von 60 Prozent), **müsste die Wirtschaft jährlich um 4,2 Prozent wachsen.**[457] Diese Annahme ist völlig utopisch, und so wird die Schuldenlast eher steigen als fallen.

❹ Die **»Vergreisung« Deutschlands** reißt ein immer größeres **Loch** in die **Sozialkassen.**

❺ Ein *großes* Problem werden die zu erwartenden **Belastungen durch die Beamtenpensionen,** für die es noch gar keine Rückstellungen gibt.[458]

❻ Die **Bilanzsumme der deutschen Banken** beträgt rund **acht Billionen Euro.** Bei einem **Ausfall** von nur **15 Prozent** würde sich ein Abschreibungsbedarf von 1,2 Billionen Euro ergeben. Wenn die öffentliche Hand die Risiken schuldenwirksam übernähme, würde die **Staatsverschuldung um 75 (!) Prozent steigen.** Schulden in dieser astronomischen Höhe wären nicht mehr zu bedienen; die unmittelbare Folge: Zahlungsunfähigkeit.

❼ Die **Landesbanken** sollen in ihren **Büchern »fragwürdige« Anlagen im Wert von 355 Milliarden Euro** haben. 180 Milliarden

Euro davon werden als »toxisch« klassifiziert.

8. Die **Landesbanken** haben insgesamt **Schulden** in Höhe von mehr als **400 Milliarden Euro,** für die die Länder haften.
9. Die **Staatsverschuldung** in Deutschland hat sich **seit 1990 fast vervierfacht.**
10. Durch **Milliardenzahlungen** an EZB, IWF, EU und **Garantien in Höhe von über 1,2 Billionen Euro**[459] ist Deutschland der Zahlmeister der ganzen Welt und **gefährdet dadurch seine eigene Finanzstabilität.**
11. **Deutschland** hat bereits die **höchsten Schulden** in der gesamten **EU.**
12. Noch nie hat es in Deutschland weniger **Schulden** als im Vorjahr gegeben, sie **steigen dennoch seit 60 Jahren** rasant an. Deshalb kann man auch für die Zukunft davon ausgehen, dass der Schuldenberg, alleine durch die Zinsen begründet, stetig wachsen wird. Auch die lächerliche Schuldenbremse wird daran nichts ändern.
13. Insgesamt **halten deutsche Banken** von **angeschlagenen EU-Staaten rund 522 Milliarden Euro an Wertpapieren.** Das sind gut 20 Prozent der gesamten Auslandsforderungen deutscher Kreditinstitute und ein Fünftel des deutschen Bruttoinlandsprodukts. Müssten deutsche Banken 30, 50 oder gar 70 Prozent dieser Forderungen abschreiben, hätte dies **katastrophale Auswirkungen.**
14. Viele **Städte** und **Kommunen** stehen bereits **vor dem Bankrott.**
15. Ohne den **Länderfinanzausgleich** wären **einige Bundesländer** (z. B. Schleswig-Holstein, Berlin, Bremen, Saarland)[460] jetzt schon **zahlungsunfähig.**
16. Die **Verbraucherverschuldung** und die **Verarmung** der Bevölkerung **nehmen** immer mehr **zu.**

9.8.3 Am Ende zahlen immer Sie!

Was also kann unser Staat objektiv tun? Es gibt mehrere Möglichkeiten:

- Reduzierung der Leistungsempfänger
- Erhöhung der Beitragssätze

- Verlängerung der Beitragszeit
- Senkungen bei den Sozialleistungen wie ALG II, Kindergeld, Familiengeld usw.
- Erhöhung der Anzahl der Beitragszahler
- Steuererhöhungen (Mehrwertsteuer, Ökosteuer, Unternehmenssteuer, Erbschaftssteuer, Schenkungssteuer usw. usf.)
- Schaffung neuer Steuern
- Zugriff auf private Vermögensbestände
- Verschärfung der Besteuerungsansätze
- Gebührenerhebungen bei bislang kostenlosen Dienstleistungen des Staates
- Gebührenerhöhungen bei bereits kostenpflichtigen Diensten
- Verlängerung der Arbeitszeiten im öffentlichen Dienst und bei Beamten
- Aufschieben von Beförderungen bei Beamten
- Weihnachtsgeldkürzungen im öffentlichen Dienst und bei Beamten
- Nullrunden bei Rentnern und bei Entlohnungen im öffentlichen Dienst und bei Beamten

Sind die Schulden dennoch nicht in den Griff zu bekommen, gibt es für den Staat nur noch zwei Alternativen:

❶ Die Enteignung sämtlicher Geldvermögen, also Entschuldung durch Enteignung.
❷ Vernichtung aller Staatsschulden durch eine Währungsreform auf Kosten der Vermögen der Bürger.

Am Ende zahlen also immer Sie!

10 Vorsicht Währungsreform!

Was Sie in diesem Kapitel erwartet:

- **Eine Währungsreform in Deutschland ist keine Utopie!**
- **Wie eine Währungsreform ablaufen kann**
- **Was Sie aus der Vergangenheit lernen können**

Um es gleich vorweg zu sagen: Eine Währungsreform in Deutschland ist keine Utopie oder ein Hirngespinst eines verrückten Autors. In den letzten 65 Jahren gab es in Deutschland nämlich schon drei Währungsreformen:

❶ 1948: Von der Reichsmark zur D-Mark
❷ 1990: Von der Mark der DDR zur D-Mark (für Ostdeutschland)
❸ 2001: Von der D-Mark zum Euro.

Achtung!
Die »Halbwertszeit« einer Währungsreform in Deutschland beträgt in den letzten sechs Dekaden also etwas über 20 Jahre. Die Gefahr einer Währungsreform ist angesichts der katastrophalen Situation in Europa durchaus real.

Die Älteren, die schon drei Währungsreformen erlebt haben, lachen nicht über die Wahrscheinlichkeit einer neuen Währungsreform.

Blicken Sie nun mit mir zurück in die Vergangenheit, um für die Zukunft zu lernen.

10.1 WAS IST EINE WÄHRUNGSREFORM?

Hintergrund:
Eine Währung ist das durch Gesetz erlassene Geld eines bestimmten zeitlich und räumlich begrenzten Gebietes, des Währungsgebietes.[461]

Meistens besteht eine Währungsreform aus einer gesetzlichen Änderung der Währungsverfassung. Diese legt den Umtausch alter Währungseinheiten zu einem staatlich festgelegten Wechselkurs in Einheiten der neuen Währung fest. Extremfall einer Währungsreform ist die Einführung der Währung eines anderen Landes (Fremdwährung).[462]

Hauptgründe für Währungsreformen in der Vergangenheit waren:

- Staatsbankrotte
- Hyperinflationen
- Kriege

Währungsreformen haben fast immer große Verluste für diejenigen zur Folge, die der »alten« Währung blind vertraut haben. Staaten und ihre Regierungen profitieren davon, weil sie sich so eines Großteils ihrer Altschulden auf Kosten der Gläubiger und Bürger entledigen können.

10.2 LIVE: WÄHRUNGSREFORMEN IN DEUTSCHLAND

Wie schon angedeutet, gab es in Deutschland in den letzten rund sechs Jahrzehnten bereits drei Währungsreformen. Ich möchte Sie in diesem Kapitel zu den entscheidenden Tagen mitnehmen – und zwar live. Dies gelingt durch eine fiktive Zeitmaschine, mit der Sie sich genau in den Mittelpunkt der Geschehen katapultieren. Steigen Sie ein!

10.2.1 Von der Reichsmark zur D-Mark (1948)

Am 18. Juni 1948 schafften die alliierten Westmächte mit dem »Gesetz zur Neuordnung des Geldwesens« die Reichsmark ab und führten die Deutsche Mark (DM) ein. Mit der Währungsreform wollten sie den aus der nationalsozialistischen Wirtschaftspolitik und der Kriegsfinanzierung resultierenden Geldüberhang beseitigen und die Grundlage für die Gesundung des Wirtschaftslebens schaffen.[463]

ZEITMASCHINE
Hamburg, Rathaus
Sonntag, 20. Juni 1948:
9:15 Uhr

Heute sind alle Deutschen gleich »arm«, aber nur ein paar Stunden lang.

Es regnet in Strömen, aber ungeachtet dessen erlebt man in Westdeutschland die längsten Menschenschlangen, die man je gesehen hat. Manche warten schon seit Samstagabend. Aus dem Radio hat man erfahren, dass heute die »neue« Deutsche Mark ausgegeben werden soll.

Hören Sie mal rein, was Jack Bennett, der ranghöchste Finanzberater des US-Generals Lucius D. Clay, des Militärgouverneurs der amerikanischen Besatzungszone, gerade über den Äther verkündet:

»Zunächst einmal das Wichtigste, dass Sie diesen Sonntag 60 Mark alten Geldes für jedes Mitglied Ihrer Familie zur Lebensmittelkartenstelle bringen. Dort erhalten Sie unmittelbar 40 neue deutsche Mark. Weitere 20 werden Sie ungefähr in einem Monat von den gleichen Stellen erhalten. Zwischen Montag und Freitag der kommenden Woche müssen alle weiteren Altgeldbeträge bei den Banken abgeliefert und Bank- und Sparguthaben angemeldet werden. Bevor nicht jeder sein Geld abgegeben oder angemeldet hat, wird niemand erfahren, wie diese Gelder und Guthaben behandelt werden, damit keinerlei

unrechtmäßige Manipulationen möglich sind. Die Zeit des wirtschaftlichen Chaos muss für Deutschland zu Ende sein. Mit der Beseitigung des alten Geldes, das die Wirtschaft vergiftet hat, beginnt Deutschlands wirtschaftliche Gesundung.«[464]

Das klingt zwar hoffnungsvoll, aber viele »kleine« Sparer werden einen Großteil dessen, was sie auf die Seite gelegt haben, verlieren. Ihnen bleibt keine Wahl, denn sie müssen das alte Geld, die Reichsmark aus Hitler-Zeiten, abgeben, ob sie wollen oder nicht.

Ein Hoffnungsschimmer bleibt: Löhne, Gehälter, Mieten, Pensionen, Renten und auch Steuern werden in gleicher Höhe wie bisher ausgezahlt. Wer bisher also 170 Reichsmark verdiente (das entspricht einem Durchschnittsverdienst eines Angestellten), der erhält beim nächsten Zahltag auch wieder die gleiche Summe.

9:23 Uhr

So versammeln sich die Menschen dicht gedrängt und unter heftigen Regenschauern vor den Ausgabestellen wie hier in Hamburg. Lange Schlangen sind zu sehen, bis um die Ecken ziehen sie sich. Die Menschen sind an diesem Sommertag warm angezogen: Trenchcoats und dicke Mäntel, denn es ist kalt und windig. Doch das alles verdirbt die Laune nicht.

Auch in den Ausgabestellen ist es verhältnismäßig ruhig, hier und da mal Getuschel, ein Seufzer oder ein schüchternes Hüsteln, aber ansonsten geht alles ganz gesittet zu: Man gibt das alte Geld einfach ab und erhält die neuen Scheine, die sogleich neugierig beäugt und betatscht werden.

Ein Zeitungsreporter ruft verblüfft aus: »Das sind ja Dollars!« und beschreibt beeindruckt die neuen Banknoten »made in USA«: *»Vielfarbig, bunt und grell leuchten die Scheine auf dem Dunkelgrün des Tisches (…) Ganz amerikanisch auch im flachen Format. Kirschrot vorn und hinten wasserblau oder grün-braun und violett mit vielfach bunt gemusterten Hintergründen. Gott sei Dank mit wenigen Symbolen.«*[465]

Nur wenige murren, denn das ganze Ausmaß der Währungsreform ist für den Einzelnen noch nicht absehbar. Die meisten hoffen nach sechs Jahren Krieg, Bombenterror und Hunger auf bessere Zeiten.

Samstag, 2. Oktober 1948:

Die Währungsreform ist ungerecht! Die *Süddeutsche Zeitung* veröffentlicht an diesem Tag einen Leitartikel, in dem zu lesen ist:

»Auch diese (…) Währungsreform ist (…) ohne jede Berücksichtigung der Größenanordnungen der Vermögen und ohne jegliche Rücksichtnahme auf die soziale Lage der Betroffenen erfolgt. Das ohnedies schon so schreiende Unrecht der Währungszusammenführung ist dadurch nochmals vergrößert und erbarmungslos vertieft worden. Es wird immer unverständlich bleiben, dass diese Entscheidung gefallen ist – dass kein Unterschied gemacht wurde, ob es sich um einen armen Teufel handelt, der vielleicht noch 100 oder 50 D-Mark auf der Sparkasse hat, oder um einen Reichen, der über solche Beträge mit drei Nullen verfügt (…) Es stimmt eben nicht: ›Ob arm oder reich, jeden trifft es gleich‹ – der ohnehin schon Arme stürzt dabei vollends in den wirtschaftlichen und sozialen Abgrund.«[466]

Die Währungsreform war ein schmerzlicher Einschnitt für viele »kleine« Leute, aber sie war auch Voraussetzung für die soziale Marktwirtschaft und die Gewerbefreiheit, die ein paar Jahre später das Land zu ungeahntem Wohlstand bringen sollten.

Doch in Hinblick auf unsere gegenwärtige Situation lohnt es sich, genauer zu analysieren, wie die Währungsreform von 1948 letztlich durchgeführt wurde:

- Ab 21. Juni 1948 wurde die D-Mark allein gültiges Zahlungsmittel.
- Bevölkerung, Wirtschaft und öffentliche Hand erhielten eine Sofortausstattung: jede Person ein »Kopfgeld« in zwei Stufen von 60 D-Mark (zunächst aber nur 40 »neue« deutsche Mark, den Rest später).

- Unternehmen, Personenvereinigungen, Gewerbetreibende und Angehörige freier Berufe erhielten auf Antrag bei ihrer »Abwicklungsbank« einen »Geschäftsbetrag« von 60 D-Mark je Arbeitnehmer als »Vorgriff auf die späteren Ansprüche aus dem Umtausch von Altgeld«.[467]
- Das Umstellungsverhältnis für alle am 21. Juni 1948 bestehenden Reichsmark-Verbindlichkeiten betrug 10:1. Ausnahmen: Verbindlichkeiten aus Lohn- und Gehaltsforderungen, Mieten, Pachtzinsen, Renten und Pensionen, die nach dem 20. Juni 1948 fällig wurden. Diese wurden im Verhältnis 1:1 umgestellt.
- Das Geld auf Sparkonten wurde 10:1 abgewertet. Als ob das nicht schon schlimm genug wäre, konnte zunächst nur über die Hälfte verfügt werden. Von dem, was abgehoben werden durfte, ging das »Kopfgeld« (60 D-Mark pro Person) ab, die andere Hälfte blieb auf einem Festgeldkonto eingefroren. Das »Vierte Gesetz zur Neuordnung des Geldwesens« regelte, was mit diesem Geld geschehen sollte: Zunächst wurden 70 Prozent des Geldes auf den Festkonten ersatzlos gestrichen, weitere zehn Prozent mussten langfristig auf einem Anlagekonto eingefroren werden (bis frühestens 1954). Die restlichen 20 Prozent sollten dann freigegeben werden.[468]

Achtung!

100 Reichsmark Altguthaben ergaben zehn D-Mark Neuguthaben. Davon waren fünf D-Mark sofort verfügbar und fünf D-Mark gesperrt. Von den fünf D-Mark, die gesperrt waren, wurden 3,50 D-Mark gestrichen, eine D-Mark war verfügbar und 0,50 D-Mark waren weiterhin bis 1954 gesperrt.

- Somit war das Spargeld nicht 10:1 abgewertet worden, sondern von 100 Reichsmark blieben nur noch 6,5 neue D-Mark übrig.
- Reichsmarkbestände in bar oder Gutschriften verfielen, wenn sie bis zum 26. Juni 1948 nicht bei Banken und anderen autorisierten Institutionen abgeliefert oder angemeldet wurden.[469]
- Bei den Wirtschaftsunternehmen wurde vom Altgeld der zehnfa-

che Geschäftsbetrag abgezogen und die Umstellung danach wie bei den natürlichen Personen vorgenommen.
- Die Prämienreserven der privaten Versicherungen und die Bausparguthaben der Bausparkassen wurden ebenfalls im Verhältnis 10:1 umgestellt, die laufenden Beiträge dagegen blieben im Verhältnis 1:1.
- Die Reichsmark war für die Bürger also »plötzlich« nichts mehr wert und auch die Schulden des Reiches erloschen.
- Da diese Währungsreform weitgehend im Geheimen ablief, hatten die Sparer keine Möglichkeit, sich auf den restriktiven Währungsschnitt einzustellen.[470]

Tipp:
Gewinner waren die Besitzer von Sachwerten, denn Betriebe, Häuser, Fahrzeuge und Waren behielten ihren Wert auch in der neuen Währung.

Die vielen kleinen Sparer hingegen waren die Verlierer, denn ihre Sparguthaben gingen weitgehend verloren (s. Umrechnungskurs für Bargeld). Die Besitzer von deutschen Staatsanleihen gingen sogar komplett leer aus.[471]

Der allgemeine Tauschkurs von 100 Reichsmark zu zehn D-Mark galt demnach nur für Schuldforderungen. Bargeldreserven und Bankguthaben hingegen wurden letztendlich im Verhältnis 100 Reichsmark zu 6,50 D-Mark umgetauscht und die öffentlichen Anleihen an Privatpersonen für wertlos erklärt. Preise und Löhne wurden jedoch im Verhältnis 1:1 umgesetzt.[472]

Nach der Währungsreform wurden die Menschen noch einmal »bestraft«, denn die Preise für Textilien wie Kleider, Wäsche, Anzüge, Mäntel, die man für den kommenden harten Winter dringend brauchte, stiegen im Vergleich zu der Zeit vor der Währungsreform um 15 bis 20 Prozent.

In vielen Städten Westdeutschlands marschierten deshalb wütende Hausfrauen durch die Straßen und protestierten. Doch die Lage bis zum »Wirtschaftswunder« in den 1950er-Jahren blieb alles andere als einfach: Zehn Millionen Flüchtlinge und Vertriebene, zwei Millionen Kriegsheimkehrer und vier Millionen Kriegsversehrte, Witwen und Waisen mussten in die »neue« Gesellschaft integriert werden.

Die Währungsreform von 1948 sollte Ihnen eine eindringliche Warnung für die Zukunft sein, und doch holte uns 42 Jahre später eine neue Währungsreform ein.

10.2.2 D-Mark für alle (1990)

Unbestritten, die Wiedervereinigung der beiden deutschen Staaten nach 28 Jahren der Trennung war ein freudiges Ereignis. Doch es war und ist bis heute mit großen finanziellen Problemen verbunden. Die Wiedervereinigung brachte auch eine Währungsreform mit sich, jedenfalls für *einen* Teil Deutschlands – das Gebiet der früheren DDR.

Die Zusammenführung eines Volkes mit bis dahin zwei unterschiedlichen Währungen war keine einfache Aufgabe und wie so oft gab es auch hier Gewinner und Verlierer. Doch zunächst möchte ich beleuchten, wie es eigentlich zur Öffnung der Mauer am 9. November 1989 gekommen ist. Dazu setzen Sie sich bitte wieder in unsere Zeitmaschine, die Sie in einem Sekundenbruchteil zu jenem historischen Tag vor über 20 Jahren zurückbringt:

ZEITMASCHINE
Ostberlin, Pressekonferenzraum der DDR-Volkskammer
Freitag, 9. November 1989:
18:57 Uhr

Kurz vor dem Ende einer internationalen Pressekonferenz, die live im DDR-Fernsehen und im -Radio übertragen wird, verkündet Günter Schabowski, Erster Sekretär der Bezirksleitung der SED von Ost-Berlin, eine neue Reiseregelung, die von je zwei hohen Offizieren des Innenministeriums und des Ministeriums für Staatssicherheit formuliert worden ist:

»Privatreisen nach dem Ausland können ohne Vorliegen von Voraussetzungen beantragt werden. Die Genehmigungen werden kurzfristig erteilt. Die zuständigen Abteilungen Pass- und Meldewesen der Volkspolizeikreisämter in der DDR sind angewiesen, Visa zur ständigen Ausreise unverzüglich zu erteilen, ohne dass dafür noch die Voraussetzungen für eine ständige Ausreise vorliegen müssen (…) Ständige Ausreisen können über alle Grenzübergangsstellen der DDR zur BRD beziehungsweise zu West-Berlin erfolgen.«[474]

Der italienische Journalist Riccardo Ehrman (nach anderer Darstellung hat Peter Brinkmann diese Frage gestellt)[475] meldet sich zu Wort, weil ihm der Zeitpunkt, wann diese Regelung in Kraft treten wird, nicht klar ist und fragt: *»Ab wann gilt diese neue Regelung?«*

Schabowski antwortet sichtlich unsicher und stockend: *»Das tritt nach meiner Kenntnis … ist das sofort, unverzüglich.«*[476]

Schabowski irrt sich, denn die Reiseregelung sollte eigentlich erst am folgenden Tag um vier Uhr früh[477] veröffentlicht werden. Aber da er dies jetzt bereits live in Fernsehen und Radio verkündet hat, führt seine Ankündigung noch am selben Abend zur Maueröffnung: Tausende von Ostberlinern ziehen zu den Grenzübergangsstellen und verlangen Durchgang in den Westen.

<u>Ostberlin, Wohnung Brunhilde Heß:</u>
20:25 Uhr

»Ich habe abends vor dem Fernseher gesessen und die Pressekonferenz verfolgt (…) Die Männer aus unserem Ort hatten sich an diesem Abend in der Gastwirtschaft getroffen und wollten zur Demo nach Leinefelde fahren. Mein Mann ist dann noch mal kurz rüber gekommen und hat dann gesagt: ›Wir fahren jetzt los. Werner, also unser Nachbar, fährt heute mit dem Auto.‹ Ich habe dann Panik bekommen und gesagt: ›Bleib um Himmels willen zu Hause, es gibt Krieg!‹ Und dann hat er mich so angeguckt und gesagt: ›Warum

gibt es denn jetzt Krieg?‹ Und ich habe gesagt, dass das im Fernsehen gesagt wurde: ›Die Grenze ist auf.‹ Und ich konnte mir das nicht anders vorstellen. Das geht so sang- und klanglos vonstatten. Wir haben das aber in dieser Nacht dann trotzdem ein bisschen verschlafen. Vielleicht konnten wir es auch nicht glauben.«[478]

Grenzübergang Bornholmer Straße:
21:30 Uhr

Hunderte von Menschen drängen sich an dem Grenzübergang und fordern die Grenzschützer ungeduldig auf, sofort das Tor zu öffnen. »Schabowski hat das im Fernsehen gesagt«, schreien manche fast verzweifelt. »Schabowski hat es gesagt!«; »Aufmachen!«, schallt es von überall her. »Los, öffnet endlich das Tor!«

Die diensthabenden Offiziere der Passkontrolleinheit (PKE, Staatssicherheit, Hauptabteilung VI) und der Grenztruppen der DDR sind verunsichert. Was sollen sie tun? Schließlich hat der Berliner SED-Bezirkssekretär dies tatsächlich im Radio verkündet, sie haben das selbst ungläubig gehört, aber von ihren Vorgesetzten liegen noch keinerlei Weisungen vor.

Die Tumulte und Rufe der Menschenmenge werden immer lauter und drängender. Der Siedepunkt rückt näher. Schließlich kommen die Offiziere der Aufforderung nach, *ohne* einen Befehl dafür erhalten zu haben.[479] Damit lösen sie wohl unbewusst eine Kettenreaktion an allen Grenzübergängen in und um Berlin aus.[480] Jetzt gibt es kein Halten mehr, die ersten Menschen stürmen freudig in den Westen und können es noch gar nicht fassen.

Die vorzeitige Grenzöffnung ist also zwei Missverständnissen zu verdanken: Seitens Schabowskis, der sich im Tag geirrt hat, und seitens der Grenzoffiziere in der Bornholmer Straße, die ohne Befehl den Übergang öffneten.

Brandenburger Tor:
23:59 Uhr

Jetzt wird auch die Mauer rund um das Brandenburger Tor gestürmt. Wildfremde Menschen fallen sich strahlend vor Glück in die Arme und feiern stundenlang.

Die Mauer, der »antifaschistische Schutzwall«, ist nach 28 Jahren gefallen!

Eine besondere Form des Willkommens in der Bundesrepublik war das sogenannte »Begrüßungsgeld« von 100 DM für jeden DDR-Bürger.[481]

Kurz nach dem Mauerfall führte die Auszahlung des Geldes zu großen logistischen Problemen und es kam kurzzeitig zu chaotischen Szenen. An manchen Auszahlungsstellen standen gleichzeitig bis zu 10 000 Bürger der DDR, um ihr Geld abzuholen. Der Verkehr brach total zusammen und Polizei und Feuerwehr mussten die Lage wieder unter Kontrolle bringen. Als dann der Regierende Bürgermeister von Berlin, Walter Momper, die Auszahlung des Begrüßungsgeldes durch Banken und Sparkassen anordnete, waren die Geschäftsstellen sogar während der Nacht geöffnet.[482]

Doch der Ansturm in ganz Westdeutschland war so groß, dass die vereinfachte »Berliner« Auszahlungsweise, die sich nur auf die bloße Vorlage eines Personalausweises oder Passes beschränkte, in den nachfolgenden Tagen auch in der übrigen Bundesrepublik übernommen wurde. Eventuell wiederholte Inanspruchnahmen waren nicht mehr zu kontrollieren. Bis zum 11. November hatten bereits mehr als drei Millionen DDR-Bürger den Westen besucht, bis zum 20. November waren elf Millionen Besucher gekommen.[483]

Am Freitag, den 29. Dezember 1989, wurde die Zahlung des Begrüßungsgeldes schließlich eingestellt. Die Gesamtsumme seit der Öffnung der Grenzen bezifferte Bundeskanzler Helmut Kohl bei einem Gespräch am 3. Dezember 1989 in Brüssel mit dem amerikanischen Präsidenten George Bush auf 1,8 Milliarden DM.[484] Allerdings scheint diese Zahl viel zu niedrig zu sein, denn der Bundesminister für besondere Aufgaben Rudolf Seiters benannte die Aufwendungen für das Begrüßungsgeld bei einem Gespräch mit dem DDR-Staatsratsvorsitzenden Egon Krenz bereits am 20. November 1989 mit 1,6 Milliarden

DM.[485] Da bis zum 29. Dezember 1989 der »Besucherstrom« der DDR-Bürger nicht nachließ, ist davon auszugehen, dass insgesamt drei bis vier Milliarden D-Mark an Begrüßungsgeld ausgezahlt wurden.

Doch das »Geschenk« hatte nicht die politische Wirkung, die sich manche erhofften: Noch im Dezember 1989 gab es in der DDR *keine* Mehrheit für die Wiedervereinigung. Nur 27 Prozent waren dafür, 89 Prozent indessen forderten Reformen der DDR.[486] In einer anderen Befragung sprachen sich 73 Prozent für eine souveräne DDR aus und 71 Prozent unterstützten den Sozialismus, jedoch wünschten sich 39 Prozent ein westliches Wirtschaftssystem.[487]

Ein fatales Zeichen für Bundeskanzler Helmut Kohl und seine »Wiedervereinigungsträume«. Man musste deshalb unbedingt einen schnellen Stimmungsumschwung bei den DDR-Bürgern herbeiführen. So bot Kohl den Ersatz der DDR-Mark durch die D-Mark an.[488] Das funktionierte: Bei der Volkskammerwahl am 18. März 1990 erhielten die Parteien, die eine Wiedervereinigung ablehnten, dann auch nur noch weniger als 25 Prozent der Stimmen.[489] Ein halbes Jahr später trat dann die Währungsunion in Kraft. Doch zuvor gab es vonseiten der DDR-Bürger massive Ängste um den Verlust ihrer Ersparnisse.

ZEITMASCHINE

Staatsgebiet der DDR

November 1989 bis Juli 1990:

Die Grenze zur BRD ist offen und man kann ohne große Probleme hinüberreisen. Aber die DDR-Mark soll abgeschafft und durch die D-Mark ersetzt werden. Die Älteren können sich noch gut an die Währungsreform von 1948 erinnern und wie damals, so verspüren sie auch jetzt wieder Unsicherheit und Ungewissheit vor der drohenden Geldumstellung.

Werde ich alles Ersparte verlieren? Was ist mit meinen Schulden? Was ist mit meiner Haushypothek? Wie viel werde ich verdienen? Soll ich mein Geld noch schnell zu Sachwerten »machen«? Das sind Fragen, die sich viele Menschen in jenen Monaten stellen.

Jeder liest Zeitungen oder will sich über Radio und Fernsehen darüber informieren, was auf ihn zukommt. Aber es ist nicht einfach, objektive Informationen zu erhalten, weil sich die Berichte häufig widersprechen. Schnell wird klar: Niemand weiß wirklich etwas Genaues, die Medien eingeschlossen. Und so brodelt die Gerüchteküche.

Von der Maueröffnung am 9. November 1989 bis März/April 1990 sinkt der Außenwert der DDR-Mark zeitweilig auf ein Vierzehntel der westdeutschen Währung.[490] Panikkäufe von langlebigen Konsumgütern sind die Folge.

Etwa die Hälfte der DDR-Bevölkerung bewahrt Ruhe. Die Ängstlichen aber kaufen, was der Geldbeutel hergibt, denn bei Kursen von 1:14 ist die Angst um die eigenen Ersparnisse nachvollziehbar. Sachwerte sind für andere das Richtige und so stecken manche ihr »Ostgeld« aus purer Angst vor einer Abwertung noch in einen »Trabbi«. Preis damals: rund 9000 DDR-Mark. Aber das ist genau das Falsche. Hätten sie ihr Erspartes einfach auf dem Konto gelassen, hätten sie eine schöne Summe neuen Westgeldes dafür bekommen. Andere wiederum lassen sich noch kurz vor der Wende ihr Grundstück abschwatzen und ärgern sich bis heute.

Manche schaffen noch schnell neue Maschinen oder Ersatzteile an, die sie später nicht mehr gebrauchen können. Auch viele Versicherte wissen nicht recht, wie sie sich verhalten sollen. Die einen zahlen noch kräftig ein, weil sie »gehört« haben, Versicherungen werden zu einem günstigeren Kurs umgestellt, andere dagegen kündigen ihre Police. Wieder andere fallen über die Kaufläden her, sogar das DDR-Toiletten-Papier ist mancherorts ausverkauft. Teilweise wird sogar das Bargeld knapp.

Die Deutsche Bundesbank hatte die Währungsunion bereits im Februar 1990 auf Wunsch des Bundeskanzlers geplant[491] und setzte die Reform dann im Juli um. Das bedeutete: In der (noch) »souveränen« DDR galt jetzt die »West-Mark« für alle.

Die Umstellungskurse am 1. Juli 1990 waren demnach *politische* und keine ökonomisch-fiskalischen Entscheidungen unter dem Erwartungsdruck der DDR-Bürger[492] und kommender Wahlen.

10.2.2.1 Auszüge aus dem »Gesetz zur Währungsunion«

- Mit Wirkung vom 1. Juli 1990 wird die Deutsche Mark als Währung in der Deutschen Demokratischen Republik eingeführt. Die von der Deutschen Bundesbank ausgegebenen, auf Deutsche Mark lautenden Banknoten und die von der Bundesrepublik Deutschland ausgegebenen, auf Deutsche Mark oder Pfennig lautenden Bundesmünzen sind vom 1. Juli 1990 an alleiniges gesetzliches Zahlungsmittel.
- Löhne, Gehälter, Stipendien, Renten, Mieten und Pachten sowie weitere wiederkehrende Zahlungen werden im Verhältnis 1:1 umgestellt.
- Alle anderen auf Mark der Deutschen Demokratischen Republik lautenden Forderungen und Verbindlichkeiten werden grundsätzlich im Verhältnis 2:1 auf Deutsche Mark umgestellt.
- Guthaben bei Geldinstituten von natürlichen Personen mit Wohnsitz in der Deutschen Demokratischen Republik werden auf Antrag bis zu bestimmten Betragsgrenzen im Verhältnis 1:1 umgestellt, wobei eine Differenzierung nach dem Lebensalter des Berechtigten stattfindet.
- Sonderregelungen gelten für Guthaben von Personen, deren Wohnsitz oder Sitz sich außerhalb der Deutschen Demokratischen Republik befindet.
- Missbräuchen wird entgegengewirkt.[493]

Der Umtauschkurs war gestaffelt. DDR-Bürger ab 60 Jahren durften bis zu 6000, Erwachsene bis zu 4000 und Kinder bis 14 Jahren bis zu 2000 DDR-Mark zum Kurs von 1:1 umtauschen. Für darüberliegende Sparguthaben galt prinzipiell ein Umstellungskurs von 2:1. Löhne, Gehälter, Stipendien, Renten, Mieten und Pachten sowie weitere wiederkehrende Zahlungen wurden aber ebenfalls zum Kurs von 1:1 umgestellt.

Somit ergab sich für das private Geldvermögen insgesamt ein Umstellungsverhältnis von 1,7:1. Dies ist, laut den Autoren Uwe Andersen und Wichard Woyke, unter Verteilungsgesichtspunkten und im Vergleich zu 1948 als ausgesprochen günstig für die ostdeutsche Bevölkerung zu bewerten.[494]

10.2.2.2 Aus Planwirtschaft wird Marktwirtschaft

Die Währungsunion von 1990 war aber auch der Beginn der staatlichen Vereinigung zwischen BRD und DDR und gehörte mit der Wirtschaftsintegration und politischen Integration zum Motor der Wiedervereinigung, um in einer unsicheren außenpolitischen Konstellation möglichst schnell die Unumkehrbarkeit des innerdeutschen Vereinigungsprozesses zu sichern.[495]

Achtung!

Allerdings hat die Einheitswährung eine massive Staatsverschuldung und eine hohe Arbeitslosigkeit in den neuen Bundesländern hervorgerufen. Die DDR-Wirtschaft kollabierte, weil auch der Außenhandel mit der Sowjetunion wegfiel, da die »harte« D-Mark keinen Handel mehr mit dem schwachen Rubel ermöglichte.[496] Zugleich wurden die DDR-Kaufhallen mit der plötzlichen Öffnung des Marktes mit Waren aus der BRD geradezu »überflutet«, was zulasten der heimischen Produkte ging, die dann keiner mehr kaufen wollte. So fand die Industrie für ihre Güter keine Abnehmer mehr, ehemalige Kombinate wurden aufgelöst und viele Menschen arbeitslos.

Dazu der Autor Günter Hannich: »*Die Zerstörung der Wirtschaft in der ehemaligen DDR belegte deutlich, dass die Einführung einer Hartwährung (D-Mark) in einem Gebiet einer schwachen Wirtschaft zu einem Desaster führt. Es kommt dabei zu einer Kapitalflucht vom Schwachwährungsgebiet (DDR) zur Region mit der starken Währung (BRD). Mit den Folgen haben wir heute noch zu kämpfen: Eine hohe Arbeitslosigkeit durch eine beinahe komplette Deindustrialisierung und eine massive Abwanderung der Bevölkerung in den Westen waren die Folgen. Eine schnell wachsende Staatsverschuldung kam nach dieser Fehlentscheidung ebenfalls noch hinzu (...) Damit werden die neuen Bundesländer wohl auf absehbare Zeit zum Armenhaus Deutschlands gehören.*«[497]

Doch Theo Waigel, als damaliger Finanzminister mitverantwortlich für die Währungsunion, verteidigte diese Schritte vehement:

»Technisch gab es dazu überhaupt keine Alternative. Wir hätten ja sonst zehn Jahre lang eine weitere Grenze benötigt. Die Menschen haben die Mauer eingerissen und den Stacheldraht zerschnitten. Wäre die Währungsunion nicht rasch verwirklicht worden, hätten wir eine neue Mauer aus Vorschriften, Zollbeschränkungen, Ausreisebegrenzungen und so weiter errichten müssen. Völlig unmöglich!«[498]

Dennoch gab Waigel Probleme in der Umsetzung zu: *»Schwierig erwies es sich, die totale Planwirtschaft mit einem Schlag in eine Marktwirtschaft zu verwandeln. Gewiss, wir haben den Menschen in der damaligen DDR zu viel Bürokratie zugemutet, zu viele Gesetze. Die Lohn- und Gehaltsentwicklung vollzog sich zu schnell. So schnell konnte die Produktivität gar nicht wachsen, wie die Löhne und Gehälter gestiegen sind.«*[499] Doch die Wiedervereinigung war nicht mehr aufzuhalten.

Mit unserer Zeitmaschine werden Sie jetzt noch einmal die beiden wichtigen Tage im Oktober 1990 live erleben:

ZEITMASCHINE
Bundesweites Fernsehen
Dienstag, 2. Oktober 1990:
– abends –

Ganz Deutschland ist aufgeregt: Morgen wird die offizielle Wiedervereinigung der Deutschen Demokratischen Republik mit der Bundesrepublik Deutschland proklamiert – nach 40 Jahren! Viele können es kaum fassen.

Millionen von Zuschauern sitzen an diesem Oktoberabend vor ihrem Fernseher und lauschen gespannt der Ansprache von Bundeskanzler Dr. Helmut Kohl. Hören Sie mal rein:

»Liebe Landsleute!

In wenigen Stunden wird ein Traum Wirklichkeit. Nach über 40 bitteren Jahren der Teilung ist Deutschland, unser Vaterland, wie-

der vereint. Für mich ist dieser Augenblick einer der glücklichsten in meinem Leben; und aus vielen Briefen und Gesprächen weiß ich, welche große Freude auch die allermeisten von Ihnen empfinden. An einem solchen Tag richten wir unseren Blick nach vorn. Doch bei aller Freude wollen wir zunächst an jene denken, die unter der Teilung Deutschlands besonders zu leiden hatten. Familien wurden grausam auseinandergerissen. In den Haftanstalten waren politische Gefangene eingekerkert. Menschen starben an der Mauer. Das alles gehört glücklicherweise der Vergangenheit an. Es soll sich niemals wiederholen. Deshalb dürfen wir es auch nicht vergessen. Wir schulden die Erinnerung den Opfern. Und wir schulden sie unseren Kindern und Enkeln. Solche Erfahrungen sollen ihnen für immer erspart bleiben (...) Ich bitte alle Deutschen: Erweisen wir uns der gemeinsamen Freiheit würdig. Der 3. Oktober ist ein Tag der Freude, des Dankes und der Hoffnung. Die junge Generation in Deutschland hat jetzt – wie kaum eine andere Generation vor ihr – alle Chancen auf ein ganzes Leben in Frieden und Freiheit.

Wir wissen, dass unsere Freude von vielen Menschen in der Welt geteilt wird. Sie sollen wissen, was uns in diesem Augenblick bewegt: Deutschland ist unser Vaterland, das vereinte Europa unsere Zukunft. Gott segne unser deutsches Vaterland.«[500]

Diese bewegenden Worte treiben Hunderttausenden Tränen in die Augen.

Vor dem Reichstag, Berlin
Mittwoch, 3. Oktober 1989:

Es ist einer jener sonnigen Herbsttage, die die letzte Süße in den Wein geben und den Wäldern noch ein letztes Farbenfest schenken, bevor der Winter in schnellen Schritten naht.

Die Menschen von Ost und West sind auf den Beinen oder vor dem Fernseher oder feiern, denn heute ist es so weit: Die Wiedervereinigung soll offiziell proklamiert werden.

0:00 Uhr

Um Mitternacht wird der Beitritt der DDR zum Geltungsbereich des Grundgesetzes wirksam. Die offizielle Feier mit Feuerwerk findet im Beisein der höchsten Vertreter der Bundesrepublik und der ehemaligen DDR sowie Hunderttausender von Menschen vor dem Berliner Reichstag statt. Unter den Klängen der Nationalhymne wird um 0.00 Uhr die Bundesflagge gehisst. Die Bundesrepublik zählt nun insgesamt 78,7 Millionen Einwohner. Das Staatsgebiet hat sich um rund 108 000 auf 357 000 Quadratkilometer vergrößert.

Auch Berlin ist wieder vereint. Das Besatzungsstatut ist erloschen. In beiden Teilen der Stadt besteht nach dem ersten Mantelgesetz vom 25. September 1990 weitgehende Rechtseinheit. Bis zu den Wahlen am 2. Dezember 1990 wird die Stadt von Senat und Magistrat gemeinsam regiert. Bundeskanzler Helmut Kohl richtet zum Tag der Einheit eine Botschaft an alle Regierungen der Welt, mit denen das vereinte Deutschland diplomatische Beziehungen unterhält.[501]

Über eine Million Menschen feiern vor dem Reichstag in Berlin. Überall ist man aus dem Häuschen, endlich, endlich die lang ersehnte Wiedervereinigung von Ost und West! Und viele, aber nicht alle, fügen in Gedanken hinzu: Endlich gibt es (offiziell) keine DDR mehr!

Der Bundespräsident Richard von Weizsäcker hält eine Ansprache, in die Sie sich kurz einblenden:

Berliner Philharmonie

»In der Präambel unserer Verfassung, wie sie nun für alle Deutschen gilt, ist das Entscheidende gesagt, was uns am heutigen Tag bewegt: In freier Selbstbestimmung vollenden wir die Einheit und Freiheit Deutschlands. Wir wollen in einem vereinten Europa dem Frieden der Welt dienen. Für unsere Aufgaben sind wir uns der Verantwortung vor Gott und den Menschen bewusst.

Zum ersten Mal bilden wir Deutschen keinen Streitpunkt auf der europäischen Tagesordnung. Unsere Einheit wurde niemandem auf-

gezwungen, sondern friedlich vereinbart. Sie ist ein Teil eines gesamteuropäischen geschichtlichen Prozesses, der die Freiheit der Völker und eine neue Friedensordnung unseres Kontinentes zum Ziel hat. Diesem Ziel wollen wir Deutschen dienen. Ihm ist unsere Einheit gewidmet. Wir haben jetzt einen Staat, den wir selbst nicht mehr als provisorisch ansehen und dessen Identität und Integrität von unseren Nachbarn nicht mehr bestritten wird. Am heutigen Tage findet die vereinte deutsche Nation ihren anerkannten Platz in Europa (…) Heute, liebe Landsleute, begründen wir unseren gemeinsamen Staat. Wie gut uns die Einheit menschlich gelingt, das entscheiden kein Vertrag von Regierungen, keine Verfassung und keine Beschlüsse des Gesetzgebers. Das richtet sich nach dem Verhalten eines jeden von uns, nach unserer eigenen Offenheit und Zuwendung untereinander.«[502]

Doch es ist nicht alles Gold, was glänzt. Die DDR hat an diesem Tag aufgehört zu existieren und viele Probleme hinterlassen. So gingen im industriellen Sektor Ostdeutschlands seit 1988 etwa 83 Prozent der Beschäftigungsverhältnisse verloren.[503] Der nachhaltige Zusammenbruch der ostdeutschen Industrie war einer der größten Misserfolge der deutschen Vereinigung.

Nur mühsam und durch gigantische Transferleistungen (z. B. alleine im Jahr 1997 von umgerechnet 96 Milliarden Euro) kann ein völliges Abrutschen[504] der Bürger in den neuen Bundesländern in die soziale Unterschicht verhindert werden.

Die *tatsächlichen* Gesamtkosten der deutschen Wiedervereinigung sind schwer zu ermitteln. Es gibt unterschiedliche Quellen und Zahlenwerte (Steuereinnahmen, Kapital- und sonstige Besitzerträge des Bundes, Transferleistungen des Länderfinanzausgleichs usw.), und die ökonomischen Auswirkungen für Bund und Länder durch demografisch-wirtschaftliche Entwicklungen, etwa durch die Westmigration nach der Grenzöffnung, machen es unmöglich, einen *seriösen* Betrag zu nennen. Nur so viel: Die Transferleistungen aus dem Solidaritätsbeitrag werden mindestens noch bis ins Jahr 2019 bezahlt werden.

Schätzungen zufolge soll die Wiedervereinigung zwischen 250 Milliarden und 1,2 Billionen Euro gekostet haben. Nach Berechnungen des Instituts für Wirtschaftsforschung Halle (IWH) betrugen die Bruttotransfers von 1991 bis 2003 etwa 1,2 Billionen, die Nettotransfers etwa 900 Milliarden Euro.[505] Verschiedene Studien gehen davon aus, dass die neuen Bundesländer noch bis zu 30 Jahre auf finanzielle Hilfe der Alt-Bundesländer angewiesen bleiben.[506]

Aber nur elf Jahre später wurde die nach der Währungsunion zwischen BRD und DDR noch als »bombensicher« angesehene »härtere« D-Mark schließlich eliminiert und eine dritte Währungsreform innerhalb von 53 Jahren brach über die Menschen und ihre Ersparnisse herein.

10.2.3 Der »Teuro«-Euro (2001)

Die Einführung des Euro war eine der kühnsten Maßnahmen, die in der jüngeren Zeit von europäischen Staaten im Finanzsektor getroffen wurden. Fast »über Nacht« hatten 320 Millionen Menschen in zwölf verschiedenen Ländern das gleiche Geld in ihrem Portemonnaie.

Von Anfang an war den »Konstrukteuren« der Europäischen Union klar, dass in einem globalen Finanzmarkt die zwölf oder 15 verschiedenen Währungen Europas kein Gewicht besitzen würden. Deshalb war die Schaffung eines einheitlichen europäischen Zahlungsmittels unumgänglich und nur eine Frage der Zeit.

10.2.3.1 »Mr. Euro«

> »Ohne den Euro würde Europa im Moment vermutlich in seine Bestandteile auseinanderfallen.«[508]
> *Theo Waigel, ehemaliger Finanzminister*

In Deutschland war der damalige Bundesfinanzminister Theo Waigel mit Bundeskanzler Helmut Kohl die treibende Kraft für die Einführung des Euro. Und das, obwohl die Bundesregierung wusste, dass sie die öffentliche Meinung gegen sich hatte.

Selbst Kohl gab später zu: »*Ich wusste, dass ich die Abstimmung nie gewinnen kann in Deutschland. Eine Volksabstimmung über die Einführung des Euro hätten wir verloren (...), und zwar im Verhältnis sieben zu drei.*« Doch was ist schon das Volk? Kohl weiter: »*Das politische Leben läuft so: Demokratie hin, Demokratie her, Wahlen hin und her, repräsentative Demokratie kann nur erfolgreich sein, wenn irgendeiner sich hinstellt und sagt: So ist das. Ich verbinde – wie ich – meine Existenz mit diesem politischen Projekt (...) In einem Fall war ich wie ein Diktator, siehe Euro, in einem Fall war ich wie ein Zauderer, habe alle Probleme ausgesessen (...)*«[510]

Auch Theo Waigel verteidigte die Euro-Pläne vehement: »*Die europäische Wirtschaftsunion, die Entscheidung für eine gemeinsame Währung, war der richtige Schritt, war die Antwort Europas auf die globale Welt. Dieser Schritt war so notwendig wie die Westbindung nach dem Zweiten Weltkrieg, wie der Beitritt zur NATO. Wir hätten, wenn es den Euro nicht schon seit 1998 rechnungsmäßig*[511] *geben würde, eine Berg- und Talfahrt, eine Achterbahnfahrt der europäischen Währungen erlebt.*«[512] An anderer Stelle sagte er: »*Der Euro ist eine absolute Erfolgsgeschichte (...) 70 Prozent der deutschen Exporte gehen in andere EU-Länder. Wie sollte das funktionieren, wenn wir täglich mit neuen Wechselkursen zwischen den europäischen Währungen konfrontiert würden? (...) Der Euro ist die europäische Antwort auf die Globalisierung der Welt und hat uns große Stabilität im Bereich der Währung gebracht. Die Probleme, vor denen die europäischen Länder stehen, gehen nicht auf den Euro zurück, sondern auf ihre eigene Haushalts- und Finanzpolitik und das Unvermögen, die notwendigen strukturellen Veränderungen herbeizuführen.*«[513] Das sind klare Worte.

Waigel war es dann auch, der den supranationalen Namen »Euro« bei dem entscheidenden Gipfeltreffen der Finanzminister durchsetzte.[514]

Bereits im Jahr 1995 wurden auf europäischer Ebene die letzten Hindernisse für die Einführung der neuen Währung beseitigt. Auch die Engländer beteiligten sich an den umfangreichen Vorbereitungen, lehnen die gemeinsame Währung aber bis heute ab.

Achtung!

Im deutschen Bundestag stimmten über 90 Prozent[515] der Abgeordneten *für* den Euro. Demgegenüber waren im Herbst des Jahres 2000 70 Prozent der Bundesbürger *gegen* die Abschaffung der D-Mark.[516]

Die Bundesregierung hatte gegen das eigene Volk gestimmt und den Euro »zwangseingeführt«.

Sehen Sie sich nun den langen Weg zu einer einheitlichen europäischen Währung einmal genauer an.

10.2.3.2 Eine kurze Chronik des Euro

- *25. März 1957:* Belgien, die Bundesrepublik Deutschland, Frankreich, Italien, Luxemburg und die Niederlande gründen in Rom die Europäische Wirtschaftsgemeinschaft (EWG).
- *Frühjahr 1970:* Die Mitgliedsstaaten der EWG beschließen, innerhalb von zehn Jahren eine Wirtschafts- und Währungsunion (WWU) zu gründen. Der Plan lässt sich jedoch nicht durchsetzen, da die Eigeninteressen der einzelnen Staaten zu groß sind.
- *1. Januar 1973:* Dänemark, Großbritannien und Irland treten der EWG (später: EG) bei.
- *1989:* Die Staats- und Regierungschefs der EG-Staaten beschließen die Einführung einer Wirtschafts- und Währungsunion und die spätere Umbenennung in Europäische Union (EU).
- *19. Juni 1990:* Die Europäische Gemeinschaft beschließt in Schengen, die Grenzkontrollen der Mitgliedsstaaten abzubauen.
- *7. Februar 1992:* Die Mitgliedsstaaten der Europäischen Gemeinschaft unterzeichnen in Maastricht einen Vertrag über die Gründung der Europäischen Union mit dem Ziel einer Wirtschaftsunion und einer gemeinsamen Währung.
- *1. November 1993:* Der Maastricht-Vertrag tritt in Kraft.
- *15. Dezember 1995:* Der Europäische Rat beschließt, die einheitliche Währung Europas ab dem 1. Januar 1999 einzuführen. Sie

soll den Namen »Euro« erhalten und ab diesem Zeitpunkt zunächst einmal nur Buchgeld sein, also eine Rechnungseinheit. Als Bargeld soll der Euro später eingeführt werden.

- *Juni 1997:* Der Europäische Rat beschließt den »Pakt für Stabilität und Wachstum«, der einen Rechtsrahmen für die Einführung des Euro enthält und außerdem die Wechselkursmechanismen festlegt.
- *25. Mai 1998:* Das Direktorium der Europäischen Zentralbank wird ernannt.
- *1. Juni 1998:* Das Direktorium der Europäischen Zentralbank nimmt seine Arbeit auf.
- *31. Dezember 1998:* Die Verrechnungswerte des Euro zu den bisherigen nationalen Währungen werden unwiderruflich festgelegt.
- *1. Januar 2002:* In zwölf der 15 EU-Länder kommt der Euro als Bargeld in Umlauf. Dänemark, Großbritannien und Schweden bleiben aber vorerst bei ihren nationalen Währungen.

Den meisten Menschen in Deutschland fiel der Abschied von ihrer geliebten D-Mark sehr schwer und Berichte in den Medien trugen auch nicht gerade zu einem größeren Vertrauen in die neue Währung bei, wie Ihnen die Reise mit der Zeitmaschine zeigt:

ZEITMASCHINE
Bundesweit
Montag, 7. Mai 2001:

Das Nachrichtenmagazin *Focus* titelt schon Monate im Voraus:
»Riesiger Schaden bei Euro-Einführung – Deutsche verlieren 60 Milliarden DM«.

Demnach wird die Einführung des Euro Deutschland nach Berechnungen des Ifo-Instituts für Wirtschaftsforschung einen Verlust von knapp 60 Milliarden D-Mark bescheren. Dieser Betrag ergibt sich, so Ifo-Präsident Hans-Werner Sinn, aus der Übertragung des Gewinns bei der Bargeldschöpfung von den nationalen Notenbanken auf die Europäische Zentralbank (EZB). Deutschland sei dabei der größte Verlierer der Währungsunion und Frankreich der größte Gewinner.

Der Grund dafür ist, dass die D-Mark, mehr als andere europäische Währungen, außerhalb der Landesgrenzen verwendet wird. Während Deutschland 39 Prozent zum gesamten Geldschöpfungsvermögen von 688 Milliarden D-Mark beiträgt, erhält es nur 31 Prozent zurück. Dadurch wird Deutschland, der Modellrechnung zufolge, nach dem vorgesehenen Umverteilungsmechanismus 57,4 Milliarden oder 699 D-Mark pro Kopf verlieren. Frankreich trägt dagegen nur zwölf Prozent bei, erhält aber 21 Prozent zurück.

Diese und ähnliche Meldungen schüren die Angst bei den Bürgern vor der kommenden Währungsumstellung. Aber diese ist schon längst nicht mehr aufzuhalten. Begeistert sind nur die Politiker, so wie etwa Helmut Kohl oder Hans Eichel.

Deutscher Bundestag, Berlin
Dienstag, 1. Januar 2002:

Bundesfinanzminister Hans Eichel fasst die Bedeutung der Einführung des Euro für die Menschen so zusammen: »*Das ist ein historischer Tag deswegen, weil sich hier für jedermann zum Anfassen zeigt, was europäische Einigung ist und dass das das große Wohlstands- und Friedensprojekt für das 21. Jahrhundert hier für uns Europäer ist.*«[517]

Allensbach, Bodensee
Januar 2002:

Die schönen Worte der Politiker sind für den »kleinen Mann«, der Sorge um sein Erspartes und seine Zukunft hat, nicht nachvollziehbar. Das beweist eine Erhebung des Instituts für Demoskopie Allensbach:

»Egal, von welcher Seite man mit demoskopischen Fragen das Thema ›Euro‹ inzwischen beleuchtet, die Bevölkerung antwortet in

ihrer Mehrheit nur noch negativ. 60 Prozent der Befragten meinten: ›Das war keine gute Entscheidung.‹«[518]

Besonders misstrauisch ist die ältere Generation, die auf das Rentenalter zusteuert oder es schon erreicht hat. Sie können sich noch gut an die Währungsreform von 1948 erinnern oder wissen noch von ihren Eltern oder Großeltern, wie es war, als im November 1923 ein Dollar 4,2 Billionen Papiermark kostete. Es geht wieder Angst um, denn die Inflationen fressen die Ersparnisse weg, nicht den Sachbesitz. Es wird Jahre dauern, bis die Menschen allmählich Vertrauen in den Euro gewinnen.

So begeistert der Euro auch von den Politikern gefeiert wurde, das Volk blieb skeptisch und es sollte, zumindest anfangs, Recht behalten, denn die neue Währung wurde schnell zum »Teuro«. Beim Umrechnen von einem Euro (= 1,95583 Mark) entstanden ungerade Zahlen, was viele Unternehmen dazu verleitete, die Preise zu erhöhen (siehe dazu auch Kapitel ➜ 3.4 »So teuer ist das alltägliche Leben«). Die Mehrheit der Bürger fühlte sich mit ihrer ablehnenden Meinung zum Euro bestätigt. Das hält bei vielen bis heute an.

Unstrittig war die Einführung des Euro eines der wichtigsten wirtschaftspolitischen Ereignisse an der Wende zum 21. Jahrhundert.[519]

Aber es bleibt ein fahler Nachgeschmack. Ich argumentiere zudem, dass mit dem Euro die »wertvolle« D-Mark zur Sanierung »wertloser« europäischer Währungen missbraucht wurde.

Achtung!

Mit dem Verlust der Währungshoheit hört ein Staat auf, ein *souveräner* Staat zu sein und begibt sich in die Abhängigkeit einer Währungsunion mit all ihren Vor- und Nachteilen.

Andere Nachteile liegen auf der Hand. Einer davon ist sicherlich die einseitige Lastenverteilung, die ärmere EU-Länder zu »Nettoempfängern« für Ausgleichszahlungen der Reicheren macht. Deutschland ist eines der Länder, die am meisten bezahlen (siehe dazu auch das Kapitel → 2 »Der Euro ist schlecht für Sie!«). Dabei führt dieses System nur dazu, dass in den reichen Ländern mit weniger Geldkapital mehr erzeugt wird, was eine höhere Verzinsung des eingesetzten Kapitals bedeutet. In den schwächeren Ländern hingegen entsteht durch Kapitalflucht größere Arbeitslosigkeit und Armut.

Achtung!

Der Euro schadet den wirtschaftlich starken Ländern, weil diese durch einen ständigen Kapitaltransfer die schwächeren unterstützen müssen, und auch die weniger produktiven Staaten geraten immer mehr in Abhängigkeit.[520]

Ein weiterer Nachteil liegt darin begründet, dass einige neue EU-Beitrittsländer massive Handelsbilanzdefizite aufweisen, die zu einer höheren Auslandsverschuldung führen, was sich zu einer Währungskrise ausweiten kann. Denn anders, als es früher der Fall gewesen ist, können diese Staaten ihre Währungen wegen der Einführung des Euro nun *nicht* mehr abwerten und haben es dadurch schwerer, sich zu konsolidieren. Hinzu kommt eine so niedrige Wirtschaftsleistung, dass sie gerade mal einen Bruchteil der produktivsten Mitgliedsstaaten erzielen.

Günter Hannich beschrieb dieses Dilemma schon damals in seinem Buch *Staatsbankrott* so: *»Mit der Ost-Erweiterung der EU und der geplanten Einführung der Einheitswährung in den neuen Beitrittsländern nimmt die Instabilität des Euros noch einmal drastisch zu. Ich gebe (…) zu bedenken, dass die neuen Beitrittsländer zusammen gerade eine Wirtschaftskraft symbolisieren, die der von Spanien entspricht. Dazu kommt, dass die meisten dieser Länder über enorme Handelsbilanzdefizite verfügen. Dies bedeutet, dass sich in diesen Staaten durch die immer größere Auslandsverschuldung Spannungen aufbauen. Da deren Wäh-*

rungen an den Euro gebunden wurden, können flexible Wechselkurse diese Spannungen nicht mehr ausgleichen. Wird dann der Euro eingeführt, wird es noch schlimmer, da den betroffenen Staaten jede Handlungsmöglichkeit genommen ist.«[521]

Achtung!

Fest steht, dass seit der Einführung des Euro keine nationale Geldpolitik mehr möglich ist.

Der Grund: Die EZB legt einen für alle am Euro beteiligten Länder einheitlichen Zinssatz fest. Was aber, wenn ein Land in eine Rezession stürzt und das andere einen Boom erlebt? Das erste Land benötigt niedrigere Zinsen, um die Ausgaben zu stimulieren und die Produktion zu steigern, während das zweite Land höhere Zinsen braucht, um eine Überhitzung der Wirtschaft zu verhindern. Weil aber die Zinsen in beiden Ländern *gleich* sind, lässt sich dieser Konflikt nicht lösen.[522] Das führt zu immer mehr Rettungspaketen und Garantien reicherer EU-Länder an die armen – ansonsten würde das ganze Währungssystem zusammenbrechen.

Doch das Szenario eines vollständigen Zusammenbruchs braucht gar nicht einzutreten: Wenn nur *ein* Land aus der Euro-Währungsunion austritt, kann es schnell zum Zerfall des ganzen Systems kommen, weil durch einen Dominoeffekt immer mehr Länder gezwungen sein könnten, den Euro wieder durch nationale Währungen zu ersetzen. Dies wäre wohl mit hohen Verlusten für den einzelnen Sparer verbunden, weil der Rücktausch ins »alte« Geld sicherlich Nachteile mit sich bringen wird, das haben Erfahrungen mit zurückliegenden Währungsreformen eindeutig gezeigt (siehe dazu auch das Kapitel → 10.5 »Was Sie von vergangenen Währungsreformen lernen können«).

10.3 CHECKLISTE: WARNINDIKATOREN EINER WÄHRUNGSREFORM

Wir brauchen uns nichts vorzumachen: Auch im Jahr 2013 und darüber hinaus wird sich das europäische Schuldendesaster weiter verschlimmern. Erst musste Griechenland, dann Irland, Portugal, Spanien und Zypern vor dem Staatsbankrott gerettet werden. Jetzt stehen auch Italien und Frankreich am Pranger. Malta, Belgien und Großbritannien befinden sich ebenfalls in Schieflage.

Achtung!

Ich kann es nicht oft genug wiederholen: Die Europäische Union, das Europäische Währungssystem und der Euro stehen vor der Zerreißprobe.

Bitte erkennen Sie, dass Deutschland aufgrund der immer gigantischeren Zahlungen und Garantieübernahmen selbst mehr und mehr an den Abgrund seiner Zahlungsunfähigkeit gerät. Ohne Deutschlands Geld geht aber nichts mehr. In ganz Europa nicht!

Eine Währungsreform in den nächsten fünf bis 15 Jahren ist deshalb mehr als realistisch.

Was aber können die Warnindikatoren für eine Währungsreform sein? Die Antwort darauf gebe ich Ihnen gerne:

- Steigender Abfluss von Bargeld
- Abhebelimits
- Verstärkte Warnhinweise durch Bankiers, Vermögensverwalter, unabhängige Journalisten
- Staatliche Silber- und Goldgedenkmünzen werden nicht mehr ausgegeben
- Plötzlicher Ausfall des Online-Bankings (aus »technischen« Gründen)
- Run auf Fremdwährungen
- Plötzliche Urlaubssperren für die Berufsgruppen Banker, Polizis-

ten, Rettungs-, Transport- und Sicherheitskräfte und in EDV-Unternehmen
- Vermehrtes Auftreten von Geldtransportern
- Verstärkte Polizeipräsenz und Bundeswehreinsatz zum Schutz von Geldtransportern
- Bargeldumlauf wird beschränkt
- Ausfall von Bankautomaten (aus »technischen« Gründen)
- Kappung des Online-Kapitalverkehrs mit dem Ausland
- Personen- und Kapitalkontrollen an den Grenzen

Das alles können Indizien für die Vorbereitung einer Währungsreform sein.

Achtung!
Erwarten Sie nicht, dass Sie Politiker oder regierungstreue Medien warnen. Sie werden bis zur buchstäblich letzten Sekunde angelogen. So will man Sie in (falscher) Sicherheit wiegen.

10.4 WIE EINE WÄHRUNGSREFORM ABLAUFEN KANN

Glauben Sie ja nicht, der Zeitpunkt einer möglichen Währungsreform lasse sich nicht genau bestimmen. Das ist möglich. **Eine Währungsumstellung wird mit an Sicherheit grenzender Wahrscheinlichkeit an einem Freitag um 23 Uhr deutscher Ortszeit, nach Börsenschluss in New York, vollzogen.** Durch die Pause über das Wochenende werden ein plötzlicher Börsencrash und ein Banken-Run verhindert. Der Einzelne hat also keine Chance, zu reagieren.

Und so könnten die Phasen dieser »Operation« ablaufen:

Stufe 1: 1 Tag bis zur Währungsreform
- Die Regierung verkündet die DM-2-Währungsreform für den kommenden Tag.

- Sie teilt ebenfalls mit, dass alle Banken zwei Wochen lang geschlossen werden.
- Bis dahin gelten Abhebesperren für Beträge, die 500 Euro übersteigen.
- Auch der Online-Kapitalverkehr und der grenzüberschreitende Kapitalverkehr werden unterbunden.
- Von nun an kann der Euro nicht mehr in Fremdwährungen umgetauscht werden.
- Eine Abgabefrist für das »Euro-Altgeld« wird bekannt gegeben: Von heute ab zwei Wochen.

Achtung!
Sie haben keine Chance mehr, rechtzeitig zu reagieren!

Stufe 2: Tag der Währungsreform

- Die Währungsumstellung wird an einem Freitag um 23 Uhr MEZ, nach Börsenschluss in New York, vollzogen.
- In TV-Sondersendungen versucht die Regierung das Vorgehen zu verteidigen.
- Polizei, Bundeswehr und andere Sicherheitskräfte werden in Alarmbereitschaft versetzt. Unruhen sollen vermieden und gleich im Keim erstickt werden.
- Guthaben werden bis auf Weiteres eingefroren.
- Die Geldvermögen und Ersparnisse werden 10:1 abgewertet.
- Schulden bleiben dagegen im Verhältnis 1:1.
- Mieten, Pachtzinsen, Preise, Löhne und Gehälter bleiben ebenfalls 1:1.
- Versicherungs- und Bausparsummen implodieren, weil auch hier die Abwertung 10:1 beträgt. Die laufenden Beiträge bleiben bei 1:1.
- Renten, Pensionen und andere staatliche Transfers bleiben vorerst im Verhältnis 1:1.
- Der Euro ist von heute an nur noch neun Tage gültiges Zahlungsmittel.

Tipp:
Gewinner sind Sie als Besitzer von Sachwerten!

Stufe 3: Zwei Wochen nach der Währungsreform

- Die Erfassung der Euro-Altbestände beginnt.
- Das »Altgeld« muss innerhalb der nächsten zehn Tage abgegeben werden. Ansonsten verfällt der Anspruch auf Umtausch in die neue Währung.
- Die Neugeldausgabe findet in den Ausgabestellen (auch Banken und Sparkassen) statt. Sie sind rund um die Uhr geöffnet.
- Der Erstausstattungsbetrag der neuen Währung beträgt pro Person 500 DM-2.
- Der Rest der abgewerteten Vermögen kommt auf Sperrkonten und wird vorerst eingefroren.
- Die DM-2 wird allein gültiges Zahlungsmittel.
- Unternehmen, Personenvereinigungen, Gewerbetreibende und Angehörige freier Berufe erhalten auf Antrag 500 DM-2 je Arbeitnehmer.
- Das Betriebskapital wird um zehn Prozent gekürzt und zusätzlich 10:1 abgewertet. Die Verbindlichkeiten bleiben bei 1:1. Damit die Unternehmen nicht pleitegehen, vergibt die KfW (Kreditanstalt für Wiederaufbau) zinsgünstige Darlehen.

Tipp:
Tragen Sie Ihr Vermögen nicht vollständig auf die Bank, sondern halten Sie einen Teil in Ihrem Tresor. Mehr dazu im Kapitel → 12.2.1 »Was Sie bei einem eigenen Tresor beachten müssen«.

Stufe 4: Vier Wochen nach der Währungsreform

- Bank- und Geldgeschäfte können wieder aufgenommen werden.
- Die Bundesbank erhöht ihre Zinsen. Dadurch sollen die Menschen wieder zum Sparen animiert werden.

- Die Regierung verkündet einen neuen Paukenschlag: Das Sozialsystem soll innerhalb eines Jahres reformiert werden. Ziel ist, die staatlichen Leistungen zu begrenzen. Der Staat hat nämlich kein Geld mehr.
- Die Preise steigen – im Vergleich zu der Zeit vor der Währungsreform – um bis zu 20 Prozent.
- Ein Lastenausgleich wird angekündigt, der Vermögende zur Kasse bitten soll. Die Höhe soll bis zu 30 Prozent betragen.
- Der Außenwert der DM-2 gegenüber anderen Währungen steigt um 50 Prozent.
- Der Gold- und Silberpreis explodieren.

Achtung!

Trauen Sie staatlichen Versprechungen und Absichtserklärungen keine Sekunde lang!

Vergessen Sie nicht: Diejenigen, die bis zum Schluss an die Beteuerungen der Politik glauben, wird die kommende Währungsreform am härtesten treffen. Umso wichtiger ist es, dass Sie dieses Buch lesen. **Ich streue Ihnen keinen Sand in die Augen, sondern offenbare Ihnen jetzt schon das, was andere Ihnen nicht zu sagen trauen.**

So oder so ähnlich könnte also eine Währungsreform ablaufen. Für Sie und Ihr Geldvermögen ein wahres Horrorszenario! Wie Sie sich davor schützen können, erläutere ich Ihnen im Kapitel → 13 »So schützen Sie sich vor dem Deutschland-Kollaps!«.

10.4.1 Währungsreform: Was passiert mit Ihrer Lebensversicherung?

»Den Euro-Crashtest bestehen Lebensversicherer nicht«, schrieb die *Wirtschaftswoche* bereits im Sommer 2012 unverblümt und ehrlich.[523]

Das ist wahr, denn wenn die EU-Staaten wieder zu ihren nationalen

Währungen zurückkehren würden, hätten die Versicherer Währungsrisiken – und zwar keine kleinen. Bis zu 40 Prozent und mehr könnte die »neue« D-Mark aufwerten, die Anlagen im Ausland hingegen um den gleichen Prozentsatz abwerten.[524]

Die *Wirtschaftswoche* machte dabei folgende Rechnung auf:

- Die deutschen Lebensversicherer haben rund 38 Prozent der 743 Milliarden Euro, also 282 Milliarden Euro, die sie anlegen, im Ausland investiert.
- Bei einer Abwertung um 40 Prozent müsste die Assekuranz demnach 113 Milliarden Euro abschreiben.[525]

Das wäre verheerend!

Meine Prognose für Ihre Lebensversicherung im Falle einer Währungsreform:

- Das angesparte Kapital in Kapitalversicherungen wird zum jeweiligen Umstellungskurs entwertet ▸ Meiner Einschätzung nach werden Sie bis zu 90 Prozent verlieren.
- Die Auszahlungsfrist wird um drei bis fünf Jahre verlängert ▸ Ich bete, dass Ihr Vertrag nicht zur Hypothekentilgung verwendet werden muss.
- Kündigungsverbot für bis zu fünf Jahre nach der Währungsreform ▸ Sie können sich nicht einmal mehr von Ihrem Vertrag trennen.
- Fortzahlungspflicht, sodass Sie Ihre Beiträge 1:1 weiterbezahlen müssen.
- Garantiezins wird gesenkt ▸ Ihre »Rendite« ist dahin.
- Versicherungssummen werden neu errechnet ▸ Die zugesagten Leistungen werden drastisch gesenkt.
- Krankenkassenbeiträge werden auf die Auszahlungen erhoben ▸ z. B. 15,5 Prozent der Auszahlungssumme muss an die zuständige Krankenkasse bezahlt werden (das gilt bei einer betrieblichen Direktversicherung für gesetzlich Krankenversicherte schon heute).
- Denkbar ist auch eine Zwangsüberführung der privaten Altersvorsorge in das gesetzliche Rentensystem, wie in Ungarn (2011) und Irland (2012) bereits geschehen ▸ Ihre gesamte Ansparung war umsonst.

Im Falle einer Währungsreform kommt die Lebensversicherung also am schlechtesten von allen Kapitalanlagen davon. Meine Einschätzung ist keineswegs an den Haaren herbeigezogen, sondern ein Ergebnis der Erfahrungen der letzten Währungsreformen in Deutschland.

10.5 WAS SIE VON VERGANGENEN WÄHRUNGSREFORMEN LERNEN KÖNNEN

Was können Sie also heute von den zurückliegenden Währungsreformen lernen oder vielmehr, wovor sollten Sie sich fürchten?

- Sie sind der Willkür der Regierung schutzlos ausgeliefert.
- Reformen können bis kurz vor der Umsetzung geheim gehalten werden, aus Angst vor Umtausch in eine Fremdwährung.
- Das Umstellungsverhältnis zum Bargeld kann bis zu 10:1 betragen.
- Schulden können hingegen in einem Verhältnis von 1:1 bleiben.
- Sparkonten können 10:1 oder mit einer anderen Quote abgewertet werden.
- Die Verwendung des abgewerteten Geldes auf den Sparkonten kann begrenzt werden, etwa 50 Prozent dürfen gleich abgehoben werden, die anderen werden auf eine bestimmte Zeit hin »eingefroren«.
- (Staats-) Anleihen sind nicht mehr viel oder gar nichts mehr wert.
- Eine Währungsreform geht mit einer mehr oder weniger weitgehenden Enteignung des Geldvermögens einher.
- Sachvermögen wird begünstigt.
- Mit Preissteigerungen ist zu rechnen.
- Die Höhe des Betrages, der von der alten in die neue Währung umgetauscht werden soll, kann von der Regierung begrenzt werden.
- Der Wert der Lebensversicherungen und Bausparverträge kann implodieren.
- Eine Vermögenssonderabgabe, ein »sozialer Lastenausgleich«, auf das gesamte Vermögen könnte erhoben werden; staatliche Zwangshypotheken auf der Grundlage eines Lastenausgleichsgesetzes könnten folgen.
- Ihre private Altersvorsorge kann verstaatlicht werden.

Daraus folgere ich:

a) Eine Währungsreform kann so »plötzlich« kommen, dass man sich nicht darauf vorbereiten kann.
b) Bargeld oder Sparkonten sind für die Zukunft nicht sicher.
c) Hände weg von Staatsanleihen, denn sie können schnell nichts mehr wert sein.
d) Sachwerte sind zu bevorzugen.

Achtung!
Die Vergangenheit hat Ihnen gezeigt, dass sich ein Staat seiner Schulden immer durch eine Währungsreform entledigte, wenn die Zahlungsunfähigkeit drohte. Keiner nahm dabei Rücksicht auf den »kleinen Mann« und seine Ersparnisse. Deshalb würde ich auch nicht von einer »Reform«, sondern von »Enteignung« sprechen.

Die Grundlage für eine Zahlungsunfähigkeit bildet eine gigantische Staatsverschuldung – und diese haben wir nicht nur in Deutschland, sondern in (fast) allen Ländern der Welt. Diese Verschuldung ist so groß, dass sie mit »normalen« Mitteln kurz- bis mittelfristig nicht zu tilgen ist – es sei denn durch einen Staatsbankrott oder durch eine Währungsreform.

11 Machen Sie keine Schulden!

Was Sie in diesem Kapitel erwartet:

- **Kontrollieren Sie Ihre Ausgaben!**
- **Auch bei einer Währungsreform kommen Sie nicht aus Ihren Schulden heraus**
- **Ihre Schulden können sogar steigen!**

Meine Einstellung definiert sich wie folgt: Ich gebe nie *mehr* Geld aus, als ich verdiene. Das rate ich Ihnen ebenfalls!

Tipp:
Leben Sie im Rahmen Ihrer finanziellen Möglichkeiten und kontrollieren Sie Ihre Ausgaben. Legen Sie einen Notgroschen für unvorhersehbare Notsituationen zurück (etwa drei bis vier Monatsgehälter).

Schulden sind wie ein Mühlstein um Ihren Hals. Sie nagen am Unterbewusstsein und können sogar zu einem gesundheitlichen Problem werden.

Hintergrund:
Wenn Sie **100 000 Euro Darlehen** mit einer Tilgung von einem Prozent aufnehmen und 35,9 Jahre lang 500 Euro monatlich bezahlen, summieren sich Ihre Gesamtzahlungen auf 215 457 Euro. Aus anfänglich 100 000 Euro Schulden wird mehr als das Doppelte an Verbindlichkeiten.
Oder anders ausgedrückt: **100 000 Euro Darlehen kosten Sie 215 457 Euro.**[526]

Aber es geht es nicht *immer* um eine Haushypothek oder einen Autokauf, sondern *auch* um ganz »normale« Konsumschulden.

Tipp:
Der britische Erfolgsautor Richard Templar gibt folgenden Rat: *»Wenn Sie etwas sehen, von dem Sie meinen, dass Sie es unbedingt brauchen, warten Sie erst einmal eine Woche lang ab. Brauchen Sie es dann wirklich noch? Es ist sehr wahrscheinlich, dass der Drang wieder vergeht, wenn Sie ihn vergehen lassen. Machen Sie es sich schwer, indem Sie der Versuchung nicht gleich nachgeben, sondern erst einmal abwarten.«*[527]

Aus Gesprächen bei meinen Vorträgen weiß ich, dass viele von Ihnen denken, dass sie durch eine Währungsreform ihre Verbindlichkeiten »leicht« los werden. Sich quasi zum Nulltarif entschulden: »Eine Währungsreform ist doch eine gute Sache, dann werde ich billig meine Schulden los.« Das höre ich immer wieder. Doch das ist ein verhängnisvoller Irrtum!

Denn die Vergangenheit hat gezeigt:

- Bei einer Währungsreform wird der Gesetzgeber nicht die Schulden erlassen, sondern mit Faktor X auf die neue Währung umstellen.
- Ihre Schulden bleiben (wenn auch an die neue Währung angepasst). Ihr Vermögen ist größtenteils weg.
- Privatschulden können auch per Gesetz nachträglich aufgewertet werden.
- Ein Staat mit eigener (neuer) Währung legt das Geld für alle Verbindlichkeiten fest, die öffentlichen wie die privaten.
- Davon unberührt bleiben Fremdwährungsschulden. Nach der Abwertung verteuern sich diese in eigener Währung, weswegen der Abwertung meist der Antrag auf Schuldenstreckung (Moratorium) folgt.

Achtung!
Glauben Sie ja nicht, dass Sie bei einer Währungsreform mit billig inflationiertem Geld aus Ihren Hypotheken- bzw. Grundschulden herauskommen!

Das werden Banken und Regierung zu verhindern wissen. Der Weg dazu: Ein neues »**Aufwertungsgesetz**« wie im Jahr 1925. Damals wurden die Hypothekenschulden aus der Weimarer Republik ***nachträglich*** aufgewertet.[528] Zudem wurde 1952 das sogenannte »**Lastenausgleichsgesetz**«[529] erlassen. Die Umverteilung erfolgte dadurch, dass diejenigen, denen erhebliches Vermögen verblieben war (insbesondere Immobilienbesitzer), die Hälfte ihres Vermögens nach dem Stand vom 21. Juni 1948 in 120 vierteljährlichen Raten, also verteilt auf 30 Jahre, in einen Ausgleichsfonds einzahlen mussten. Zu diesem Zweck wurden folgende Maßnahmen eingeführt:

❶ Vermögensabgabe
❷ Hypothekengewinnabgabe
❸ Kreditgewinnabgabe

Achtung!
Der »Trick« beim Lastenausgleichsgesetz war, dass nur zehn Prozent an den Altgläubiger zu zahlen waren, an das Finanzamt aber 90 Prozent durch die oben genannten Maßnahmen abgetreten werden mussten. Der Staat verdiente so am meisten![530]

Diese Gesetze sind also schon einmal da gewesen, wieso sollen sie, wenn der Staat mit dem Rücken zur Wand steht, nicht wieder erlassen werden?

Passen Sie auf: Der Nennwert der Schulden kann also gleich oder sogar noch höher werden, während die Lebenshaltungskosten rasch ansteigen können und so einen immer größeren Teil Ihres verfügbaren Vermögens aufzehren. Für den eigentlichen Schuldendienst bleibt dann immer weniger übrig.

Nur die Staaten entschulden sich im Falle einer Hyperinflation. Die Verbindlichkeiten der Privathaushalte – also Ihre Schulden – bleiben aber gleich. Sie können sogar steigen.

Hintergrund:

Bei der Währungsreform von 1948 betrug das Umtauschverhältnis Reichsmark zur D-Mark 100:6,5.

Für 10 000 Reichsmark Vermögen erhielt man also 650 DM. Schuldverschreibungen, Hypotheken und Verbindlichkeiten wurden jedoch im Verhältnis 100:10 umgestellt. Für 10 000 Reichsmark Darlehen waren dann noch 1000 D-Mark zu tilgen.

Wären die Schulden im gleichen Verhältnis wie die Bargeldvermögen umgerechnet worden, hätten sie nur 650 D-Mark betragen. **So aber stiegen die Verbindlichkeiten um 53,85 Prozent!**

Der Unterschied der heutigen Situation zur Hyperinflation von 1923: Damals hatten die Privathaushalte kaum Schulden. Aktuell ist das ganz anders. Die private Verschuldungsquote beträgt schon 62 Prozent des Bruttoinlandsprodukts. Höchste Vorsicht ist also geboten.

Tipp:

- Machen Sie – soweit es möglich ist – keine neuen Schulden. Lässt sich das nicht vermeiden, dann vereinbaren Sie mit Ihrem Kreditinstitut auf jeden Fall die Möglichkeit zu Sondertilgungen.
- Wenn Sie noch längerfristige Schulden haben: Lösen Sie mit einem Teilverkauf Ihrer Edelmetalle, wenn deren Kurse aufgrund der Währungsreform explodiert sind, einen Teil oder gar die ganzen Verbindlichkeiten inklusive etwaiger Strafzinsen ab.
- Versuchen Sie, zu handeln: Treten Sie einen Teil Ihrer Aktien an die Bank ab. Im Gegenzug soll diese die Grundschuld zur Löschung freigeben.

- Planen Sie Ihre Finanzsituation so, dass Sie Ihre Schulden auch noch tilgen können, wenn Sie erheblich weniger verdienen. Legen Sie dazu mehr auf die hohe Kante und verzichten Sie vielleicht auf Konsumgüter, die nicht so wichtig sind.

12 Was tun, wenn Ihre Bank Pleite macht?

Was Sie in diesem Kapitel erwartet:

- **Eine Sicherung, die keine ist**
- **Wie Ihre Anlagen »geschützt« sind**
- **Was Sie bei einem eigenen Tresor beachten müssen**

Bankenpleiten sind auch hierzulande denkbar. *Ein* Indiz dafür ist die Tatsache, dass der Bankenrettungsfonds SoFFin bis 2014 verlängert wurde. Und das sicher nicht aus Lust und Laune.

Die Liquiditätsgarantien des Fonds belaufen sich aktuell auf 163 Milliarden Euro, die Kapitalhilfen auf 18,8 Milliarden Euro. 26 Institute haben bis jetzt schon Anträge auf Hilfen gestellt.[531]

Was aber, wenn trotz aller staatlichen Hilfen ausgerechnet Ihre Bank Insolvenz anmelden muss? Welche Kapitalanlagen überstehen den Bankrott? Das sind wichtige Fragen, auf die Sie Antworten brauchen.

12.1 DIE EINLAGENSICHERUNGSSYSTEME

Das Einlagensicherungs- und Anlegerentschädigungsgesetz schützt 100 Prozent Ihrer Einlagen (Giro-, Tages- und Festgeldkonten sowie Sparbücher). Allerdings bis maximal 100 000 Euro pro Person. Kundenforderungen aus Wertpapiergeschäften (z. B. Dividenden, Ausschüttungen, Verkaufserlöse) sind bis zu 90 Prozent, maximal aber 20 000 Euro pro Person geschützt. Wertpapierdepots stellen Sondervermögen dar und können auf eine neue Bank übertragen werden. Trotz dieser Bestimmungen sind viele unsicher. Und das zu Recht, wie ich Ihnen weiter unten erklären werde. Dennoch habe ich Ihnen einmal zusammengestellt, was mit Ihren einzelnen Vermögensanlagen geschehen kann.

12.2 WIE IHRE ANLAGEN »GESCHÜTZT« SIND

Tagesgeld-, Giro- und Festgeldkonten, Sparbücher:

Was tun Sie, wenn Ihre ec-Karte bei einer Bankenpleite nicht mehr akzeptiert wird und der Geldautomat nichts mehr ausspuckt?

Ihre Tagesgeld-, Giro- und Festgeldkonten sowie Sparbücher sind durch die Einlagensicherung bis 100000 Euro pro Person abgedeckt.

Nach den gesetzlichen Bestimmungen kann es aber bis zu 20 Tage lang dauern, bis die gesetzliche Einlagensicherung Ihr Guthaben von Girokonten, Tagesgeldern und Sparbüchern wieder zur Verfügung stellen muss.

☑ **Tipp:**

Wenn Sie schon Gelder auf der Bank deponieren müssen, verteilen Sie sie auf verschiedene Banktypen wie Sparkasse, Privatbank, Volksbank. Ansonsten halten Sie Cash zu Hause. Deponieren Sie für diesen Fall Bargeld für mindestens vier Wochen in Ihrem heimischen Safe.

Gold- und Silbermünzen:

Gold und Silber sind für mich die ultimativen Notfallreserven. Im Krisenfall können Sie kleine Münzen gegen Lebensmittel oder Medikamente tauschen. Deponieren Sie Ihre Edelmetalle aber in einem Bankschließfach, kann es bei einer Bankenpleite lange dauern, bis Sie darauf Zugriff haben. Der Inhalt des Schließfaches gehört zwar Ihnen, aber wann kommen Sie bei einer Insolvenz an Ihre Wertgegenstände?

☑ **Tipp:**

Bewahren Sie Ihre Edelmetalle zu Hause in einem Tresor oder einem anderen Versteck auf.

12.2.1 Was Sie bei einem eigenen Tresor beachten müssen

Die Sicherheitsstufe Ihres Tresors ist maßgeblich für die Versicherungssumme.

Beispiel:

Bei privatem Gebrauch eines Geldschranks der VdS-Klasse N (0) ist der Inhalt bis zu einer Summe von 40 000 Euro (bei gewerblicher Nutzung bis 10 000 Euro) versichert. Bei einem Safe der VdS-Klasse 4 betragen die Versicherungssummen in der Regel 400 000 Euro (privat) bzw. 150 000 Euro (gewerblich). Bei den Stufen 5 und 6 wird die Summe mit der Versicherung ausgehandelt.

Achtung!

Es kann sein, dass bei Ihrer Hausratversicherung andere Regelungen gelten. Meine Versicherung versichert Edelmetalle bis zu einem Betrag von 40 000 Euro pro Tresor, Bargeld aber nur bis zu 10 000 Euro.

Tipp:

Stellen Sie zusammen, welche Werte Sie im Tresor lagern wollen. Rechnen Sie den Gesamtwert der Anlagen aus. Informieren Sie dann Ihre Hausratversicherung darüber. Ihr Berater kann Ihnen dann sagen, welche Sicherheitsstufe für Sie am besten ist und welcher Tresor für Sie infrage kommt.

Meine Erfahrung: Mein Versicherungsvertreter kam bei mir vorbei, nachdem er sich schon vorher meinen Tresor-Typ von seiner Versicherung bestätigen ließ. Dann fotografierte er den gesamten Tresorinhalt, den ich auf den Tisch ausbreiten musste, und erstellte ein Protokoll, das wir beide unterzeichneten. Wenig später erhielt ich eine Bestätigung, dass der Tresorinhalt versichert ist. Das bedeutet: Im Falle eines Brandes oder Diebstahls sind Ihre Edelmetalle und auch Ihr Bargeld abgesichert. Gleichzeitig haben Sie immer Zugriff auf diese Vermögensbestände. Bei einer Bank ist weder die Einlagensicherung noch der jederzeitige Zugriff im Krisenfall gewährleistet.

Aktien:
Die Zeiten, in denen Sie Aktien als Urkunden bei sich verwahren konnten, sind vorbei. Heute werden sie ins Wertpapierdepot gebucht. Eine Bankpleite kann diesem Depot jedoch nichts anhaben. Der Inhalt bleibt Ihr Eigentum. Ihr Aktiendepot ist Sondervermögen (geht nicht in die Insolvenzmasse ein) und ist daher auf eine neue Bank ohne Verlust übertragbar.

☑ **Tipp:**
Verlangen Sie im Pleitefall die Übertragung des Depots auf eine andere Bank.

Staatsanleihen:
Wie Sie beim Schuldenschnitt in Griechenland und den Vorkommnissen in Zypern gesehen haben, sind *europäische* Staatsanleihen nicht mehr sicher.

☑ **Tipp:**
Ein Investment in *bestimmte* Staatsanleihen kann aber durchaus sinnvoll sein. Mehr dazu im Kapitel → 13.7 »Krisenmodul 3: Anleihen«.

Investment- und Rentenfonds:
Fonds haben ein Sondervermögen und sind damit zumindest größtenteils gegen eine Insolvenz abgesichert. Über die Erstattung muss eine Regelung über die Einlagensicherung getroffen werden. Der Fondsmanager darf in ein Unternehmen nicht mehr als zehn bzw. 20 Prozent investieren. Im Pleitefall bleibt das Sondervermögen Eigentum der

Anleger. Doch viele Fondsmanager nutzen Derivate, um ihre Aktienbestände abzusichern. Werden diese ausgerechnet von der Bank herausgegeben, die pleite ist, sieht es schlecht aus. Zudem stecken in Rentenfonds oft Bankanleihen, die im Pleitefall ebenfalls crashen.

Tipp:
Nur bedingt tauglich.

12.3 EINE SICHERUNG, DIE KEINE IST

Wenn eine Großbank oder bei einem Crash gleich mehrere Banken insolvent sind, werden die Mittel nicht ausreichen, um das »Versprechen« der Einlagensicherung – es ist nichts anderes – zu halten.

Je nach den Mitteln, die noch zur Verfügung stehen, erhalten Sie dann nur einen Teil oder gar nichts mehr von Ihrem Vermögen – trotz Einlagensicherung.

Achtung!
Die Einlagensicherung ist zwar gesetzlich vorgeschrieben, aber NICHT vom Staat garantiert! Niemand weiß, wie leistungsfähig die Sicherungsfonds sind. Grund: Die Banken halten deren Volumen geheim.

Die Einlagensicherungen geben im Krisenfall also nicht viel her.[532]

13 So schützen Sie sich vor dem Deutschland-Kollaps!

Was Sie in diesem Kapitel erwartet:

- **Geld oder Sachwert?**
- **Vergessen Sie Ihre Risikoabsicherung nicht!**
- **So kann Ihr Krisenvorsorge-Portfolio aussehen**

Langsam fangen die Menschen zu begreifen an, dass es keinen *schmerzlosen* Ausweg aus der Krise mehr gibt. Wir werden alle Verluste hinnehmen müssen, und zwar auf vielen verschiedenen Wegen. Die Finanz- und Regierungsbehörden haben Einblick in unsere Konten, unsere Geldanlagen und Immobilienvermögen. Sie holen sich alles, was sie finden, um das System am Laufen und sich an der Macht zu halten (siehe Kapitel ➛4 »Armut für alle – so will der Staat Ihr Geld abgreifen«). Wie Sie am Beispiel Zypern gesehen haben, schreckt man auf europäischer Ebene auch vor Rechtsbruch bis zur Enteignung nicht zurück (siehe Kapitel ➛7.4 »Zypern«). Das alles sollte Sie äußerst nachdenklich machen!

Und trotzdem: Eine Studie für die TNS Infratest Sozialforschung stellte im Mai 2013 fest, dass nur 38 Prozent der Menschen zwischen 17 und 27 Jahren regelmäßig für ihr Alter vorsorgen. Aber gerade diese Generation wird es bitter nötig haben, denn gerade sie wird im Ruhestand nur noch 40 Prozent ihres Bruttolohns erhalten.[533]

13.1 WIE IHR VERMÖGEN ÜBERLEBEN KANN

Für Sie stellt sich angesichts der bisher im Buch geschilderten Umstände die existenzielle Frage: Wie kann ich mein Vermögen retten?

Die Antwort ist simpel: Wandeln Sie Ihr Geld in Werte um, die der

Staat nicht sieht und die nichts mit Papieren zu tun haben. Denn alles, was auf Papieren gedruckt steht, ist ein Versprechen. Und Versprechen können gebrochen werden. Gleichgültig, ob es Sparbücher, Geldscheine, Finanzprodukte oder Lebensversicherungen sind.

Achtung!
Das, was da auf dem Papier steht, ist nur ein Versprechen dessen, der das Papier ausgibt. Im Zweifelsfall haben Sie nur bedrucktes Papier. Außerdem muss dieses Papierversprechen irgendwo anerkannt, archiviert und dokumentiert sein, damit es nicht gefälscht werden kann. Es hinterlässt eine Aktenspur. Dadurch findet es aber auch der Staat. Er kann es beschlagnahmen oder für wertlos erklären – und das war's dann.

Echte Sachwerte hingegen tragen ihren Wert in sich. Wenn Sie Hunger haben, wollen Sie bestimmt nicht in einen Brot-Bezugsschein beißen, sondern in richtiges Brot. Papiergeld kann morgen schon wertlos sein, wie uns die Hyperinflation lehrte (siehe Kapitel ➔ 3 »Vorspiel zum Kollaps«).

13.2 GELD- ODER SACHWERT?

Die Euro- und Schuldenkrise bedroht Ihre Ersparnisse und Ihr Vermögen. In diesen schwierigen Zeiten ist Ihre Entscheidung, ob Sie in Geld- oder Sachanlagen investieren, von existenzieller Bedeutung. Welche aber sind die Unterschiede?

13.2.1 Geld entsteht aus Schulden

Geld wird durch die Vergabe von Krediten geschaffen, also durch Schulden. Die »wundersame« Geldschöpfung erfolgt durch Kreditaufnahme von Privatpersonen bei Banken, Unternehmen bei Geschäftsbanken, Geschäftsbanken bei der Zentralbank und Geschäftsbanken untereinander (Interbankenkredite).

In Wahrheit verleiht eine Bank also nur Luft, ein paar Zahlen auf dem Bildschirm.

Dieses »Illusionsgeld« wird in der Fachsprache »Buch«- oder »Giralgeld« genannt, weil es nicht physisch, sondern nur rein virtuell auf Ihrem Bankkonto existiert. In Form von Schecks, Überweisungen und Kreditkartenabbuchungen wandert es dann von Bank zu Bank. Aus der ursprünglichen Summe wird immer mehr.

Achtung!

Jedes Mal, wenn Sie Geld ausgeben und es auf einer anderen Bank landet, geht aus ihm ein weiterer Kredit hervor. Scheine und Münzen sind kein Geld, sondern nur ein Symbol, das vom Staat als Zahlungsmittel legitimiert wird. Nicht mehr und nicht weniger.

Früher waren die staatlichen Zentralbanken für die Geldschöpfung zuständig. Doch heutzutage geben diese lediglich Bargeld in einem Volumen von fünf bis 20 Prozent der gesamten Geldmenge in Umlauf. Die »normalen« Banken sind es jetzt, die den Löwenanteil des Geldes schöpfen – und zwar durch Kreditvergabe. Schon wenn ein Kunde sein Konto überzieht, entsteht neues Geld (»Giralgeld«), wie oben schon beschrieben. Die Bankengeldschöpfung hat sich verselbstständigt.

Privaten Banken bzw. Geschäftsbanken, die nicht dem Allgemeinwohl verpflichtet sind, sondern nur sich selbst, diese ordnungspolitisch so wichtige Funktion der Geldschöpfung zu überlassen, ist äußerst heikel und hat zu dem Dilemma geführt, in dem wir heute stecken. Gleichwohl darf nicht außer Acht gelassen werden, dass es gerade diese Geldschöpfung war, die uns zu Wohlstand geführt hat. Doch jetzt ist zu viel Geld im System, das diesen positiven Aspekt negiert.

Zu den Geldanlagen gehören:

- Bargeld
- Tagesgeld
- Termingeld

- Festverzinsliche Wertpapiere
- Sparbücher
- Zertifikate
- Lebens- und private Rentenversicherungen

Geld sollte (auch) als Wertaufbewahrungsmittel dienen. Im Idealfall sollte mit einem bestimmten Geldbetrag später noch die gleiche Warenmenge gekauft werden können. Doch wenn Preise steigen, verliert das Geld an Kaufkraft. Zudem entwertet der Staat durch seine Schuldenpolitik das Geld mehr und mehr. Was Inflation und die Verteilung der europäischen Schulden vor allem für den deutschen Steuerzahler in Bezug auf die Geldwertstabilität bedeuten, ist klar: Der Euro wird immer weniger wert.

Tipp:
Bevor also eine neue (alte) Währung wieder eingeführt und das Geld weitgehend wertlos wird, sollten Sie Ihre Geldvermögensanlagen abbauen und in Sachvermögen umwandeln. In welchem Verhältnis Sie das tun, kommt auf Ihre individuelle Situation an.

13.2.2 Sachwert schlägt Geldwert

Während Papiergeld immer mehr an Wert verliert, gewinnen »Sachwerte« wie Aktien, Edelmetalle und Immobilieninvestments an Wert. Sowieso in Krisenzeiten!

Zu den Sachwerten gehören:

- Aktien
- Aktienfonds
- Immobilien/Grundstücke
- Edelmetalle
- Rohstoffe
- Strategische Metalle

- Schmuck, Antiquitäten etc. (mit Einschränkungen)
- Kunst- und Sammlerobjekte (mit Einschränkungen)
- Langlebige Konsumgüter (mit Einschränkungen)

Langlebige Konsumgüter werden (von manchen Weitsichtigen) in inflationären Zeiten gekauft, weil sie einen Preisanstieg befürchten. Eingeschränkt sind diese also auch als Vermögensanlage zu betrachten. Vor allem auch dann, wenn sie später zu einem höheren Preis verkauft werden können.

Für alle Sachanlagen gilt: Je stärker die Inflation anzieht und je bedrohlicher die finanz- und wirtschaftspolitische Lage sich entwickelt, desto hektischer reagieren die Märkte.

Natürlich werden auch die Banken bis zum Schluss die Sicherheit und Wertbeständigkeit ihrer Geldanlagen beschwören. Doch in den Bankenbilanzen ticken Zeitbomben – und immer neue Risiken kommen hinzu.

Tipp:
Bei Inflation, Staatsbankrott, Währungsreform und wenn der Bankensektor wackelt, ist der bessere Werterhalt der Sachanlagen gegenüber den Geldanlagen eindeutig! Halten Sie deshalb nur eine Notreserve von drei bis fünf Monatsgehältern in Bargeld.

Setzen Sie also verstärkt auf Sachanlagen. Wie das geht, erfahren Sie jetzt.

13.3 FIRST: RISIKOABSICHERUNG

Wie Sie Ihr persönliches Risikomanagement betreiben, ist situationsabhängig, individuell verschieden und hängt von bestimmten Faktoren ab. Ob Vermögenshöhe, Sparleistung oder Alter, jede Lebensplanung und Zielvorgabe ist anders und kann nicht über einen Kamm geschoren werden.

Bedenken Sie, wie Sie auf Lebensrisiken reagieren wollen, und seien Sie dennoch offen für neue Strategien. An **erster Stelle** sollte aber auf jeden Fall die Analyse Ihrer finanziellen Situation stehen. Das heißt, Folgendes genau unter die Lupe zu nehmen:

- Wie sind Sie bis jetzt abgesichert?
- Welche Risiken sind abgedeckt?
- Wie ist Ihre Schuldensituation?
- Wie ist Ihr Vermögensaufbau?
- Wie sieht Ihre Notfallplanung aus?
- Überprüfung der bestehenden Versicherungsverträge
- Welche Ziele und Wünsche haben Sie?

Zum **Muss gehört** also auf jeden Fall die **Risikoabsicherung** für Sie und Ihre Familie. Sie besteht aus folgenden Modulen:

- Risikolebensversicherung
- Haftpflichtversicherung
- Berufsunfähigkeitsversicherung
- Evtl. Krankenzusatzversicherung
- Barreserve: *Noch* ist der Euro unser Zahlungsmittel. Drei bis fünf Monatsgehälter »Notgroschen« sollten Sie deshalb in Ihrem Tresor oder auf einem Tagesgeldkonto liegen haben, damit Sie bei unerwarteten finanziellen Engpässen gleich reagieren können.

Erst wenn die Risikoabsicherung, die Barreserve und die Schuldentilgung gewährleistet sind, sollten Sie sich auf den Vermögensaufbau konzentrieren: Hier sind Ihre individuellen Ziele entscheidend, denn es gibt keine Pro-forma-Lösung.

13.4 SICHERHEIT STATT ZOCKEN

Sie haben es sicherlich bemerkt: Ich bin ein konservativ denkender Mensch und dementsprechend habe ich auch meine persönlichen Anlagen strukturiert. Mir liegt überhaupt nichts daran, schnelle Gewinne zu realisieren, die mit hohen Risiken verbunden sind. Was man schnell gewinnen kann, ist auch schnell verloren.

Wenn Sie zu denjenigen gehören, die »zocken« wollen, empfehle ich

Ihnen eine einfachere Art: Gehen Sie ins nächste Casino und setzen Sie alles auf Schwarz oder Rot. Ihre Chance beträgt dann immerhin 50 Prozent, dass Sie Ihren Einsatz verdoppeln. Natürlich ist die Wahrscheinlichkeit genauso hoch, Ihr Geld zu verlieren. Aber das ist jedenfalls transparenter und nicht so zeitraubend, als wenn Sie tagtäglich bei der Analyse der Börsenentwicklung tausend Tode sterben.

Nein, ich bin absolut kein Trader. Das ist gut für Menschen, die »Spielgeld« übrig haben und denen egal ist, ob sie es verlieren oder nicht. Wollen Sie aber eine mittel- bis langfristige und – so gut es geht – auch sichere finanzielle Krisenvorsorge betreiben, müssen Sie sich von dem »Zockergedanken« verabschieden.

Meiner Auffassung nach gehören in ein konservatives Krisenportfolio verschiedene Module, die ich nun im Einzelnen beschreiben werde.

13.5 KRISENMODUL 1: KONJUNKTURUNABHÄNGIGE AKTIEN

Allgemeines: Mit diesem Modul setze ich auf Aktien namhafter Großkonzerne, die sämtliche Krisen in den vergangenen Jahrzehnten gut überstanden haben und zudem weltweit agieren. Lokale Verwerfungen können so von anderen Marktregionen abgefangen werden. Das reduziert das Risiko.

Als Aktionär einer AG sind Sie zudem direkt an einem Unternehmen beteiligt. Das kann insbesondere in Inflationskrisen und bei einer Währungsreform Vermögen erhalten. Dazu später mehr.

Mit Aktien können Sie höhere Renditen erwirtschaften als mit einem Sparbuch, mit Tagesgeld oder einer Lebensversicherung. Doch Sie müssen auch bereit sein, bestimmte Risiken einzugehen, weil Kursschwankungen immer möglich sind. Dafür tragen die Dividenden dazu bei, dass Ihre Rendite steigt.

Tipp:

Wenn Sie am laufenden Gewinn beteiligt sein wollen, sind Dividendenaktien zu empfehlen. Gerade bei Dividendenpapieren ist die Flexibilität sehr hoch. Dadurch lassen sich Gefahren verringern. Guten Unternehmen gelingt es auch in Krisenzeiten, Dividenden auszuschütten. Derzeit sind die Dividendenzahlungen den Zinsen weit überlegen.

Gute Unternehmen schaffen echte Werte, die sich auch bei einer Währungsreform nicht in Luft auflösen. Das hat die Vergangenheit gezeigt.

Ich persönlich setze auf Aktien, die die Grundbedürfnisse der Menschen wie Essen und Trinken abdecken. »Mode-Aktien« wie *Facebook* oder *Apple* sind hingegen nichts für mich als konservativen Anleger, der auf Sicherheit und Krisenschutz Wert legt. Nach dem Crash werden die Unternehmen am ehesten wieder produzieren, die Nahrungsmittel und sonstige Güter des täglichen Bedarfs herstellen, die dann dringend gebraucht werden.

13.5.1 Aktie ist nicht Aktie!

Eine Aktie ist ein Sachwert, wenn sie einen Inflationsschutz besitzt. Doch ein Großteil der Aktien ist nicht in der Lage, Ihr Geld vor dem Crash zu schützen. **Ich** lege deshalb großen Wert auf **zusätzlichen** Krisenschutz. Aktiengesellschaften mit speziellen Merkmalen haben in der Vergangenheit schon wenige Jahre nach einem Absturz wieder »Vor-Crash-Kurse« erreicht oder sogar überschritten. Dafür müssen meiner Auffassung nach folgende Bedingungen erfüllt sein:

❶ Das Unternehmen muss inflationsbedingte Kosten schnell auf seine Kunden abwälzen können. Legen Sie bei der Auswahl von krisensicheren Aktien deshalb besonderen Wert auf »starke« Marken.

❷ Das Unternehmen sollte global aufgestellt sein. Das mindert regionale Krisensituationen, und Probleme in bestimmten Ländern können ausgeglichen werden, was das Risiko für Sie als Anleger minimiert.

3. Das Unternehmen sollte bereits geraume Zeit am Markt agieren, ein Geschäftsmodell vertreten, das sich schon lange bewährt und sich in den vergangenen Krisen ausgezeichnet hat.
4. Das Unternehmen sollte die Grundbedürfnisse des Menschen abdecken.
5. Das Unternehmen sollte eine breite Produktpalette anbieten.
6. Nur rund 40 Prozent des Cashflows sollten in das Unternehmen selbst investiert werden. Dadurch bleibt ein ausreichender Puffer für Dividendenausschüttungen und Rücklagen. Das ist besonders in Inflationsphasen wichtig, in denen die Kosten explodieren können.
7. Das Unternehmen sollte in der Vergangenheit *langfristig* Gewinne eingefahren haben.
8. Der Aktienkurs zeigt langfristig steigende Tendenzen.
9. Das Unternehmen sollte eine niedrige oder gar keine Verschuldung aufweisen.
10. Das Unternehmen sollte einen Eigenkapitalpuffer von mindestens 30 Prozent besitzen.
11. Das Unternehmen sollte unabhängig von Banken sein, das heißt so wenig wie möglich Fremdkapital (Kredite) benötigen.

Achtung!

Sehen Sie Sachwertaktien auch als **Langfristanlage** und als Vermögensschutz für die Zeiten **nach** dem Crash.

13.5.2 Aktien und Währungsreform

Natürlich möchte ich nicht verhehlen, dass bei einem Crash die Aktienkurse zunächst einbrechen werden. Viele Unternehmen, die die oben beschriebenen »Krisenschutzmerkmale« nicht aufweisen, werden diesen Schock nicht überleben.

Von der vergangenen Währungsreform 1948 haben wir jedoch wichtige Erkenntnisse, wie sich eine *neue* Währungsumstellung auf die Aktien auswirken könnte.

Als die Frankfurter Börse am 14. Juli 1948, also rund vier Wochen nach der Währungsreform, den Handel wieder aufnahm, führte die allgemeine Verunsicherung zunächst zu starken Kursverlusten. Im Durchschnitt fielen die Kurse der 30 größten deutschen Aktiengesellschaften um knapp 83 Prozent.

Das bedeutete: Der Sparer hatte bei der Währungsumstellung für seine ehemals 100 Reichsmark nur 6,50 D-Mark erhalten. Die 100-Reichsmark-Aktie war aber immerhin noch 17 D-Mark wert.

Hintergrund:
Aktionäre hatten – trotz Währungsreform – also doppelt so viel in der Tasche wie der klassische Sparer.

Durchhaltevermögen zahlte sich aus. Denn nur ein Jahr nach der Währungsreform legten die 30 größten deutschen Aktiengesellschaften im Durchschnitt und inflationsbereinigt eine Rallye von 169,1 Prozent hin. 1954 erreichte der DAX 30 wieder den Wert vor der Währungsreform. Wer vor dem 20. Juni 1948 in Aktien investierte, erzielte bis 1963 sogar eine nominelle Jahresrendite von 10,7 Prozent.

Hintergrund:
Mit Aktien aus Deutschland konnten Anleger den Realwert ihres Einsatzes bewahren.

Mit ausländischen Aktien sah das noch besser aus. Der offizielle Umrechnungskurs für einen US-Dollar wurde am 21. Juni 1948 auf 3,30 D-Mark fixiert. Der Schwarzmarktkurs betrug allerdings über zehn D-Mark pro US-Dollar. Der Auslandsanleger verbuchte also neben seinen Börsen- zusätzlich auch noch Währungsgewinne. Doch auch hier war Geduld angesagt. Der *Dow-Jones-Industrial*-Indexstand brauchte bis 1954, um sich zu verdoppeln.[534]

Tipp:
Die Währungsreform von 1948 hat gezeigt, dass der Kauf deutscher Aktien und die in Fremdwährungen dotierten Auslandsaktien eine werterhaltende Wirkung für das Vermögen der Aktionäre hatte. Halten Sie deshalb einen Mix aus krisenresistenten deutschen und ausländischen Unternehmensaktien in Ihrem Depot.

Sachwertaktien, die oben aufgeführte Merkmale erfüllen, sind ein wichtiges Standbein meiner Krisenschutzstrategie. Deshalb gewichte ich sie auch mit 30 Prozent in meinem Portfolio.

13.6 KRISENMODUL 2: EDELMETALLE

Allgemeines: Wenn Sie auf einen Staatsbankrott und eine darauf folgende Währungsreform vorbereitet sein wollen, ist das Krisenmodul »Edelmetalle« alternativlos. Gold und Silber sind *die* ultimative Waffe gegen Inflations- und Währungskrisen. Die beiden Edelmetalle haben sich seit Jahrtausenden als Vermögenssicherungsinstrumente und Krisenabsicherung bewährt. Das wird sich auch in Zukunft nicht ändern.

Nach wie vor ist Gold in Deutschland ein offizielles Zahlungsmittel. Aus diesem Grund ist es auch von der Mehrwertsteuer befreit.

13.6.1 Gold ist Gold

Raten Sie mal, welche der rund 160 aktuellen Währungen schon am längsten verwendet wird? Richtig: Gold. Seit Jahrtausenden ist Gold das wertstabilste Edelmetall und genießt hohe Anerkennung. Menschen verschiedenster Kulturen und aller Epochen haben ihm vertraut. Das hat sich bis heute nicht geändert.

Seit dem 3. Jahrtausend vor Christus diente das gelbe Edelmetall im Alten Orient, in Ägypten, im antiken Griechenland und in Afrika als Zahlungs-, Tausch- und Wertaufbewahrungsmittel.

Die erste Goldwährung wurde bereits 500 v. Chr. vom byzantinischen Kaiser Konstantin I. eingeführt. Er nannte sie »Solidus«. Die Währung überstand 800 Jahre. Im Vergleich dazu: Den Euro gibt es als Bargeld gerade mal seit elf Jahren und er steht schon vor dem Aus.

Im Jahr 1717 wurde der Goldpreis zum ersten Mal fixiert, und zwar von keinem Geringeren als dem berühmten Physiker und Astronomen Isaac Newton. Der berühmte Naturforscher fungierte damals noch als Vorsteher des Münzamtes in Großbritannien.

Hintergrund:
Einer der größten Vorteile von Gold: Keine Zentralbank und keine Regierung kann Gold einfach so »nachdrucken« und dadurch immer mehr entwerten. Im Gegenteil sogar: Das Edelmetall wird immer seltener. Denn die Goldvorkommen sind endlich. Der durchschnittliche Anteil an Gold in der Erdkruste beträgt nur etwa vier Gramm pro 1000 Tonnen Gestein. Nach Schätzungen wurden in der gesamten Menschheitsgeschichte bis heute um die 166 600 Tonnen Gold gefördert. Rund ein Drittel davon seit 1950.

Aus 59 Prozent des abgebauten Goldes wird Schmuck hergestellt und zwölf Prozent werden industriell genutzt. Nur neun Prozent kommen als Münzen und Barren in Umlauf.

Weltweit schlummern noch etwa 51 000 Tonnen Gold in der Erde. Pro Jahr werden 2500 Tonnen gefördert. Vorausgesetzt, man findet keine neuen Vorkommen, sind die Ressourcen also in 20 Jahren aufgebraucht.[536]

Während der Krisen in der Vergangenheit war die Nachfrage nach Gold schon sehr groß. Zwar schwankte der Preis im Laufe der Geschichte ganz erheblich, doch seit mehr als 5000 Jahren gewinnt Gold an Wert. Auch wenn es gelegentliche Rücksetzer gab und gibt.

Tipp:
Der Goldpreis pro Unze notierte im Jahr 1950 bei 34 US-Dollar. Heute sind es etwa 1300 US-Dollar. Eine Unze ist heute also rund 38 **Mal so viel wert!**

Manche Kritiker betonen wieder, dass es auf Gold keine Zinsen gibt. Das ist zweifellos richtig. Doch aufgrund der Knappheit, die ich oben schon angesprochen habe, der akuten Verschuldungskrisen und der daraus resultierenden steigenden Nachfrage gehe ich mittelfristig von einer Wertsteigerung aus. Gold wird Sie sicher durch die kommenden Krisen bringen.

Achtung!
Bei Gold kann es zum Teil starke Wertschwankungen geben. So wie im Frühjahr/Sommer 2013. Aber sehen Sie das Edelmetall *nicht* als kurzfristiges Renditeobjekt an, sondern als *langfristige* Krisenabsicherung.

Gängige Goldmünzen sind:

- Krügerrand (Südafrika)
- Wiener Philharmoniker (Österreich)
- Maple Leaf (Kanada)
- American Eagle (USA)
- American Buffalo (USA)
- Britannia (Großbritannien)
- Panda (China)
- Libertad (Mexiko)

Achtung!
Ich halte nicht viel von so genannten »Goldzertifikaten«. Das ist etwa so, als würden Sie auf einem untergehenden Schiff einen Be-

rechtigungsschein für einen Rettungsring erhalten anstatt den Rettungsring selbst. Physisches Gold hingegen ist eine verlässliche Währung in guten und in schlechten Zeiten.

13.6.2 Gold als Altersvorsorge?

Wie ich im Kapitel → 9.3 »Der Wohlfahrtsstaat vor dem Kollaps« bereits begründet habe, ist Ihre herkömmliche Altersvorsorge in Gefahr. Die staatliche Rente schrumpft immer mehr und die privaten Absicherungen sind unrentabel, ja sogar ein Minusgeschäft.

Immer mehr Menschen fragen sich demnach zu Recht: Ist Gold eine Alternative für die Altersvorsorge? Im Zusammenhang mit dem Ruhestand ist es aber vor allem wichtig, ob die Altersvorsorge Verlustrisiken trägt und wie ihre Wertentwicklung ist.

Die Entwicklung des Goldpreises je Feinunze (in US-Dollar):

1970:	37,60
1980:	599,50
1990:	396,20
1995:	388,10
2000:	273,60
2005:	519,50
2006:	638,00
2007:	837,90
2008:	880,20
2009:	1097,20
2010:	1421,60
2011:	1566,15
2012:	1675,85

Tipp:
Gold dient der Inflationsabsicherung, ist wertstabil, nach einer Haltedauer von einem Jahr abgeltungssteuerfrei und beim Kauf fällt keine Mehrwertsteuer an.

Die staatliche Rente hingegen wird immer weiter zusammengestrichen und durch das Umlageverfahren entsteht keinerlei Rendite. Der Beitragssatz ist in den letzten 60 Jahren um 100 Prozent gestiegen. Zudem erhöht sich der steuerpflichtige Rentenanteil von 80 Prozent im Jahr 2020 auf 100 Prozent im Jahr 2040. Ab diesem Zeitpunkt ist die Rente als »Sonstige Einkünfte« voll zu versteuern. Zusätzlich mindert die Inflation die Kaufkraft.

Hintergrund:
Beispielrechnung einer Durchschnittsrente im Vergleich zur Goldanlage[537]

Rente: Ein kinderloser Durchschnittsverdiener zahlte seit 1982 im Mittel rund 92 000 Euro an Beiträgen (nur Arbeitnehmeranteil) in die gesetzliche Rentenversicherung ein. Daraus ergibt sich nach derzeitigem Stand und inflationsbereinigt (bei 2,8 Prozent Verzinsung, dem Durchschnitt der letzten 50 Jahre) und nach den Besteuerungsgrundsätzen von 2012 eine monatliche Rente von 958 Euro.[538]

Gold: Der Durchschnittspreis einer Feinunze Gold beträgt seit 1982 exakt 412 Euro. Mit den 92 000 Euro, die der Versicherte an die Rentenkasse zahlen musste, hätte ein Anleger in der Zeit also rund 223 Unzen Gold zum Durchschnittspreis kaufen können.

Ergebnis: Den gegenwärtigen Unzenpreis von rund 1000 Euro zugrunde gelegt, entsprächen 223 Unzen Gold einem Wert von über 223 000 Euro (steuerfrei), mit dem der Anleger bei 958 Euro Monatsbedarf (siehe Rente oben) rund 19,5 Jahre lang leben könnte (wenn der Goldpreis so niedrig bliebe). Die durchschnittliche Rentenbezugsdauer liegt laut Statistiken der Deutschen Rentenversicherung Bund (DRV) in Berlin aber nur bei rund 18,5 Jahren.

Das bedeutet, dass der Goldbesitzer bei gleicher Bezugsdauer statt 958 Euro im Monat rund **1000 Euro** zur Verfügung hätte – und das sogar bei dem gegenwärtig niedrigen Goldpreis!

Für mich steht fest, dass Lebens- und Rentenversicherungen und die Riesterrente aufgrund hoher Kapitalanlagerisiken, der Inflation und der Besteuerung für die Altersvorsorge ungeeignet sind.

Tipp:
Ich empfehle Ihnen aber nicht, *nur* in Gold zu investieren. Ihr Depot sollte ausgewogen sein. Eine Diversifizierung, also Verteilung der Anlagegelder auf verschiedene Anlageklassen, ist grundsätzlich sinnvoll, da dadurch Wertschwankungen reduziert werden können.

Übrigens wird Gold in den USA und Großbritannien schon seit längerer Zeit für die Altersvorsorge eingesetzt. Erwerbstätige können physisches Gold sogar im Rahmen der staatlich geförderten Altersvorsorge als Anlageinstrument nutzen.[539]

13.6.3 Silber, das Gold des kleinen Mannes

Gold gilt als Krisen- und Vermögensschutz. Aber nicht jeder kann sich das gelbe Edelmetall leisten. Eine Alternative für den kleinen Geldbeutel ist Silber. Ähnlich wie Gold wurde Silber schon 5000 Jahre vor Christus zu Schmuck verarbeitet und diente in vielen frühen Gesellschaften als Zahlungsmittel.

Hintergrund:
Die weltweiten Silbervorkommen werden 15 bis 20 Mal höher geschätzt als die von Gold. Die Fördermenge beträgt ca. das Achtfache.

Für eingefleischte »Silberfans« ist das ideale Edelmetall jenes, das über die Vermögenssicherung hinaus eine steigende realwirtschaftliche Bedeutung hat. Auf Silber trifft dies zu, denn die Industrie braucht immer mehr davon – und zwar für folgende Zukunftstechnologien:

- Silberbasierte Leitpasten in RFID-Transpondern
- Nano-Silber in antibakteriellen Anwendungen
- Silber-Zink-Akkumulatoren in mobiler Informations- und Kommunikationstechnologie
- Silber-Katalysatoren in alkalihaltigen Brennstoffzellen
- Bei OLED-Displays, Farbstoffzellen und solarthermischen Kraftwerken

Hintergrund:
Die Bedeutung des Silbers wird in der Realwirtschaft weiter zunehmen, die Ressourcen sind aber in knapp 30 Jahren völlig aufgebraucht.

Einen Teil Ihres liquiden Vermögens in Silber zu investieren ist deshalb kein Fehler.

Gängige Silbermünzen sind:

- Wiener Philharmoniker (Österreich)
- Maple Leaf (Kanada)
- American Eagle (USA)
- Britannia (Großbritannien)
- Kookaburra (Australien)
- Panda (China)
- Libertad (Mexiko)

In den USA existierte im 19. Jahrhundert ein Währungssystem, das durch Gold und Silber gedeckt war. Die Preise beider Edelmetalle entwickelten sich bis dahin parallel zueinander. Silber büßte aber seine

Bedeutung ein, als der Übergang zur reinen Golddeckung vollzogen wurde. Sein absoluter und relativer Wert sanken.

Die Entwicklung des Silberpreises je Feinunze (in US-Dollar):

1902:	0,47
1919:	1,38
1932:	0,24
2001:	4,04
2002:	4,87
2003:	6,66
2004:	7,30
2005:	11,54
2006:	14,69
2007:	14,99
2008:	20,82
2009:	20,08
2010:	23,25
2011:	26,52
2012:	31,15
Allzeithoch:	50,00 (am 18. Januar 1980)

Silber spielt (leider) bei den Vermögensanlagen der Deutschen fast keine Rolle. Das Silberinvestment wird sich allerdings in Zukunft deutlich steigern.

Tipp:

Der Silbermarkt ist ebenfalls starken Schwankungen unterworfen. Sie als Anleger dürfen das Investment daher nicht als kurzfristiges Renditeobjekt sehen, sondern als operativen Schutz.

Silber, »das Gold des kleinen Mannes«, eignet sich hervorragend als Krisenwährung, weil Sie bei einer Währungsreform noch Güter des alltäglichen Lebens besorgen können.[540]

Auch wenn die Bundesregierung im Juni 2013 die Erhöhung der Mehrwertsteuer für Silbermünzen ab 1. Januar 2014 von sieben auf 19 Prozent beschlossen hat, sollte Sie das nicht von Silberinvestments abhalten. Es geht nämlich nicht um Rendite, sondern um ein Krisenzahlungsmittel, das im Ernstfall garantiert aufwerten wird.

13.6.4 Gold oder Silber?

Wer aber bietet den »besseren« Krisenschutz – Gold oder Silber?

Der große Unterschied zwischen den beiden Edelmetallen besteht in der unterschiedlichen Werthaltigkeit. Bis heute versuchen Fachleute, einen »fairen« Preis für Silber festzulegen. Dies geschieht meist über einen Vergleich mit historischen Preisrelationen. Bei einem Verhältnis von 1:50 würde man also für eine Feinunze Gold 50 Feinunzen Silber erhalten.

Im Durchschnitt der letzten Jahrhunderte lag dieses **Preis**-Verhältnis zwischen 1:10 und 1:20. **Gegenwärtig notiert Silber zu Gold in einem Verhältnis von rund 1:64. Der Wert einer Feinunze Gold entspricht also dem von 64 Feinunzen Silber.**

Wie Sie sehen, ist der Preis des Silbers **enorm unterbewertet,** denn das Verhältnis des **natürlichen Vorkommens** liegt bei **1:17,5.**

Das heißt für Sie: Der Silberpreis hat noch viel Luft nach oben!

Tipp:

Eine *differenzierte* Edelmetallstreuung ist in diesem krisenhaften Umfeld sicherlich von Vorteil. Setzen Sie in Ihrem Portfolio deshalb den Edelmetallanteil nicht nur auf Gold und nicht nur auf Silber, sondern nehmen Sie beide Anlagen hinein.

Wie eine strukturierte Edelmetallanlage aussehen kann, hängt natürlich von den individuellen Gegebenheiten ab. Ich empfehle Ihnen einen Edelmetallanteil von 20 Prozent in Ihrem Portfolio. Ob Sie dabei Gold mehr gewichten als Silber, hängt von Ihren individuellen Zielen ab.

Silbermünzen sind bei Währungskrisen als Zahlungsmittel flexibler einsetzbar, da man sie auch für kleinere Käufe verwenden kann. Denn stellen Sie sich vor, Sie wollen nach dem Zusammenbruch der Papierwährung ein Stück Fleisch beim Metzger kaufen. Sie bezahlen mit einer Goldmünze im Wert von dann vielleicht 1200 oder 1300 Euro. Wie soll der Metzger Ihnen herausgeben?

Tipp:
Ich bevorzuge Eine-Unze-Silbermünzen als Krisenwährung und Eine-Unze-Goldmünzen als Krisenschutz. Auch für Käufer mit kleinem Portemonnaie sind Edelmetalle erschwinglich. Pro Woche können Sie beispielsweise eine Unze Silber kaufen, um sich im Verlauf der Zeit so ein kleines Sicherheitspolster zu schaffen. Sie können Ihre Rücklagen dann nach und nach mit den viel teureren Goldmünzen aufstocken.

Edelmetalle sind nach wie vor attraktiv. Gold und Silber eignen sich demnach gleichermaßen, um sich gut gegen eine Inflation oder eine Währungsreform abzusichern. Obwohl der Goldpreis von steigenden Systemrisiken besser profitiert als Silber und weithin als »sicherer Hafen« gilt, sind Silbermünzen als »Gold des kleinen Mannes« in Krisenzeiten in der Praxis wohl eher als Ersatzwährung geeignet.[541]

13.6.5 Edelmetalle und Währungsreform

Wie schon im Kapitel ➔ 10 »Vorsicht Währungsreform!« beschrieben, wird die Euro-Abwertung den Großteil Ihrer »Papier«-Ersparnisse vernichten.

Umso wichtiger ist es, dass Sie sich rechtzeitig Edelmetalle wie Gold und Silber kaufen. Diese stellen Werte dar, die man nicht mit einem Federstrich für wertlos erklären kann. Und vor allem: Sie können sie auch in Krisenzeiten zu »Geld« machen. Mit einer Unze Silber können Sie einkaufen, damit Sie etwas zu essen haben.

Die Edelmetalle werden vor der Währungsreform, in der Übergangszeit und auch danach eine wichtige Rolle spielen. Ob auf dem Schwarzmarkt oder als Tauschmittel: Die Münzen werden begehrter als je zuvor. Meiner Auffassung nach werden die Edelmetallkurse raketenhaft steigen, weil das Vertrauen in die Papierwährungen endgültig verloren gegangen ist. Auch bei jenen, die bisher daran geglaubt haben. Sie werden das meiste verloren haben. Immer mehr Menschen werden deshalb in Inflations- und Währungsreform-resistente Edelmetalle investieren. Der Preis wird also steigen. Gold und Silber hätten dann mindestens den zehn- bis 20-fachen Wert von heute. Sechs Unzen Silber könnten sogar einem Monatslohn von rund 2000 Euro entsprechen.

Hintergrund:
Wie die Geschichte sich wiederholt: Um 1760 verdiente ein französischer Arbeiter eine Livre am Tag, was 4,5 Gramm Silber entsprach. Bei damals sechs Arbeitstagen ergab das in einer Woche 27 Gramm Silber, in einem Monat also rund vier Unzen.[542]

Die Erfahrungen mit Papiergeld werden dann den Nahezu-Totalverlust Ihrer Ersparnisse bewirkt haben. Das wird Sie ganz sicher dazu bewegen, wenigstens teilweise in Inflations- und Währungsreform-resistente Edelmetalle zu investieren. Gehören Sie daher schon heute zu der kleinen Gruppe der Edelmetallbesitzer und nicht zur überwiegenden Mehrheit der »Habenichtse«. Denn nur 0,2 Prozent aller Privatanleger, die weltweit Papiergeldvermögen besitzen, legen auch in Edelmetalle an.[543]

Gold und Silber werden auf jeden Fall eine bestimmte Zeit lang parallel zur DM-2, die wahrscheinlich nicht goldgedeckt sein wird, als Ersatzwährung fungieren. Silbermünzen dienen dabei als »operatives« Zahlungsmittel, mit dem sich Einkäufe und Geschäfte abwickeln lassen.

13.6.6 Warum ich *nicht* an ein Goldbesitzverbot glaube

Beschränkungen und sogar Verbote des privaten Gold- und Silberbesitzes gab es schon immer: Von der klassischen Antike über die mittelalterlich-feudale Gesellschaft bis hin zu den sozialistischen Staaten und Entwicklungsländern der Neuzeit. Es gab sie in totalitären Diktaturen und auch in demokratischen Ländern. Die Regierenden wollten sich dadurch das Goldvermögen ihrer Untertanen aneignen und diese erhielten als Ausgleich ungedecktes Papiergeld.

Achtung!

Theoretisch ist ein Goldbesitzverbot auch in Deutschland möglich. Unser Grundgesetz garantiert nach Artikel 14 das Eigentum und damit auch den freien Goldbesitz. Absatz 3 des Artikels schränkt jedoch ein, dass Enteignungen »zum Wohl der Allgemeinheit« zulässig sind.[544]

Goldbesitz heutzutage zu verbieten oder Gold gar zu beschlagnahmen ist nur sehr schwer durchführbar. Wie soll der deutsche Staat 40,4 Millionen Haushalte und 82 Millionen Menschen nach Gold und Silber »durchsuchen«?

Meiner Überzeugung nach gibt es einen leichteren und sehr viel weniger aufwendigen Weg: ein Gold*handels*verbot. Rund 200 Münzhändler sind besser zu kontrollieren als ein Millionenvolk.

Das wären die Folgen:

- Was die Menschen brauchen und wollen, besorgen sie sich auf dem Schwarzmarkt.
- Der Wert von Gold und Silber schießt durch die Decke, egal wie hoch der offizielle Kurs ist.
- Die Edelmetalle werden hochpreisige Tauschobjekte sein.
- Händlerringe und Untergrundorganisationen entstehen, die begehrte Waren gegen Gold verkaufen.

- Goldschmuck würde unglaublich teuer. Der Beruf des Goldschmieds und Juweliers oder Zahnarztes wäre sehr gefragt, denn sie kommen leichter und preiswerter an Gold heran.

Gold und Silber sind die einzigen mobilen, weltweit akzeptierten, immer liquiden Formen eines Vermögens. Sie können niemals bankrottgehen, tragen kein Kreditausfallrisiko und verrotten nicht. Aufgrund ihrer Wertdichte können größere Vermögenswerte auf kleinstem Raum untergebracht und transportiert werden.

☒ **Hintergrund:**

Vergessen Sie nicht: Die Kaufkraft von Edelmetallen schwankt in extremen Zeiten. Dann aber häufig nach oben. Schon im Alten Ägypten konnte man für eine Unze Gold 400 Laibe Brot eintauschen. Das ist heute nicht viel anders. Im antiken Griechenland kostete eine gute »Herrenausstattung« etwa eine halbe Unze Gold. Auch das ist heute noch so.

Gold gehört also zu den wenigen Dingen, die – egal, was kommt – unverändert Bestand und Wert haben.

☑ **Tipp:**

Deponieren Sie »Ihr« Gold nicht bei einer Bank. Ein Zugriff auf Bankschließfächer kann im Notfall schnell und effektiv erfolgen.

Bewahren Sie Ihre Unzen zu Hause auf. In einem geheimen Tresor oder in irgendeinem anderen Versteck. Sie können das Gold beispielsweise vergraben oder im Notfall auch einschmelzen. Oder Ringe, Türknäufe und Klinken, die wie Dekorationsgegenstände aus Messing aussehen, daraus gießen. Es gibt viele Möglichkeiten, Gold vor dem Zugriff eines gierigen Staates zu »verstecken«. Seien Sie kreativ!

Edelmetalle haben den unschätzbaren Vorteil, vor den gierigen Augen des räuberischen Staates verborgen zu bleiben. Anonym gekauft (bis 14 999 Euro), bewahrt man sie an einem sicheren Ort, bis ein neuer Anfang gewagt werden kann.

Tipp:
Lassen Sie sich vom Auf und Ab der Preise nicht beirren. Wenn Sie verstanden haben, warum Sie einen Teil Ihres Vermögens in Edelmetalle sichern müssen, dann sollten Sie die Euro-Zahlen pro Unze genauso wenig interessieren wie die Anzahl an Kauri-Muscheln, die Sie dafür bekämen. Denn der Sinn ist, Ihr Vermögen vor Inflation, Zwangsabgaben, Enteignung, Steuern und Bankenschließung zu retten.

Eine Investition in Edelmetalle ist auf jeden Fall sinnvoll, denn die Vergangenheit zeigt klipp und klar: Währungen kamen und gingen. Gold und Silber aber blieben.

13.7 KRISENMODUL 3: ANLEIHEN

Allgemeines: Mit Nicht-Euro-Anleihen sichern Sie Ihr Vermögen vor dem Crash der europäischen Gemeinschaftswährung. Wie wahrscheinlich das ist, sollte nach dem Lesen dieses Buches klar geworden sein.

Achtung!
Auch hier gilt: Anleihe ist nicht gleich Anleihe. Setzen Sie vor allem auf Papiere in **Nicht-Euro-Währungen.** Aber auch Anleihen in US-Dollar und Yen halte ich für **nicht** sicher! Der reale handelsgewichtete Wert des US-Dollar liegt 25 Prozent unter dem Wert von vor zehn Jahren.[545] In Japan wie in den USA werden die

Märkte mit immer mehr Geld geflutet. Beide Währungen werden immer mehr abwerten. Vorsicht also auch hier!

Früher galten EU-Staatsanleihen als risikolose Anlage. Doch aufgrund der Euro-Schuldenkrise sind Entwertungen und weitere Schuldenschnitte möglich. Euro-Staatsanleihen sind für mich deshalb risikoreicher als manche Derivate. Und dennoch müssen Sie bis heute nicht mit Eigenkapital unterlegt werden.

Ich verhehle nicht: Mit Staatsanleihen können Sie keine großen Gewinne machen. Sie dienen dem Kapitalerhalt. Meiden Sie jedoch Euro-Anleihen!

13.7.1 Norwegische-Kronen-Anleihen

Es gibt gute Gründe für diese Anleihen. Denn Norwegen »schwimmt« seit der Erschließung der Öl- und Gasfelder in den 1970er-Jahren im Geld. Dadurch ist das Land in einer viel besseren Position als andere europäische Länder und auch als Deutschland.

Die norwegische Regierung hat mit einer klugen Politik in guten Zeiten Reserven angehäuft. Das Land erwirtschaftet zudem regelmäßig EU-weit die höchsten Haushaltsüberschüsse und legt das Geld clever an. Der Rohstoffreichtum zahlt sich also aus. Mittlerweile gehört es zu den vermögendsten Ländern der Welt[547] mit einem erstklassigen »AAA«-Rating. Das Konjunkturplus des Landes soll bis Ende 2013 bei 2,5 Prozent liegen, die Staatsverschuldung unter einem Drittel der Wirtschaftsleistung stagnieren und die Inflation bei rund einem Prozent bleiben.

Bereits im Mai 2012 hat Norwegens Staatsfonds seine gesamten irischen und portugiesischen Staatsanleihen verkauft. Das zeigt, mit welcher Weitsicht die Verantwortlichen agieren.[548]

Norwegische Anleihen sind beliebt und gelten wohl mit Fug und Recht noch als die am besten unterlegten Bonds.[549] Der aus den Ölexporten gespeiste Reichtum schottet das Land vor den Auswirkungen der Staatsschuldenkrise in der Euro-Zone weitgehend ab. Die Nachfrage nach Norwegen-Papieren wird deshalb weiter zunehmen.

13.7.2 Schweizer-Franken-Anleihen

Mit den Schweizer-Franken-Anleihen können Sie sich ebenfalls vor der Euro-Abwertung schützen. Ein weiterer Vorteil ist die Sicherheit, dass in der Schweiz nicht mit einem Staatsbankrott zu rechnen ist – und das trotz des großen Bankensektors.

Weil Sie mit diesen Anleihen Anlagerenditen in Schweizer Franken erwirtschaften, umgehen Sie das Euro-Risiko. Bei einem Euro-Crash wird die Schweizer Währung zudem aufwerten.

13.7.3 Australischer-Dollar-Anleihen

Eine Streuung Ihres Vermögens in verschiedene Währungen ist angesichts der nicht enden wollenden Schuldenkrise äußerst sinnvoll.

Weitere Nicht-Euro-Anleihen, die Sie gegen das Euro-Risiko absichern können, sind Anleihen in Australischen Dollar. »Down Under« verfügt noch über Rohstoffreserven für Hunderte von Jahren. Lassen Sie sich also von Schwankungen des Australischen Dollar nicht irritieren. Im Gegenteil: Das bietet Ihnen eine gute Gelegenheit, Ihr Anleihenportfolio auszubauen.

Auch die Wahl von in Australischen Dollar notierenden Anleihen beruht auf dem Rohstoffreichtum des Kontinents und der geografischen Nähe zu Indien und China. Denn beide »Boom-Nationen« sind wichtige Handelspartner geworden und werden die australische Wirtschaft auch künftig weiter ankurbeln.

Immer mehr Länder vertrauen dem »Aussie-Dollar«. Nach Angaben der *Reserve Bank of Australia* (RBA) halten ausländische Notenbanken rund 60 Milliarden AUD als Reserve.

13.7.4 Neuseeland-Dollar-Anleihen

Der Pazifikstaat gehört zu den stabilsten und reichsten Ländern der Region. Die wirtschaftlichen Parameter sprechen eindeutig für die Insel: Das BIP-Wachstum ist überdurchschnittlich und die Verschuldung ist niedrig. Mit Anleihen in Neuseeland-Dollar mindern Sie zusätzlich das Risiko eines Euro-Crashs und streuen Ihr Risiko. Sie sind ein zusätzlicher Vorsorge- und Krisenbaustein.

Tipp:
Obwohl mit Anleihen keine hohen Renditen zu erzielen sind, sorgen sie für einen stabilen Werterhalt Ihres Vermögens. Gerade jetzt, wo die Euro-Krise immer schlimmer wird, zeigt es sich, dass Vermögenserhalt durch den Einsatz von Fremdwährungen enorm wichtig ist.

Die Gewichtung dieses Moduls sollte 15 Prozent betragen. Wie Sie die Anleihen in verschiedenen Währungen aufteilen, kommt auf Ihre individuellen Ziele und Wünsche an.[550]

13.8 KRISENMODUL 4: IMMOBILIENINVESTMENTS

Der Kauf von Immobilien ist in Deutschland als Krisenvorsorge sehr beliebt. Das Immobilienvermögen liegt derzeit bei rund fünf Billionen Euro.[551] »Sicherheit und Inflationsschutz« ist die Devise in diesen Tagen. Deshalb empfehle auch ich Ihnen, Immobilieninvestments zu tätigen. Sie sind neben Edelmetallen und Aktien ein weiterer Sicherheitsanker in meinem Krisenmodulkonzept.

Eine eigene Immobilie ist ein guter Inflations- und Krisenschutz. Ist sie noch schuldenbelastet, sollten Sie mit Ihrem Kreditinstitut auf jeden Fall die Möglichkeit zu Sondertilgungen vereinbaren. Wenn Sie noch längerfristige Schulden haben, können Sie mit einem Teilverkauf Ihrer Edelmetalle – wenn deren Kurse aufgrund der Währungsreform explodiert sind – einen Teil oder gar die ganzen Verbindlichkeiten inklusive etwaiger Strafzinsen ablösen. Eine weitere Möglichkeit im Crashfall: Treten Sie einen Teil Ihrer Aktien an die Bank ab. Im Gegenzug soll diese die Grundschuld zur Löschung freigeben.

Wollen Sie das Schuldenrisiko umgehen und trotzdem in Immobilien investieren, können Sie einen Teil Ihres Vermögens stattdessen in Immobilienaktien und REITs (s. u.) anlegen. Hier können Sie schon mit kleinen Beträgen am Unternehmenswachstum teilnehmen. Das schützt Ihre Ersparnisse ebenfalls vor der Inflation und dem drohenden Euro-Crash, denn Immobilieninvestments sind der Inflation langfristig weit weniger ausgesetzt als Geldwerte.[552]

Achtung!

Die größte Gefahr für private Vermögen sind negative Realzinsen. Das sind Zinsen, die unter der Inflationsrate liegen. In der Euro-Zone betragen sie bereits *minus* 2,4 Prozent.

Den besten Werterhalt erzielen Sie mit Aktien (siehe → 13.5 »Krisenmodul 1: Konjunkturunabhängige Aktien«) und mit Immobilieninvestments. Diese sind inflationsresistent und liefern zuverlässige Ertragsströme, wenn die Objektauswahl stimmt. Neben dem Werterhaltungsgedanken ist auch eine attraktive Rendite möglich.

Mit einer Investition in Immobilienaktien haben Sie gleich mehrere Vorteile: Profis suchen nach attraktiven Lagen und übernehmen die Verwaltung für Sie. Zudem erhalten Sie noch hohe Dividendenzahlungen. Die Anteile sind jederzeit verkäuflich und schützen vor Inflation.[553]

2012 hatten Immobilienaktien in Deutschland einen sehr guten Lauf. Treibender Faktor war die Rückbesinnung auf inflationsgeschützte Sachwerte wie »Betongold« aufgrund der Euro-Krise.[554]

Neben den »normalen« Immobilienaktien gibt es auch noch REITs *(Real Estate Investment Trust)*. Das sind Immobilien-Aktiengesellschaften mit börsennotierten Anteilen. Sie investieren häufig in Gewerbeparks, Büroimmobilien oder Einkaufszentren.

Damit ein Unternehmen in Deutschland die Bezeichnung »REIT« tragen darf, muss es sich verpflichten, mindestens 90 Prozent der Gewinne an die Anteilseigner abzuführen. Im Gegenzug erlangt der REIT Steuerfreiheit. Und genau das ist auch der Unterschied zur Immobilienaktie. Durch die strikten Zulassungsbedingungen gibt es in

Deutschland aber nur wenige REITs. Wenn Sie jedoch Wert auf hohe Dividenden legen, sind Sie mit REITs an der richtigen Adresse. Häufig liegen die jährlichen Ausschüttungen über fünf Prozent, was Kursschwankungen ausgleichen kann. REITs sind ebenfalls börsentäglich zu handeln.[555]

Hintergrund:

Eine Immobilienblase ist nicht in Sicht. Zwar sind die Preise im Jahr 2012 um durchschnittlich sechs Prozent gestiegen, aber trotzdem liegen sie noch auf dem Niveau von 1995. Der Anstieg der Wohnungsmieten und -preise wird sich auch bis zum Ende dieses Jahres fortsetzen. Doch die Steigerungen werden moderat ausfallen. Der Grund für die Verteuerung ist der deutliche Anstieg der Haushaltszahl. Als Folge von Haushaltsverkleinerungen und Zuwanderungen ist diese seit 2005 um 1,2 Millionen gestiegen. Der Neubau konnte damit nicht Schritt halten, sodass sich das Angebot verknappte. Logische Folgerung: Preissteigerungen. Die Menschen wollen zudem zurück in die Stadt, weswegen die Preise dort auch weiter steigen werden. Der Aufschwung ist zudem nicht kreditfinanziert, was ebenfalls gegen eine Blase spricht.[556]

Blasen entstehen normalerweise durch billige Kredite. Die sind zwar günstig, aber ihr Volumen stieg von 2003 bis 2012 nur um sieben Prozent. In den Immobiliencrash-Ländern wie Spanien und Irland kletterte es in derselben Zeit um 150 Prozent.[557]

Vergessen Sie nicht: Nach dem Crash kommt es fast immer zu einem wirtschaftlichen Aufschwung und folglich zu einer steigenden Nachfrage. Mit den richtigen Immobilieninvestments können Sie deshalb nichts falsch machen.

Hintergrund:

Immobilien bieten Inflationsschutz. Studien haben ergeben, dass die Mieten von Wohnungen sowie die Kaufpreise von Immobilien in Toplagen im Schnitt schneller steigen als die Inflation. Auch Büromieten an Topstandorten liegen über der Inflationsrate. Wenn das allgemeine Preisniveau steigt, können Sie sicher sein, dass auch dort der Preis mit gestiegen ist.[558]

Gute Immobilienfonds nehmen eine möglichst breite Risikostreuung nach Standort, Nutzungsart, Mieterstruktur und Größenklasse der Objekte vor. So werden mögliche Marktrisiken minimiert. Investiert wird ausschließlich in renditestarke, gewerbliche Immobilien an wirtschaftsstarken Standorten Europas und der Welt. Wer bereits mit kleinen Beträgen in Immobilien investieren will, auf eine breite Streuung seiner Immobilienanlage Wert legt und keine Zeit hat, sich selbst ausführlich um alle wichtigen Details zu kümmern, der sollte indirekt in Immobilien investieren.

Achtung!

Wichtig bei Ihrer Entscheidung, Immobilieninvestments zu tätigen, ist, dass das Unternehmen ein diversifiziertes Immobilienportfolio anbieten kann. So werden die Chancen von Marktzyklen optimal genutzt.

Immobilien sind reale Sachwerte. Auch nach einer Währungsreform wird Wohnraum benötigt und Unternehmen brauchen Fabrikhallen zur Produktion. Immobilien werden sich also nach der Krise nicht in Luft auflösen, wie etwa wertlos gewordenes Papiergeld. Eine Investition in Immobilien ist also sehr sinnvoll. Sie ist eine Ergänzung zu Sachwert- und Dividendenaktien, Nicht-Euro-Anleihen, Edelmetallen und Rohstoffen. Noch einmal die Vorteile von Immobilieninvestments:

- Der Immobilienwert entwickelt sich in der Regel unabhängig von den Aktienmärkten.
- Inflationsschutz.
- Immobilieninvestments können meistens börsentäglich gehandelt werden.

- Hohe Transparenz durch tägliche Marktbewertung.
- Häufig hohe (steuerbegünstigte) Ausschüttungen.
- Einstieg auch mit geringen Beträgen möglich.[559]

Meine Gewichtung dieses Krisenmoduls liegt deshalb bei 15 Prozent.

13.9 KRISENMODUL 5: FREMDWÄHRUNGEN

Sie wissen jetzt: Der Euro ist für mich bereits Geschichte. Deshalb ist eine umfassende »Anti-Euro-Krisenvorsorge« unabdingbar. Dazu gehören auch Fremdwährungen. Wichtig bei deren Auswahl sind neben politischen Rahmenbedingungen auch die wirtschaftlichen Daten des jeweiligen Landes. Weist der Staatshaushalt ein Defizit aus? Wie entwickelte sich das Bruttoinlandsprodukt in der Vergangenheit – und wie lauten die Prognosen für die Zukunft?[560]

Berücksichtigen Sie all dies, schmelzen die geeigneten Kandidaten schnell zusammen. Übrig bleiben meiner Ansicht nach dann nur noch die Norwegische Krone, der Schweizer Franken und der Australische Dollar. Aber übertreiben Sie Ihr Engagement in Fremdwährungen nicht. Sie sollten eine Gewichtung von zehn Prozent nicht überschreiten.

Tipp:

Halten Sie die Fremdwährungen nicht auf einem Fremdwährungskonto! Im Falle eines Bankenzusammenbruchs kommen Sie dann nämlich nicht mehr an Ihr Geld heran. Bei einer Währungsreform kann die ausländische Währung einfach 1:1 in die neue inländische Währung umgetauscht werden – und zwar per Zwangsgesetz. Haben Sie ein Fremdwährungskonto im Ausland, besteht auch dort die Gefahr, dass Sie aufgrund von Kapitalverkehrskontrollen und Onlinebanking-Einschränkungen nicht mehr an Ihr Geld kommen. Wie schnell das gehen kann, haben Sie in Zypern gesehen.

Ich bevorzuge die Methode, Fremdwährungen in Cash im eigenen Tresor zu halten.

13.9.1 Schweizer Franken

Der Schweizer Franken gilt nach wie vor als »sicherer« Hafen, denn das Vertrauen in den Euro sinkt mehr und mehr. Die Schweiz fällt durch ihre positive Handelsbilanz und große, defensive Konzerne auf. Zudem haben die Schweizer keine Verpflichtungen, marode EU-Staaten zu retten. Der Schweizer Franken bleibt, trotz derzeitiger Euro-Anbindung, eine alternative Krisenwährung.[561]

Und diese gibt es schon ziemlich lange. Am 7. Mai 1850 wurde der Franken erstmals als Währung der Schweiz eingeführt. Er hat sich seit über 160 Jahren gehalten. Mit dem Schweizer Franken sorgen Sie dafür, dass Ihre Barreserve von einer umfassenden Euro-Abwertung nicht betroffen ist. Ein weiterer Vorteil ist die hohe Sicherheit, da in der Schweiz in den nächsten Jahren weder ein Staatsbankrott noch eine große Krise erwartet wird.

Die Schweiz weist auch weiterhin hohe Handelsüberschüsse gegenüber dem Rest Europas aus. Doch die eidgenössischen Exporteure investieren ihre Euro-Einnahmen immer weniger in der Euro-Zone. Auch die Schweizer Anleger vertrauen ihre Gelder lieber dem Heimatland an. Für den Einzelnen ist das eine kluge Entscheidung. Nach dem Euro-Crash wird der Schweizer Franken nämlich raketenartig aufwerten.[562]

13.9.2 Norwegische Krone

Auch die Norwegische Krone gibt es schon sehr lange. Jedenfalls 120 Jahre länger als den Euro. Die Krone wurde durch das Gesetz zum Geldwesen vom 17. April 1875 als Einheitswährung festgelegt. **In Deutschland gab bzw. gibt es seit dieser Zeit sechs Währungen!**

Im Gegensatz zu Deutschland definiert in Norwegen die Regierung die Geldpolitik und den Leitzins. Anders als bei der Europäischen Zentralbank hat die *Norges Bank* seit 1999 aber nicht mehr in den Devisenmarkt eingegriffen. Die Krone ist mit dem Rohstoffreichtum des Landes besichert. Aus diesen Gründen bietet die Norwegische Krone für mich ein Vielfaches an Sicherheit gegenüber dem Euro. Sollte es zeitweise Seitwärts- oder Abwärtsbewegungen der Norwegischen Krone geben, ist dies nicht weiter schlimm.

Auch wenn die Währung im Sommer 2013 etwas schwächelte[563], im Falle eines Euro-Crashs wird sie sprunghaft aufwerten.

> ☑ **Tipp:**
> In der Zeit *während* der Einführung einer neuen D-Mark sollten Sie sich vom Großteil Ihrer Fremdwährungsinvestments verabschieden. Nämlich *bevor* die neue D-Mark aufwertet. Somit vermeiden Sie Währungsverluste.

Die neuesten finanzpolitischen Entwicklungen zeigen: Fremdwährungen schützen vor Euro-Abwertung. Je länger die Krise andauert, desto stärker wird die Gemeinschaftswährung verlieren. Wenn die europäischen Volkswirtschaften weiter in die Rezession rutschen, droht ein zusätzlicher Abwertungsdruck.

13.10 KRISENMODUL 6: ROHSTOFFE

Ja, ich empfehle auch Rohstoffe. Manche von Ihnen wird das verwundern, weil diese Anlageklasse sehr schwankungsanfällig ist und sich mit einer konservativen Strategie eigentlich nicht so richtig in Einklang bringen lässt. Um diesen scheinbaren Widerspruch zu erläutern, muss ich ein wenig ausholen. **Den *optimalen* Ein- und Ausstiegskurs bekommen Sie sowieso nie.**

Die zunehmende Weltbevölkerung und die begrenzten Vorkommen werden in den kommenden Jahren dafür sorgen, dass die Knappheit der Rohstoffe weiter zunehmen wird. Die Preise werden steigen und die Aktien neue Hochs erreichen. Doch wie bei den Edelmetallen ist auch hier Geduld angesagt.[564]

Achtung!
Meine Krisenmodule sind **nicht** auf **kurzfristige** Spekulationen ausgelegt, sondern auf **langfristige** Vermögenssicherung. Vor allem für die Zeit **nach** dem Währungscrash.

Die Abschwächung der Weltwirtschaft kommt für mich nicht überraschend. Damit sinken aber auch die Kurse für Rohstoffe. Aber das ist kein Beinbruch. In diesem Fall sind die Einstiegskurse günstig.

Tipp:
Wir brauchen den Crash! Nach dem Zusammenbruch wird es wieder aufwärts gehen. Waren müssen produziert und an die Käufer gebracht werden. Die Konjunktur wird anziehen. Sehen Sie Rohstoffinvestments also auch als Anlagen für die Zeit *nach* der Krise, denn Produktion ist ohne Rohstoffe undenkbar. Zudem bieten sie Inflationsschutz. Rohstoffe und Energieträger stehen am Anfang der Wertschöpfungskette. Das verleiht Rohstoffunternehmen eine enorme Preismacht. Rohstoffe werden immer gebraucht und genutzt werden.

Der Vorteil: Preiserhöhungen können in Inflationsszenarien umgehend an die Kunden weitergegeben werden. Knappe Güter werden dadurch teurer. So bieten Rohstoffe einen Inflationsschutz.

Tipp:
Rohstoffe folgen normalerweise eigenen Trends. Dadurch stehen sie nur wenig mit anderen Anlageprodukten in Wechselbeziehung. Das eignet sie zur Portfoliodiversifikation. **Wer streut, fällt nicht!**

Das kommt nicht von ungefähr. Denn für die Bundesregierung ist Rohstoffsicherung jetzt auch ein wichtiges Thema. Wie bereits im Februar 2013 bekannt wurde, könnte nach Plänen des Kanzleramts die Rohstoffversorgung in Zukunft sogar militärisch gesichert werden. Störungen der Transportwege und der Rohstoff- und Warenströme gelten in Berlin nämlich als »Gefährdung für Sicherheit und Wohlstand«.[565]

Hintergrund:
Wie oben schon angedeutet sollen Rohstoffaktien vor Inflation schützen. Deshalb habe ich mir einmal den Verlauf des Inflationsjahrzehnts der 1970er-Jahre angesehen und die Entwicklung der im S&P 500 (der aus Aktien der 500 größten börsennotierten US-amerikanischen Unternehmen besteht) enthaltenen Branchen analysiert. Demzufolge machte **Öl** eine reale Entwicklung von **+59 Prozent** durch, **Öl & Gas** (Bohrung und Ausrüstung) sogar **+283 Prozent** und der **Gold- und Edelmetallbergbau** real **+253 Prozent.** Dies dürfte sich auch bei einer neuen hohen Inflationsdekade nicht viel ändern.[566]

Aber ich wiederhole: Aktien von Rohstoffunternehmen sind sehr schwankungsanfällig. Doch sie bergen auch eine enorme Wertentwicklung in sich. Denn China, Brasilien und Indien wachsen weiter und schließen allmählich zu den Industrienationen auf. In den genannten Ländern können sich immer mehr Familien Eigenheime, Autos, Kühlschränke und Fernseher leisten. Das wiederum wird die Nachfrage nach Rohstoffen antreiben.

13.10.1 Öl

Öl bleibt für mich eine wichtige Option im Rohstoffsegment. Öl bildet die größte Energiekomponente und ist der Motor jeder Wirtschaft. Ohne Öl geht nichts, denn das »schwarze Gold« steht am Anfang der Wertschöpfungskette. Besonders in den Schwellen- und Entwicklungsländern ist der Bedarf ungebrochen. Besonders groß ist der Energiehunger in China und Indien. Dort wie anderswo gilt die einfache Formel: Ohne Öl kein Wachstum. Aber auch zunehmende strategische Risiken im Nahen Osten schüren Ängste vor Versorgungsengpässen.

Öl hat ein Aufwärtspotenzial, da die langfristige Nachfrage durch den steigenden Pro-Kopf-Verbrauch gegeben ist. Öl wird auch weiterhin eine zentrale Rolle bei der Energieversorgung spielen. Unter den Abnehmerländern wird es allerdings eine Verschiebung von Industrie- zu Schwellenländern geben. Vor allem in China und Indien wird die Nachfrage stark steigen. Die Organisation Erdölexportierender Länder (OPEC) prognostiziert einen Anstieg des Ölpreises bis 2035 auf 155 US-Dollar. Die *Barclays Bank* geht sogar von 184 US-Dollar bis 2020 aus.[567]

Neben Industriemetallen werden künftig auch fossile Brennstoffe teurer werden. Der Ölverbrauch wird von 85 Millionen Barrel pro Tag auf 105 Millionen Barrel bis zum Jahr 2030 steigen – und das trotz der Förderung alternativer Energien. Zudem ist die Verfügbarkeit vieler Rohstoffe begrenzt. Als langfristig orientierter Anleger können Sie daher vom kommenden Aufwärtstrend der Branche profitieren.[568]

13.10.2 Bergbau- und Minenunternehmen

Große, weltweit agierende Rohstoffkonzerne fördern Erze, Mineralien, Edelmetalle, Kohle usw. Genau diese Naturstoffe werden *immer* gebraucht. Ohne sie ist die Produktion von Gütern nicht möglich.

Auch wenn es deshalb gerade nicht danach aussieht, weil die Preise im Keller sind: Rohstoffe sind das »Herz« jeglicher Produktion. Doch während und vor allem nach einer Währungsreform werden gerade Kohle, Eisenerz und Gold einen Boom erleben.

Rohstoffe generieren Wachstum und sorgen für Wohlstand. Das wird sich auch in Zukunft nicht ändern.

Hintergrund:

Eine Analyse des Schweizer Vermögensverwalters Tiberius kommt zu dem Schluss, dass es einen Zusammenhang zwischen

Konjunkturzyklus und Rendite gibt. Dazu wurden die US-Konjunkturphasen von 1968 bis 2011 betrachtet. Das Ergebnis: Bei einem niedrigen Wachstum und niedriger Inflation betrug die jährliche Rendite 1,67 Prozent. Bei einem niedrigen Wachstum und hoher Inflation schon 9,21 Prozent, bei einem hohen Wachstum und einer niedrigen Inflation 9,82 Prozent und bei einem hohen Wachstum und hoher Inflation 23,03 Prozent.[569]

Das Krisenmodul Rohstoffe ist *keine* homogene Anlageklasse. Die weltweite Geopolitik, Klimaveränderungen und die globalen Konjunkturaussichten nehmen großen Einfluss auf die Preisentwicklung. Doch eine alte Weisheit sagt: »Flirte mit der Inflation und du heiratest sie.«[570] Dies wird die Preise treiben. Trotzdem sollten Rohstoffinvestments nicht mehr als zehn Prozent Ihrer Krisenvorsorge betragen.

13.11 ZUSAMMENFASSUNG: IHR KRISENVORSORGE-PORTFOLIO

Wie ich Ihnen in diesem Kapitel erläutert habe, gehören in ein konservatives Krisenportfolio meiner Auffassung nach folgende Module:

Anlageklasse	Gewichtung/Vorschlag
Konjunkturunabhängige Aktien	30 %
Edelmetalle	20 %
Anleihen	15 %
Nicht-Euro-Währungen	10 %
Immobilieninvestments	15 %
Rohstoffinvestments	10 %

Sie sehen also, ich empfehle sechs unterschiedliche Sachwertmodule. Dabei ist eine **breite Streuung,** gemäß dem Motto: »Wer streut, fällt nicht«, wichtig.

Achtung!
Welche Gewichtung Sie **innerhalb** der einzelnen Bausteine vornehmen (ob Sie beispielsweise Silber mehr Beachtung schenken als Gold) ist von Ihren **individuellen** Zielen, Ihrer Absicherung und Ihrer Situation abhängig.

Das vorgeschlagene Portfolio ist konservativ, sachwertorientiert und nutzt dennoch verschiedene Anlagestrukturen, um das Risiko zu streuen und die Erträge möglichst inflationssicher zu erwirtschaften. Das Volumen an Aktien und Rohstoffen ist das Zugeständnis für eine gewisse Risikobereitschaft, die vielleicht über die eines total sicherheitsbedürftigen Anlegers hinausgeht. Gleichzeitig sichert man sich eine gewisse Liquidität und die Chance, an neuen Märkten teilzuhaben. Anlagen in irgendwelche Versicherungen, außer zur Risikoabsicherung, kommen nicht vor.

Tipp:
Wichtig: Überprüfen Sie die Zusammensetzung Ihres Portfolios von Zeit zu Zeit und reagieren Sie auf sich verändernde Umstände.

13.12 VERGESSEN SIE SICH SELBST NICHT

13.12.1 Auch Sie selbst bringen »Rendite«!

Bei der täglichen Jagd nach Rendite, Wertsteigerung und Gewinn vergessen wir oft die wichtigste Kapitalanlage: uns selbst.

Benjamin Franklin, einer der Gründerväter der Vereinigten Staaten von Amerika, sagte schon vor rund 250 Jahren: *»Eine Investition in Wissen bringt immer noch die besten Zinsen.«*[571]

Daran hat sich nicht viel geändert. Heute spricht man allerdings nicht mehr von »Wissen«, sondern von »Humanvermögen« oder

»Humankapital«, das jeder in seinem Kopf mit sich herumträgt und das oft vernachlässigt wird. Denn: Sie selbst sind der beste Renditebringer!

Zum Humanvermögen gehören Kreativität, Ideen, Führungserfahrung, Fachwissen, zwischenmenschliche Kompetenzen, Beziehungsgeflechte, Netzwerke sowie Sprach- und Computerkenntnisse. Gesundheit und persönliche Fitness steigern das Humanvermögen, weil man dadurch Krankheiten reduzieren kann.

Was meine ich damit, wenn ich sage: Sie selbst sind der beste Renditebringer? Nun, Sie können einen Betrag von beispielsweise 50 000 Euro in eine Lebensversicherung, einen Bausparvertrag oder in Aktien investieren. Oder in Ihre eigene Aus- beziehungsweise Weiterbildung und dadurch lebenslang zu einem höheren Einkommen gelangen, das Zinsen und Kursgewinne bei Weitem übertrifft.

Hintergrund:
Untersuchungen[572] haben ergeben, dass Menschen mit einem Studium im Durchschnitt ein um **30 Prozent höheres** Einkommen erwirtschaften als jemand, der eine »normale« Ausbildung macht. Mit einer abgeschlossenen Berufsausbildung hingegen verdient man wieder deutlich mehr als Menschen, die keinen Beruf erlernt haben.

Besonders ein Studium in den Bereichen Rechts- und Wirtschaftswissenschaften, Medizin und Ingenieurwissenschaften lohnt sich monetär. Mit diesen Abschlüssen werden später die höchsten Einkommen erzielt.

Die »Bildungsrendite« wird wie folgt ermittelt: Die Investitionssumme ist das während des Studiums oder der Ausbildung entgangene Einkommen und der Ertrag die Steigerung des Lebenseinkommens. Um das entgangene Einkommen später wieder aufzuholen, müsste man das Lebenseinkommen um vier Prozent steigern. Künstler und Agrarwissenschaftler kommen aber lediglich auf rund drei Prozent, während Mathematiker, Ingenieure und Naturwissenschaftler auf acht Prozent kommen. Die höchste Steigerung des Lebenseinkommens wiesen in der Vergangenheit Rechts- und Wirtschaftswissenschaftler sowie Mediziner mit satten 13 Prozent Gehaltsvorsprung aus.

Tipp:
Die Wahl des richtigen Studienfachs kann also später einige hunderttausend Euro wert sein!

Eine gute Ausbildung oder ein Studium ist in Zeiten des so viel beschworenen Fachkräftemangels ein MUSS. Ein höherer Bildungsgrad verringert ebenso die Gefahr der Arbeitslosigkeit. Zwar gibt es Akademiker ohne Job, aber unter ihnen beträgt die Erwerbslosenquote rund fünf Prozent. Die von Berufstätigen mit Lehre und Ausbildung beträgt knapp zwölf Prozent, während die jener ohne Berufsabschluss fast 25 Prozent beträgt.[573]

Vergessen Sie also nicht, auch in sich selbst zu investieren. Erhöhen Sie Ihr Gehalt und Ihre Beschäftigungsfähigkeit. Dies gilt übrigens nicht nur für junge Leute, auch Ältere können durch permanente Fortbildungen, Abendschulen, Fernstudien und so weiter ihren Marktwert erhöhen.

So schließt sich der Kreis: Wenn Sie ein höheres Einkommen haben, können Sie auch mehr zurücklegen und für die Krise vorsorgen.

13.12.2 Bleiben Sie gesund!

Vergessen Sie bei allem Eifer aber auf keinen Fall Ihre Gesundheit. **Sie ist das Wichtigste, das Sie haben.** Um sich körperlich und geistig fit zu halten, sollten Sie Folgendes beachten:

- Ernähren Sie sich gesund (fettarm, zuckerarm, essen Sie vor allem Obst und Gemüse).
- Trinken Sie mindestens zwei bis drei Liter Wasser oder Tee pro Tag.
- Treiben Sie regelmäßig Sport.
- Bewegen Sie sich, so oft es geht.

- »Konditionieren« Sie sich auf positive Gedanken – Ihre Einstellung ist Ihr Leben!
- Sehen Sie »Probleme« als »Proben, die man im Leben meistert«.
- Gönnen Sie sich Ruhezeiten.
- Gehen Sie raus – und zwar bei jedem Wetter!

Durch eine gute Gesundheit, gute Qualifikation und krisenresistente Vermögensanlagen sind Sie nicht von einem Staat abhängig, der nur noch Almosen verteilt, sondern autark und Herr über sich selbst. So können Sie die kommende Krise besser meistern.

14 Ausblick

Bereiten Sie sich schon einmal mental auf das vor, was Ihnen bei einem »Deutschland-Kollaps« blühen kann. Die Szenarien habe ich hinreichend beschrieben.

Die Schlussfolgerungen daraus sind leicht zu ziehen:

- Es dauert mindestens 15 Jahre, bis der wirtschaftliche Normalzustand wieder erreicht sein wird.
- Bis der Schuldenabbau richtig »greift«, wird es ein oder zwei Generationen lang dauern.
- Soziale und innere Unruhen sind nicht auszuschließen.
- Das private Vermögen ist in höchster Gefahr.
- Die staatliche Altersvorsorge wird auf einen Mindestsatz sinken.
- Soziale Wohlfahrtsleistungen werden weiter gekürzt.
- Mit drastischen Steuer- und Abgabenerhöhungen sowie Zwangsabgaben ist zu rechnen.
- Die Inflation wird steigen.

Ich hoffe, Ihnen ist klar geworden:

Der Staatsbankrott Deutschlands steht mittelfristig bevor!

Ein Staat, der vor der Pleite steht, wird alles tun, um an das Privatvermögen seiner Bürger zu kommen und die Staatsschulden zu verringern.

Glauben Sie also den medialen und politischen Schönfärbereien keinen Augenblick!

Ich hoffe, Sie entwickeln durch mein Buch eine ganz andere Sensibilität für die Probleme als die politisch Verantwortlichen. *Deren* Verhalten wird immer unberechenbarer. Sie halten – koste es, was es wolle – an althergebrachten Denkmustern fest, nur um keine Fehler eingestehen zu müssen. Aber damit gefährden sie Ihre Ersparnisse und setzen die Zukunft unseres Landes leichtfertig aufs Spiel. Es sieht so aus, als hätten die meisten Politiker nichts, aber auch gar nichts aus der Vergangenheit gelernt. Denn wieder gibt es zu viel billiges Geld: Mit dem EZB-Geld zu einem Prozent haben die Banken der südeuropäischen Pleiteländer die Schrott-Staatsanleihen ihrer Staaten aufgekauft, die fünf Prozent Zinsen bringen. Diese haben sie als »Sicherheit« der EZB weitergereicht. Jetzt steht das System vor dem Kollaps.[574]

Denn wieder bilden sich Finanz- und Anlageblasen, die, wenn sie eines Tages platzen, die Weltwirtschaft erneut zum Absturz bringen werden. Und unser Land – und Sie selbst – sind mittendrin.

Noch nie war das Schuldenmachen (das heißt: Spekulieren) so billig – und es beteiligen sich alle daran: Staaten, Notenbanken, Geschäftsbanken und Spekulanten. Dieses billige Investoren-Spekulanten-Geld fließt weiterhin in das globale Finanzsystem. Ungebremst wachsen neue Spekulationsblasen heran, die noch gefährlicher sind als alle Blasen zuvor.

Ein weiteres Problem sind die horrenden Staatsschulden, die manche Länder schon jetzt an den Rand des Abgrunds treiben. Auch Deutschland!

Die seit 2008 anhaltende Krise ist eine Reifeprüfung für die Politik und testet die Demokratie. Der gigantische Rettungseinsatz vieler Länder hat dazu geführt, dass die riesigen Schulden von den privaten in die öffentlichen Hände übergegangen sind. Dramatische Haushaltsdefizite, niedriges Wirtschaftswachstum und hohe Arbeitslosigkeit sind die Folgen. Dazu kommen Altlasten wie die immer höher steigenden Kosten im Gesundheitswesen oder die wachsenden Pensionsverpflichtungen und die Aufwendungen für Rentenzahlungen. Das alles führt zu einer Zerreißprobe unserer Gesellschaft.

Ich hoffe, ich konnte Ihnen die Augen öffnen, Hintergründe erhellen und Ihnen helfen, »Ihre« Krisenstrategie zu entwickeln.

Danke, dass Sie zu diesem Buch gegriffen haben und sich die Zeit genommen haben, es zu lesen. Ich wünsche Ihnen für die Zukunft alles Gute – und unseren Kindern, dass sie nicht für unsere Fehler büßen müssen. Deshalb brauchen wir den Crash. Wie ein schweres Gewitter an einem brütend heißen Sommertag wird auch danach die Luft klar und rein sein.

Wir alle werden verlieren. Doch wenn Sie meine Ratschläge beherzigen, wird sich *Ihr* Verlust in Grenzen halten. Jene aber, die immer noch »obrigkeitshörig« sind, werden um den Großteil ihres Vermögens und ihrer Ersparnisse gebracht werden. Das ist so sicher wie das Amen in der Kirche!

QUELLENVERZEICHNIS

1 Bundesministerium für Finanzen (Hrsg): *Der Euro – Stark wie die Mark*, Bonn 1998, S. 17
2 »Ende mit Schrecken«, Interview mit Hans-Olaf Henkel, in: *FOCUS-MONEY*, 5/2012, S. 44
3 Quelle für die Lincoln-Zitate: *http://www.quotez.net/german/abraham_lincoln.htm*
4 Michael Grandt: *Der Crash der Lebensversicherungen*, Rottenburg 2009; aktuelles Nachfolgebuch: Michael Grandt: *Vorsicht Lebensversicherung!*, Rottenburg 2012
5 Ebd.
6 Ebd.
7 Ebd.
8 Alle meine Vorhersagen sind belegbar und nachzulesen in: Michael Grandt: *Der Staatsbankrott kommt*, Rottenburg 2010; ders. (mit Udo Ulfkotte und Gerhard Spannbauer): *Europa vor dem Crash*, Rottenburg 2011; ders.: *Der Euro-Crash kommt*, Rottenburg 2012 sowie 1200 Beiträge, die ich über diese Themen geschrieben habe.
9 *http://www.wiwo.de/politik/europa/schuldenkrise-die-zehn-groessten-euro-luegen/6987602.html#image*
10 *Handelsblatt* vom 15. Februar 2013
11 Ebd.
12 *Handelsblatt* vom 15. Februar 2013
13 *http://www.usdebtclock.org/index.html*
14 Der DAX verlor im Juni zeitweise knapp 900 Punkte *(http://www.finanzen.net/index/DAX/Charttool)*
15 Michael Mross, *Der Währungscrash kommt!*, Kulmbach 2011, S. 69
16 *Handelsblatt* vom 23. Mai 2013
17 *Der deutsche Wirtschaftsbrief*, Nr. 6 vom 8. Februar 2013
18 *Handelsblatt* vom 21. Juni 2013
19 Ebd.
20 *Wirtschaftswoche*, Nr. 7 vom 9. Februar 2013
21 *Wirtschaftswoche*, Nr. 7 vom 9. Februar 2013
22 »Ende mit Schrecken«, Interview mit Hans-Olaf Henkel, in: *FOCUS-MONEY*, 5/2012, S. 43
23 Seit 1997, nicht seit der Einführung des Euro, da sieht es noch schlimmer aus
24 *Bloomberg*; EU-Kommission
25 *http://www.ecb.int/press/pr/date/2009/html/pr090101_1.de.html*
26 Von zunächst 105 Milliarden Euro
27 Hans Werner Sinn, in: *Handelsblatt* vom 23. September 2011
28 *http://www.faz.net/s/Rub0E9EEF84AC1E4A389A8DC6C23161FE44/Doc~E74AEDA96748148298CA13BEB9EE24EA7~ATpl~Ecommon~Scontent.html;*

http://www.oe24.at/oesterreich/politik/EU-kostet-uns-schon-432-Mio-Euro/3607132

29 *http://www.wiwo.de/finanzen/euro-retter-deutschland-im-schuldensog-449099/*

30 Wilhelm Hankel: »Europa nach dem Scheitern«, in: W. Hankel/W. Nölling/K.A. Schachtschneider/D. Spethmann/J. Starbatty: *Das Euro-Abenteuer geht zu Ende,* Rottenburg 2011, S. 35

31 Ebd., S. 46

32 Vgl.: Dieter Spethmann: »Ideologie und Realwirtschaft«, in: W. Hankel/W. Nölling/K.A. Schachtschneider/D. Spethmann/J. Starbatty: *Das Euro-Abenteuer geht zu Ende,* Rottenburg 2011, S. 208

33 *http://www.destatis.de/jetspeed/portal/cms/Sites/destatis/Internet/DE/Presse/pm/2011/09/PD11__340__51,templateId=renderPrint.psml*

34 Hankel, »Europa nach dem Scheitern«, S. 35; 2000: EU-Länder 65 %, Euro-Zone 45 %; 2010: EU-Länder 60 %, Euro-Zone 40 %; vgl.: Joachim Starbatty: »Der Riss durch die Eurozone«, in: W. Hankel/W. Nölling/K.A. Schachtschneider/D. Spethmann/J. Starbatty: *Das Euro-Abenteuer geht zu Ende,* Rottenburg 2011, S. 242

35 Hankel, »Europa nach dem Scheitern«, S. 25

36 Dieter Spethmann: »Ideologie und Realwirtschaft«, in: W. Hankel/W. Nölling/K.A. Schachtschneider/D. Spethmann/J. Starbatty: *Das Euro-Abenteuer geht zu Ende,* Rottenburg 2011, S. 202

37 2002: 0,0 %; 2003: 0,0 %; 2004: 1,2 %; 2005: 1,0 %; 2006: 3,0 %; 2007: 2,5 %; 2008: 0,0 %; 2009: -4,7 %; 2010: 3,6 % (Quelle: Statistisches Bundesamt)

38 Das stellte sogar die EU-Kommission fest, die in ihrem Bericht im Mai 2013 darauf hinwies, dass die Reallöhne **unter** dem Stand von 2000 liegen (*Handelsblatt* vom 31. Mai 2013)

39 Joachim Starbatty: »Der Riss durch die Eurozone«, in: W. Hankel/W. Nölling/K.A. Schachtschneider/D. Spethmann/J. Starbatty: *Das Euro-Abenteuer geht zu Ende,* Rottenburg 2011, S. 231, 240

40 *http://www.faz.net/aktuell/wirtschaft/europas-schuldenkrise/waehrungsunion-die-vor-und-die-nachteile-des-euro-1653839.html; http://www.faz.net/aktuell/wirtschaft/europas-schuldenkrise/waehrungsunion-die-vor-und-die-nachteile-des-euro-1653839.html; http://www.bpb.de/apuz/32445/der-euro-als-vorteil-und-nachteil-fuer-deutschland; Wirtschaftswoche* Nr. 22 vom 26. Mai 2012

41 Quelle: *Eurostat*

42 Quelle: *Eurostat,* in: *Handelsblatt* vom 7. Mai 2013

43 Joachim Starbatty: »Der Riss durch die Eurozone«, in: W. Hankel/W. Nölling/K.A. Schachtschneider/D. Spethmann/J. Starbatty: *Das Euro-Abenteuer geht zu Ende,* Rottenburg 2011, S. 243

44 Dr. Martin G. Weiss: *Die deutsche Banken-Krise kommt!,* Bonn 2013, S. 21, 24

45 Joachim Starbatty: »Der Riss durch die Eurozone«, in: W. Hankel/ W. Nölling/K.A. Schachtschneider/D. Spethmann/J. Starbatty: *Das Euro-Abenteuer geht zu Ende,* Rottenburg 2011, S. 221
46 Ebd., S. 242
47 Wie das ifo-Institut festgestellt hat, vgl.: »Ende mit Schrecken«, Interview mit Hans-Olaf Henkel, in: *FOCUS-MONEY,* 5/2012, S. 43
48 Vgl.: »Ende mit Schrecken«, Interview mit Hans-Olaf Henkel, in: *FOCUS-MONEY,* 5/2012, S. 43
49 Udo Ulfkotte: *Raus aus dem Euro – Rein in den Knast,* Rottenburg 2013, S. 14 ff.
50 Michael Grandt: *Der Staatsbankrott kommt,* Rottenburg 2010 (6. Auflage), S. 24–40
51 Weitere Quellen zu diesem Abschnitt: Robert Latham Owen: *The Federal Reserve Act. Century Co.,* New York 1919; Jerry Voorhis: *Out Of Debt, Out Of Danger. Public Action Committee,* 1943; Gertrude Coogan: *Money Creators. Bound Money Press,* Chicago 1935; J. Lawrence Broz: *The International Origins of the Federal Reserve System, Cornell University Press* 1997; G. Edward Griffin: *Die Kreatur von Jekyll Island,* Rottenburg 2006; Ellen Hodgson Brown: *Der Dollar-Crash,* Rottenburg 2008; *http://www.federalreserve.gov/*
52 Der Vertrag trat am 27. September 2012 mit der Hinterlegung der deutschen Ratifikationsurkunde in Kraft. Der ESM ist Teil des »Euro-Rettungsschirms« und löst die Europäische Finanzstabilisierungsfazilität (EFSF) ab.
53 *Handelsblatt* vom 26. Juni 2012
54 *Handelsblatt* vom 11. Juni 2013
55 *Handelsblatt* vom 13. Juni 2013; vgl. dazu auch: »Seit seiner Gründung hat der EuGH im Zweifel immer für die EU entschieden. Die Politologieprofessoren Alec Stone Sweet *(Yale University)* und Thomas Brunell *(University of Texas)* haben errechnet, dass der EuGH in 69 Prozent aller Fälle der Kommission Recht gab und nicht den Mitgliedsstaaten.« (in: *Wirtschaftswoche,* Nr. 25 vom 17. Juni 2013, S. 26)
56 *Handelsblatt* vom 12. Juni 2013
57 *Handelsblatt* vom 26. April 2013
58 *Handelsblatt* vom 18. Juni 2013
59 »Die Diskussion hat allen genutzt«, Interview mit Clemens Fürst über die Anhörung vor dem Bundesverfassungsgericht, in: *Handelsblatt* vom 18. Juni 2013
60 *Handelsblatt* vom 21. Juni 2013
61 *Deutsche Wirtschafts Nachrichten,* Nr. 1/Juni 2013, S. 25
62 Vgl.: *http://deutsche-wirtschafts-nachrichten.de/2013/06/27/eurogruppe-einigt-sich-erst-zahlen-aktionaere-und-glaeubiger-dann-die-sparer/*
63 Vgl.: Pressemitteilung der EU-Kommission »Council agrees position on bank resolution« vom 27. Juni 2013 *(http://www.consilium.europa.eu/uedocs/cms_data/docs/pressdata/en/ecofin/137627.pdf)*

Handelsblatt vom 28. Juni 2013

64 Quellen zu diesem Unterkapitel: *Handelsblatt* vom 17. Januar 2013;

65 *Handelsblatt* vom 21. Januar 2013; *Handelsblatt* vom 22. Januar 2013; *http://deutsche-wirtschafts-nachrichten.de/2012/07/19/esm-der-ganz-grosse-coup/; http://deutsche-wirtschafts-nachrichten.de/2013/02/12/esm-reicht-nicht-eu-auf-private-anleger-angewiesen/; http://www.zeit.de/2012/40/Euro-Krise-ESM-Hebel; http://www.faz.net/aktuell/finanzen/anleihen-zinsen/ausgezahlte-efsf-hilfen-bundesbuerger-haften-mit-77-milliarden-12086166.html; http://www.lkz.de/nachrichten/wirtschaft-finanzen_artikel,-ESM-Hebelung-auf-zwei-Billionen-Euro-illusorisch-_arid,87038.html; http://www.focus.de/finanzen/news/wirtschaftsticker/esm-hilfsfonds-regierung-haelt-billionen-hebel-fuer-illusorisch_aid_825753.html*

66 Target-Verbindlichkeiten sind Nettoforderungen der deutschen Bundesbank gegenüber anderen Notenbanken im Euro-System.

67 EU: 818 Mrd.

68 EU: 780 Mrd.

69 EU: 700 Mrd.

70 EU: 212 Mrd.

71 EU: 197 Mrd.

72 EU: 83 Mrd.

73 EU: 250 Mrd.

74 EU: 60 Mrd.

75 EU: 50 Milliarden Euro; *Wirtschaftswoche,* Nr. 7 vom 9. Februar 2013

76 Quellen: *Handelsblatt* vom 8. Juni 2013; ifo-Institut, EU, *Citigroup, HB-Research;* Wilhelm Hankel: »Europa nach dem Scheitern«, in: W. Hankel/W. Nölling/K.A. Schachtschneider/D. Spethmann/J. Starbatty: *Das Euro-Abenteuer geht zu Ende,* Rottenburg 2011, S. 35

77 *Handelsblatt* vom 26. Juni 2013

78 *http://deutsche-wirtschafts-nachrichten.de/2013/06/26/enthuellt-irische-banker-verhoehnen-deutsche-steuerzahler-bei-bailout/*

79 Von diesen Ländern wollen Lettland und Polen den Euro so schnell wie möglich einführen.

80 *Wirtschaftswoche,* Nr. 7 vom 9. Februar 2013

81 *Deutscher Wirtschaftsbrief,* Nr. 25 vom 22. Juni 2012

82 *Handelsblatt* vom 13. Juni 2012

83 Michael Grandt: *Vorsicht Lebensversicherung!,* Rottenburg 2012, S. 69 ff.

84 *Handelsblatt* vom 27. September 2011

85 *http://www.tagesschau.de/wirtschaft/bonitaetdeutschland100.html*

86 Laut Analyse der *Credit Suisse,* in: *Handelsblatt* vom 24. Mai 2012

87 W. Hankel/W. Nölling/K.A. Schachtschneider/D. Spethmann/J. Starbatty: *Das Euro-Abenteuer geht zu Ende,* Rottenburg 2011

88 Am 8. Oktober 2011: Diskussionsrunde »Die Zukunft ist Europa« der Handwerkskammer Stuttgart mit Thomas Bürkle,Geschäftsführer der Firma Bürkle & Schöck Elektrotechnik; Jacqueline Stuhler, SWR-Modera-

torin, und Dr. Friedrich Heinemanns vom Zentrum für Europäische Wirtschaftsforschung in Mannheim

89 Vgl.: »Ende mit Schrecken«, Interview mit Hans-Olaf Henkel, in: *FOCUS-MONEY,* 5/2012, S. 43

90 Hankel, »Europa nach dem Scheitern«, S. 42

91 Fachliteratur: Michael Bordo/Andrew Filardo: »Deflation and monetary policy in a historical perspective: remembering the past or being condemned to repeat it?«, in: *Economic Policy,* Oktober 2005, S. 799–844; Charles Goodhart/Boris Hofmann: »Deflation, credit and asset prices«, in Richard C. K. Burdekin/Pierre L. Siklos (Hrsg): *Deflation – Current and Historical Perspectives,* Cambridge o. J.; *International Monetary Fund: Deflation: Determinants, Risks, and Policy Options – Findings of an Independent Task Force,* Washington, D. C., 30. April 2003

92 *http://wirtschaftslexikon.gabler.de/Definition/deflation.html;* sowie Olivier Blanchard/Gerhard Illing: *Makroökonomie,* München 2009, S. 695

93 O. Blanchard/G. Illing: *Makroökonomie,* München 2009, S. 26

94 Helmut Creutz: »Deflation – ein Gespenst geht um«, in: *Contraste,* Februar 2003

95 Blanchard/Illing, S. 699, 702

96 Angaben der Datenbank »Ameco« der *European Commission – Economic and Financial Affairs*

97 *Handelsblatt* vom 5. April 2013

98 *Handelsblatt* vom 30. Dezember 2009

99 Aufteilung: 99 Mrd. Euro italienische, 43,7 Mrd. Euro spanische, 30,8 Mrd. Euro griechische, 21,6 Mrd. Euro portugiesische, 13,6 Mrd. Euro irische Papiere. Durchschnittliche Restlaufzeit 4,3 Jahre *(vgl.: http://www.spiegel.de/wirtschaft/ezb-macht-milliardengewinn-mit-staatsanleihen-a-884833.html)*

100 *http://www.handelsblatt.com/politik/konjunktur/nachrichten/nach-ezb-zinssenkung-billiges-geld-schuert-inflationsaengste/6844426.html; http://www.welt.de/wirtschaft/article13887740/Billiges-Geld-flutet-Europas-Staaten-und-Banken.html; http://www.deutsche-mittelstands-nachrichten.de/2012/04/42068/; http://www.gea.de/nachrichten/wirtschaft/billiges+geld+birgt+gefahren.1795866.htm; http://www.goldreporter.de/billiges-geld-ist-eine-gefahr-fur-ihre-altersvorsorge/gold/25704/; Handelsblatt* vom 6. Februar 2013

101 *FOCUS-MONEY,* 42/2012; *Handelsblatt* vom 5. Februar 2013

102 Abzurufen unter: *http://www.vzhh.de/ernaehrung/32535/Versteckte%20Preiserhoehungen.pdf*

103 Ebd.

104 *http://epp.eurostat.ec.europa.eu/cache/ITY_PUBLIC/2-16052012-BP/DE/2-16052012-BP-DE.PDF;* Michael Mross: *Der Währungscrash kommt!,* Kulmbach 2011, S. 69

105 *http://kurse.boerse.ard.de/ard/kurse_einzelkurs_uebersicht.htn?i=2079559&chartzeitraum=0*

106 Ebd.
107 Werner Bareis/Niels Nauhauser: *Lexikon der Finanzirrtümer,* Berlin 2009, S. 72
108 *Spiegel online* vom 6. Januar 2010
109 Quelle: *Livingston Research,* in: Matthias Müller-Michaelis: *Generation Pleite,* München 2008, S. 46
110 Quelle: Monatsberichte der Europäischen Zentralbank und der Deutschen Bundesbank
111 Mehr dazu in Michael Grandt: *Vorsicht Lebensversicherung!,* Rottenburg 2012
112 Quelle: *Livingston Research,* in: Matthias Müller-Michaelis: *Generation Pleite,* München 2008, S. 177
113 *http://www.lindcom.de/Lindcom/Home/Statistik/kaufkraft.pdf*
114 Michael Mross: *Der Währungscrash kommt!,* Kulmbach 2011, S. 69
115 *Wirtschaftswoche* vom 11. April 2009, S. 18 (Quelle: *Morgan Stanley*)
116 *Vgl.: http://www.sparbuch.info/vergleich.html; http://www.berliner-woche.de/nachrichten/bezirk-reinickendorf/waidmannslust/artikel/12343-billiges-geld-ist-eine-gefahr-fuer-ihre-altersvorsorge/; http://www.handelsblatt.com/politik/konjunktur/nachrichten/nach-ezb-zinssenkung-billiges-geld-schuert-inflationsaengste/6844426.html; http://www.welt.de/wirtschaft/article13887740/Billiges-Geld-flutet-Europas-Staaten-und-Banken.html; http://www.deutsche-mittelstands-nachrichten.de/2012/04/42068/; http://www.gea.de/nachrichten/wirtschaft/billiges+geld+birgt+gefahren.1795866.htm; http://www.goldreporter.de/billiges-geld-ist-eine-gefahr-fur-ihre-altersvorsorge/gold/25704/; Handelsblatt* vom 6. Februar 2013 und 21. Dezember 2012
117 Die Abwertung galt für *Staats-*, nicht aber für *Privat*schulden (siehe Kapitel ➛ »Vorsicht Schulden«)
118 Vgl.: *http://www.dw.de/die-mittelschicht-in-deutschland-schrumpft/a-16453890; http://info.kopp-verlag.de/hintergruende/wirtschaft-und-finanzen/michael-grandt/die-mittelsschicht-ist-abgebrannt-.html; http://www.spiegel.de/wirtschaft/soziales/diw-studie-mittelschicht-schrumpft-ungleichheit-nimmt-zu-a-872641.html*
119 *Wirtschaftswoche,* Nr. 19 vom 6. Mai 2013
120 Quelle: *Handelsblatt* vom 30. April 2013
121 *http://www.quotez.net/german/abraham_lincoln.htm*
122 Vgl. zu diesem Abschnitt: *http://www.spiegel.de/wirtschaft/soziales/staatshaushalt-deutschland-erzielt-milliardenueberschuss-a-851591.html; Handelsblatt* vom 21. Dezember 2012
123 *http://www.tagesschau.de/wirtschaft/geldvermoegen100.html*
124 *http://www.wirtschaftsnachrichten.org/mehr-news/4193-Sorge%20um%20deutsche%20Spareinlagen%20wegen%20EU-Pl%C3%A4nen.html*

125 Ebd.

126 Eine Volksabstimmung zur Abschaffung der DM und zur Einführung des Euro sowie den Rettungsschirmen und der Wandlung zur EU-Haftungsunion gab es nie.

127 Vgl.: *€uro,* 04/13, S. 42

128 *http://www.wirtschaftsnachrichten.org/mehr-news/4193-Sorge%20um%20deutsche%20Spareinlagen%20wegen%20EU-Pl%C3%A4nen.html*

129 *http://www.spiegel.de/wirtschaft/merkel-und-steinbrueck-im-wortlaut-die-spareinlagen-sind-sicher-a-582305.html*

130 *Welt am Sonntag* vom 28. Oktober 2008

131 Ebd.

132 Ebd.

133 Vgl. *Der Spiegel,* 37/2010

134 *http://www.n24.de/news/newsitem_8698045.html*

135 Ebd.

136 Drucksache 16/10519

137 Ebd., vgl. auch *Kopp-Exklusiv,* 13/2013

138 *http://deutsche-wirtschafts-nachrichten.de/2013/03/30/ezb-bestaetigt-die-bank-guthaben-in-europa-sind-nicht-sicher/*

139 *Der Deutsche Wirtschaftsbrief,* Nr. 13 vom 28. März 2013

140 Die Nachrichtenagentur *Reuters* hatte von Knots Sprecherin die Bestätigung, dass die Aussage definitiv kein Missverständnis sei (vgl.: *http://www.reuters.com/article/2013/03/29/us-eurozone-cyprus-ecb-knot-idUSBRE92S05P20130329*)

141 *http://deutsche-wirtschafts-nachrichten.de/2013/03/30/ezb-bestaetigt-die-bank-guthaben-in-europa-sind-nicht-sicher/*

142 *Deutsche Wirtschafts Nachrichten,* Nr. 1/Juni 2013, S. 22

143 *Handelsblatt* vom 19. April 2013

144 *Deutsche Wirtschafts Nachrichten,* Nr. 1/Juni 2013, S. 23

145 *http://deutsche-wirtschafts-nachrichten.de/2013/05/13/saxo-bank-eurokrise-wird-jeden-tag-schlimmer/comment-page-4/*

146 *Handelsblatt* vom 22. Mai 2013

147 Vgl.: *http://deutsche-wirtschafts-nachrichten.de/2013/06/27/eurogruppe-einigt-sich-erst-zahlen-aktionaere-und-glaeubiger-dann-die-sparer/*

148 Vgl.: Pressemitteilung der EU-Kommission »Council agrees position on bank resolution« vom 27. Juni 2013 *(http://www.consilium.europa.eu/uedocs/cms_data/docs/pressdata/en/ecofin/137627.pdf)*

149 *Deutsche Wirtschafts Nachrichten,* Nr. 1/Juni 2013, S. 24 f.

150 *Deutsche Wirtschafts Nachrichten,* Nr. 1/Juni 2013, S. 26

151 Vgl. dazu Eigenrecherchen und Gespräche mit Haushaltspolitikern, sowie *Die Welt* vom 28. Januar 2012; *Handelsblatt* vom 16. Februar 2012; *Handelsblatt* vom 07. November 2011; *http://info.kopp-verlag.de/hintergruende/deutschland/michael-grandt/spd-armut-fuer-alle-.html; Welt am Sonntag* vom 27. November 2011; *Handelsblatt* vom

20. Februar 2012; *Der Deutsche Wirtschaftsbrief*, 7/2012; *Handelsblatt* vom 1. März 2012; *Handelsblatt* vom 7. März 2012

152 »Der Bumerang-Effekt ist ein Wahrnehmungseffekt. Möchte man negative Einstellungen mit Versuchen widerlegen, so führen diese ab einer gewissen Schwelle zur Bestärkung der Zielpersonen in ihrer ursprünglichen Ablehnung. Das heißt, die negative Einstellung wird nur bestärkt (...) Vorwiegend tritt der Bumerang-Effekt dann ein, wenn eine Kommunikation zu einseitig ist und Gegenargumente einfach überhört werden« (zitiert aus: *http://www.mein-wirtschaftslexikon.de/b/bumerang-effekt.php*).

153 Im Mai 2013 wurden hauptsächlich die Ergebnisse über die Volksentwicklung in den Medien kommuniziert

154 *https://www.zensus2011.de/DE/Home/home_node.html*

155 *http://www.gesetze-im-internet.de/gg/art_14.html*

156 Auf Antrag kann diese auch in monatlichen Raten beglichen werden.

157 *http://www.grenzgaenger-forum.de/wiki/Wohnsteuer*

158 *http://www.welt.de/finanzen/article112468144/Euro-Staaten-beschliessen-Enteignungsklausel.html*

159 Beschlossen wurde die Einführung dieser Klausel im Zuge der Verhandlungen über die Einführung des permanenten Rettungsschirms ESM. Damit sollte die Grundlage dafür gelegt werden, bei künftigen Umschuldungen vor einer Klagewelle durch renitente Kleinanleger geschützt zu sein (vgl.: *http://www.welt.de/finanzen/article112468144/Euro-Staaten-beschliessen-Enteignungsklausel.html*).

160 Vgl. zu dem ganzen Kapitel: *http://www.welt.de/finanzen/article13688452/Lebensversicherung-wird-unsichere-Angelegenheit.html; http://www.welt.de/wirtschaft/article13687530/Euro-Rettungspaket-koennte-zur-Mogelpackung-werden.html; http://www.zeit.de/wirtschaft/2012-05/deutschland-anleihen-nullzins; http://www.manager-magazin.de/finanzen/boerse/0,2828,782379-2,00.html; http://www.n-tv.de/ratgeber/Geld-anlegen-in-der-Krise-article4018886.html; http://www.welt.de/finanzen/article112468144/Euro-Staaten-beschliessen-Enteignungsklausel.html; http://www.institutional-money.com/news/uebersicht/artikel/wir-reagieren-grossinvestoren-bei-einer-enteignung-durch-die-hintertuer-durch-cac-klauseln/?no_cache=1&cHash=0aeb588ca22d6ccbe9e23d67a802be0b; http://www.welt.de/finanzen/article112468144/Euro-Staaten-beschliessen-Enteignungsklausel.html*

161 Michael Grandt: *Vorsicht Lebensversicherung! – Was Sie wissen müssen, um Ihr Geld zu schützen*, Rottenburg 2012

162 *http://europa.eu/rapid/press-release_STAT-13-60_de.htm*

163 *http://www.google.de/imgres?imgurl=http://4.bp.blogspot.com/-IXgRuAs0nQY/Tm6hrUqXkCI/AAAAAAAAADU/TK6ZKSJMn9A/s640/TotalMktDebt-BIS-Dec%25252789-Dec%25252710.jpg&imgrefurl=http://www.dasgelbeforum.de.org/forum_entry.php?id%3D255863&h=379&w=640&sz=93&tbnid=p3DeF6tHfVuueM:&tbnh=71&tbnw=120&prev=/searc*

h%3Fq%3Dweltverschuldung%26tbm%3Disch%26tbo%3Du&zoom=1&q=weltverschuldung&usg=__z1uwSoD8CfExypMz_hVfglonMzg=&docid=CSbD8ZgHGnJJoM&hl=de&sa=X&ei=J41dUcb-Bu_74QSt1ICADw&ved=0CD4Q9QEwBA&dur=173

164 *http://www.focus.de/finanzen/news/konjunktur/tid-16144/staatsverschuldung-die-unterschaetzte-gefahr_aid_452723.html*

165 Olivier Blanchard/Gerhard Illing: *Makroökonomie,* München 2009, S. 102f.

166 Vgl.: Memo 08/691, Brüssel 12.11.2008: *http://europa.eu/rapid/pressReleasesAction.do?reference=MEMO/08/691&format=PDF&aged=0&language=DE&guiLanguage=fr*

167 Genauer in: Michael Grandt: *Der Crash der Lebensversicherungen,* Rottenburg 2009, S. 93–96

168 Aufstellung aus: *Der Spiegel,* 19/2009, S. 65

169 Die Renditedifferenz wird als »Credit Spread« bezeichnet und in Basispunkten gemessen.

170 *http://www.ngz-online.de/public/article/wirtschaft/news/764580/Nur-noch-37-Prozent-Defizit.html*

171 Vgl. dazu auch: Miriam Luckhardt: »Der Staatsbankrott« *(http://weltwirtschaft-welthandel.suite101.de/article.cfm/koennen_staaten_pleite_gehen)*

172 Olivier Blanchard/Gerhard Illing: *Makroökonomie,* München 2009, S. 716

173 *http://www.handelsblatt.com/finanzen/boerse-maerkte/anleihen/schuldenschnitt-anwaelte-die-bank-haftet/6318102-2.html*

174 Vgl.: Dr. rer. pol. Hansjörg Herr: »Die Finanzkrise in Russland im Gefolge der Asienkrise«, in: *Politik und Zeitgeschichte,* Nr. B 37-38/2000, Bundeszentrale für politische Bildung *(http://www.bpb.de/publikationen/D0THIA,2,0,Die_Finanzkrise_in_Russland_im_Gefolge_der_Asienkrise.html#art2)*

175 Ebd.

176 Beim Ausbruch der Krise hatten die russischen Banken Fremdwährungsverbindlichkeiten in Höhe von 183 Milliarden Rubel, während die Fremdwährungsguthaben nur 73,1 Mrd. Rubel betrugen; vgl. Ulrich Thießen: *Banking Crisis in Transition Countries – Theory and Empirical Evidence: The Case of Russia,* DIW Discussion Papers No. 193, Berlin 2000.

177 Des thailändischen Bath am 2. Juli 1997

178 Bank für Internationalen Zahlungsausgleich (BIZ): *69. Jahresbericht,* Basel 1999, S. 43

179 Ognian Hishow: Russland: *Wechselkursstabilität am Ende?,* Bundesinstitut für ostwissenschaftliche und internationale Studien, Aktuelle Analysen, Nr. 22/1998

180 Herr, »Die Finanzkrise in Russland im Gefolge der Asienkrise«

181 Es handelte sich hierbei um einen Zinssatz für kurzfristige Kredite. Aufgrund der hohen Unsicherheiten in Russland spielten langfristige Kredite eine geringe Rolle und machten schon vor dem Ausbruch der Rubelkrise 1998 nur zehn Prozent aller Bankkredite aus. Vgl. Herr, »Die

Finanzkrise in Russland im Gefolge der Asienkrise«; Petr Vostrikov: *Die Finanzmärkte und das Bankensystem Russlands im Jahre 1999,* Bundesinstitut für ostwissenschaftliche und internationale Studien, Aktuelle Analysen, Nr. 3, 1999.

182 1994 waren das noch zwei Prozent gewesen.

183 Vgl. *European Bank for Reconstruction and Development (EBRD): Transition Report,* London 1998, S. 14f.

184 Vgl.: Hansjörg Herr: »Die Finanzkrise in Russland im Gefolge der Asienkrise«, Berlin 2000; Lucjan Orlowsky: *The Asian and the Russian Financial Crises: Propagation Effects and Policy Responses in Central Europa's Transition Economies,* Discussion Papers, Institut für Wirtschaftsforschung Halle, No. 104/1999

185 Ulrich Thießen, »Lehren aus Bankenkrisen. Der Fall Russland«, in: *Osteuropa-Wirtschaft,* 45/2000, S. 69–83

186 Herr, »Die Finanzkrise in Russland im Gefolge der Asienkrise«; *European Bank for Reconstruction and Development (EBRD): Transition Report,* London 1999, S. 252

187 Vgl. *European Bank for Reconstruction and Development (EBRD): Transition Report,* London 1999, S. 261

188 Als »arm« wurde definiert, wer weniger als 394 Rubel pro Monat zur Verfügung hat. Dies entspricht 60 US-Dollar zum Wechselkurs vor der Krise. Vgl. Herr, »Die Finanzkrise in Russland im Gefolge der Asienkrise«; *European Bank for Reconstruction and Development (EBRD): Transition Report,* London 1999, S. 19

189 Vgl. Roland Götz, *Russische Wirtschaft vor dem Aufschwung?,* Bundesinstitut für ostwissenschaftliche und internationale Studien, Aktuelle Analysen, Nr. 24/2000.

190 Herr, »Die Finanzkrise in Russland im Gefolge der Asienkrise

191 *http://www.berlinonline.de/berliner-zeitung/archiv/.bin/dump.fcgi/2009/1026/wirtschaft/0011/index.html*

192 Ebd.

193 *Handelsblatt* vom 29. Oktober 2009

194 *http://www.berlinonline.de/berliner-zeitung/archiv/.bin/dump.fcgi/2009/1026/wirtschaft/0011/index.html*

195 Diese Umstände dauerten aber aufgrund der Konjunkturerholungen in den nächsten Jahren nicht allzu lange an.

196 *http://www.berlinonline.de/berliner-zeitung/archiv/.bin/dump.fcgi/2009/1026/wirtschaft/0011/index.html*

197 Nach dem Konsumentenpreisindex »IPC«

198 Aufgrund der besseren Konjunkturlage wurden die von »Corralón« betroffenen Konten allerdings bereits ab 2003 vorzeitig zurückgezahlt.

199 *http://www.berlinonline.de/berliner-zeitung/archiv/.bin/dump.fcgi/2009/1026/wirtschaft/0011/index.html*

200 Quellen zu dem gesamten Kapitel: *Handelsblatt* vom 29. Oktober 2009; *Handelsblatt* vom 6. Dezember 2012; Olivier Blanchard/Daniel Pérez

Enrri: *Macroeconomía. Prentice Hall Iberia,* Buenos Aires, 2002, S. 479–481 (deutsch: Olivier Blanchard/Gerhard Illing: *Makroökonomie,* München 2009; »Argentina suspends debt payments« (*BBC News* vom 25.12.2001); Erhebungen des Statistikamtes INDEC; *http://www.zeit.de/2007/23/G8-Geierfonds; https://www.cia.gov/library/publications/the-world-factbook/geos/ar.html; http://www.lavoz.com.ar/Nota.asp?nota_id=2888&high=pobreza; http://www.clarin.com/diario/2006/09/16/elpais/p-00601.htm; http://www.insumisos.com/lecturasinsumisas/perspectiva%20de%20la%20crisis%20economica%20en%20argentina%201997_2002.pdf; http://www.indec.gov.ar;* Diana Klein: *Die Argentinienkrise,* Wien 2003; Cornelius Huppertz: »Korruption in Argentinien. Eine netzwerkanalytische Erklärung der Finanzkrise«, in: *Schriften zur internationalen Politik,* Band 8, Hamburg 2004; Christoph Jost: »Argentinien, Umfang und Ursachen der Staatsverschuldung und Probleme der Umschuldung«, in: *Auslandsinformationen,* Konrad-Adenauer-Stiftung, Sankt Augustin 2003; Ralf Kronberger: »Emerging Markets – Der Fall Argentinien«, in: *Aktuelle Unterlagen, Wirtschaft und Gesellschaft,* Arbeitsgemeinschaft für Wirtschaft und Schule, Wien 2002, 39.; Jutta Maute: *Hyperinflation, Currency Board, and Bust: The Case of Argentina;* Hohenheimer Volkswirtschaftliche Schriften, Frankfurt 2006; Peter Birle/Sandra Carreras (Hrsg.): *Argentinien nach zehn Jahren Menem. Wandel und Kontinuität,* Frankfurt am Main 2002; Rainer Schweickert: »Neue Krise – alte Probleme«, in: *Brennpunkt Lateinamerika.* Institut für Iberoamerika-Kunde, Hamburg 2002; »A survey of Argentina«, in: *The Economist,* 15.06.2004

201 *http://www.welt.de/finanzen/schulden-kinder/article3612007/Wenn-ein-ganzes-Land-pleite-ist.html?query=bankrott%20island*

202 *http://www.tagesschau.de/ausland/island210.html*

203 *http://www.welt.de/finanzen/article4255129/Grossaktionaere-pluenderten-offenbar-Kaupthing-Bank.html*

204 *http://www.welt.de/welt_print/article2550311/Island-ist-bankrott.html*

205 *http://www.wiwo.de/politik-weltwirtschaft/islands-angst-vor-dem-staats bankrott-373666/*

206 Gegenüber dem Euro.

207 *http://www.wiwo.de/politik-weltwirtschaft/islands-angst-vor-dem-staatsbankrott-373666/*

208 *Handelsblatt* vom 6. Januar 2010

209 *http://www.welt.de/wirtschaft/article3345420/Island-verstaatlicht-die-letzte-grosse-Bank.html*

210 *http://www.tagesschau.de/ausland/island210.html*

211 *Handelsblatt* vom 15. Dezember 2009

212 *Der Spiegel,* 49/2009

213 *http://www.auswaertiges-amt.de/DE/Europa/Erweiterung/Island_node.html*

214 Ebd.

215 *http://www.tagesschau.de/ausland/island362.html*

216 *Handelsblatt* vom 9. Dezember und 22. Dezember 2009
217 *Handelsblatt* vom 10. Dezember 2009
218 *Handelsblatt* vom 9. Dezember 2009
219 *Handelsblatt* vom 9. Dezember 2009
220 *http://www.sueddeutsche.de/wirtschaft/556/493898/text/*
221 *http://www.sueddeutsche.de/wirtschaft/556/493898/text/*
222 *Der Spiegel,* 50/2009, S. 85
223 *Handelsblatt* vom 11. Januar 2010
224 Andere Zahlen gehen von 7,9 Milliarden aus, vgl.: »Forderungen gegenüber im Fokus stehenden Ländern reduziert« (Bilanzpressekonferenz vom 26.03.2010)
225 *Handelsblatt* vom 30. November 2010
226 *http://www.welt.de/politik/deutschland/article7320004/Griechenland-wird-zum-Fass-ohne-Boden.html*
227 *http://www.handelsblatt.com/politik/deutschland/steuersenkung-angekuendigt-merkel-will-nun-auch-die-buerger-beschenken/4316720.html*
228 *Welt am Sonntag* vom 25. April 2010
229 *http://www.wirtschaftsblatt.at/home/international/wirtschaftspolitik/436893/index.do?from=MoM*
230 Ebd.
231 *Handelsblatt* vom 30. November 2010
232 *Handelsblatt* vom 16. Dezember 2010
233 *http://www.tagesschau.de/wirtschaft/griechenland640.html*
234 *Handelsblatt* vom 7. August 2012
235 Seit 2009
236 Vgl. dazu *http://www.tagesschau.de/wirtschaft/wirtschaftsdaten104.html;* Quelle: EU-Kommission
237 *Handelsblatt* vom 7. Juni 2013
238 Ebd.
239 *Handelsblatt* vom 7. Juni 2013
240 *Handelsblatt* vom 26. Juni 2013
241 *Wirtschaftswoche* Nr. 23 vom 3. Juni 2013
242 *Handelsblatt* vom 27. Mai 2013
243 *http://www.dw.de/zweiter-schuldenschnitt-f%C3%BCr-athen-wird-kommen/a-16340215*
244 *http://www.tagesschau.de/wirtschaft/griechenland640.html*
245 *Wirtschaftswoche* Nr. 23 vom 3. Juni 2013
246 *http://www.focus.de/finanzen/news/staatsverschuldung/verwirrung-um-schuldenschnitt-griechischer-finanzminister-droht-dem-rest-europas-mit-milliarden-verlusten_aid_920839.html*
247 *Handelsblatt* vom 7. Juni 2013
248 Ebd.
249 *Handelsblatt* vom 10. Juni 2013
250 *Handelsblatt* vom 17. Juni 2013
251 *Handelsblatt* vom 13. Juni 2013

252 Ebd.
253 *http://deutsche-wirtschafts-nachrichten.de/2013/06/12/regierungskrise-in-athen-journalisten-besetzen-staatliches-fernsehen/*
254 *Handelsblatt* vom 4. Juli 2013
255 *http://www.wiwo.de/politik/europa/acht-milliarden-euro-naechste-griechenland-tranche-kommt-in-raten/8460260.html*
256 Ebd.
257 *http://www.faz.net/aktuell/finanzen/fruehaufsteher/jeroen-dijsselbloem-eurogruppen-chef-bringt-neue-hilfe-fuer-griechen-ins-spiel-12278401.html*
258 *http://www.zeit.de/2009/10/Irland*
259 *http://www.welt.de/newsticker/news3/article107809412/Arbeitslosenquote-in-Irland-klettert-auf-18-Jahres-Hoch.html*
260 *Handelsblatt* vom 26. Juni 2013
261 *Handelsblatt* vom 2. Dezember 2009
262 *http://www.handelsblatt.com/politik/international/haushalt-irland-schnallt-den-guertel-deutlich-enger/3323440.html*
263 *http://www.irishtimes.com/newspaper/frontpage/2010/0826/1224277611693.html; http://www.faz.net/s/Rub58241E4DF1B14953 8ABC24D0E82A6266/Doc~E8960AD70D8554D;3A9CA745D7429 733B8~ATpl~Ecommon~Scontent.html*
264 *Handelsblatt* vom 22. September 2010
265 *Handelsblatt* vom 28. Oktober 2010
266 *http://www.webnews.de/815073/der-irland-crash*
267 Stresstest europäische Aufsicht CEBS (Stand: Juli 2010); BIZ; *Handelsblatt* vom 18. November 2010; *Welt.de*
268 *http://www.wirtschaftsblatt.at/home/international/wirtschaftspolitik/euro-schutzschirm-irland-erhaelt-85-milliarden-449060/index.do?_vl_pos=r.3.MOST*
269 *Handelsblatt* vom 29. November 2010; *Pro-aurum*-Marktkommentar vom 3. Dezember 2010
270 *Handelsblatt* vom 10. Dezember 2010
271 *Handelsblatt* vom 16. Dezember 2010
272 *http://www.handelsblatt.com/unternehmen/banken/immobilien-krise-irlands-bad-bank-kauft-kredite-im-wert-von-71-milliarden-euro-seite-4/3743086-4.html*
273 *Handelsblatt* vom 20. Dezember 2010
274 *http://www.tagesschau.de/wirtschaft/wirtschaftsdaten104.html*
275 Vgl. dazu: *Handelsblatt* vom 17. September 2012 *http://www.stern.de/wirtschaft/news/verschuldungsquote-irland-ist-schulden-europameister-1817533.html; http://www.faz.net/aktuell/politik/europaeische-union/irland-und-die-krise-sparen-allein-reicht-nicht-11838212.html; http://deutsche-wirtschafts-nachrichten.de/2012/07/10/exporte-brechen-ein-rezession-in-irland-verschaerft/*
276 *Handelsblatt* vom 28. Juni 2013

277 *Handelsblatt* vom 11. Februar 2013
278 *Handelsblatt* vom 18. November 2010
279 *Handelsblatt* vom 18. November 2010 und 23. November 2010
280 *http://www.wirtschaftsblatt.at/home/international/wirtschaftspolitik/portugals-zentralbank-warnt-vor-grossen-risiken-fuer-banken-449342/index.do?_vl_pos=r.1.NT*
281 *Handelsblatt* vom 2. Dezember 2010
282 *Handelsblatt* vom 28. April 2010
283 *Handelsblatt* vom 18. November 2010 und 23. November 2010
284 *Handelsblatt* vom 2. Dezember 2010
285 *Welt am Sonntag* vom 9. Januar 2011
286 *http://www.tagesschau.de/wirtschaft/portugaleuhilfe102.html*
287 *http://derstandard.at/1358304699993/Fitch-Portugal-braucht-zweites-Hilfspaket*
288 *http://www.tagesschau.de/wirtschaft/portugal360.html*
289 *http://www.sueddeutsche.de/wirtschaft/euro-laender-unter-dem-rettungsschirm-klamm-in-der-klemme-1.1393496*
290 *http://www.tagesschau.de/wirtschaft/portugal334.html*
291 *http://www.zeit.de/wirtschaft/2013-04/portugal-gerichtsurteil-krise*
292 *http://www.tagesschau.de/wirtschaft/portugal334.html*
293 *http://www.tagesschau.de/wirtschaft/portugal360.html*
294 *Handelsblatt* vom 26. Juni 2013
295 *Handelsblatt* vom 5. Juli 2013
296 *Handelsblatt* vom 12. Juli 2013
297 *Handelsblatt* vom 4. Juli 2013
298 *http://info.kopp-verlag.de/hintergruende/europa/michael-grandt/ist-zypern-der-naechste-eu-bankrott-staat-.html*
299 *Welt am Sonntag* vom 28. Dezember 2010
300 *Handelsblatt* vom 18. Februar 2013
301 *Handelsblatt* vom 18. Februar 2013
302 Vgl. *tagesschau.de* vom 18. März 2013
303 Quellen: *http://deutsche-wirtschafts-nachrichten.de/2013/03/26/explosive-stimmung-in-zypern-tausend-studenten-vor-dem-parlament/;*
http://deutsche-wirtschafts-nachrichten.de/2013/03/26/kapital-macht-rueber-die-russen-sind-raus-aus-zypern/;
http://www.welt.de/wirtschaft/article114721094/Zyprer-duerfen-nur-noch-100-Euro-taeglich-abheben.html;
http://www.tagesanzeiger.ch/wirtschaft/konjunktur/Arbeitslosigkeit-Armut-und-eine-ZombieWirtschaft/story/29801079;
http://deutsche-wirtschafts-nachrichten.de/2013/03/25/euro-chef-dijsselbloem-kuendigt-weitere-haircuts-an/;
http://www.stuttgarter-zeitung.de/inhalt.zypern-loesung-auch-berlin-koennte-banken-kurzfristig-schliessen.072bd4ae-5358-445f-9dd5-6606bab69fdc.html;
http://deutsche-wirtschafts-nachrichten.de/2013/03/26/bank-of-cyprus-

der-schneeball-rollt-ins-mittelmeer/; http://deutsche-wirtschafts-nachrichten.de/2013/03/26/chaos-in-bruessel-dijsselbloem-gegen-dijsselbloem/; http://eurodemostuttgart.wordpress.com/2013/03/25/zypern-fratze-der-euro-diktatur-enteignungen-ohne-parlamentsbeschluss/; http://www.mmnews.de/index.php/wirtschaft/12498-zypern-totalrasur; http://fortunanetz.de/?lesen=KW132613a#KW132613a

304 Quellen: *http://deutsche-wirtschafts-nachrichten.de/2013/03/19/in-letzter-minute-zypern-politiker-pluenderten-ihre-bank-konten/;http://deutsche-wirtschafts-nachrichten.de/2013/03/16/schaeuble-bankeinlagen-sind-eine-sensible-sache-daher-macht-man-es-am-wochenende/; http://deutsche-wirtschafts-nachrichten.de/2013/03/19/merkel-die-banken-in-zypern-bleiben-geschlossen/; http://diepresse.com/home/wirtschaft/eurokrise/1377961/Zypern_Ablehnung-der-Zwangsabgabe-so-gut-wie-fix?_vl_backlink=/home/wirtschaft/eurokrise/1356757/index.do&direct=1356757; http://deutsche-wirtschafts-nachrichten.de/2013/03/19/entsetzen-in-bruessel-zypern-lehnt-zwangs-hilfe-ab/; http://www.handelsblatt.com/politik/deutschland/parlamentsabstimmung-zyperns-regierungspartei-laesst-rettungspaket-platzen/7954300.html; http://www.wiwo.de/politik/europa/zypern-parlament-will-zwangsabgabe-kippen/7949396.html*

305 Quellen: *http://deutsche-wirtschafts-nachrichten.de/2013/03/20/merkel-deutschland-will-eine-loesung-fuer-zypern/; http://deutsche-wirtschafts-nachrichten.de/2013/03/20/bundesregierung-beruft-sondersitzung-ein/ http://deutsche-wirtschafts-nachrichten.de/2013/03/20/crash-gefahr-ezb-verschiebt-zahlung-von-not-krediten-an-zypern/; http://deutsche-wirtschafts-nachrichten.de/2013/03/20/schaeuble-zweifelt-ob-banken-in-zypern-ueberhaupt-wieder-oeffnen-koennen/; http://www.stern.de/news2/aktuell/trittin-will-rueckwirkende-vermoegensbesteuerung-einfuehren-1909546.html; http://www.infowars.com/banking-chief-calls-for-15-looting-of-italians-savings/; http://deutsche-wirtschafts-nachrichten.de/2013/03/19/spanien-hyper-nervoes-minister-bankguthaben-unter-100-000-euro-sind-heilig/ http://deutsche-wirtschafts-nachrichten.de/2013/03/26/explosive-stimmung-in-zypern-tausend-studenten-vor-dem-parlament/*

306 Quellen: *http://deutsche-wirtschafts-nachrichten.de/2013/03/26/explosive-stimmung-in-zypern-tausend-studenten-vor-dem-parlament/;*

307 *http://deutsche-wirtschafts-nachrichten.de/2013/03/26/kapital-macht-rueber-die-russen-sind-raus-aus-zypern/; http://www.welt.de/wirtschaft/article114721094/Zyprer-duerfen-nur-noch-100-Euro-taeglich-abheben.html; http://www.tagesanzeiger.ch/wirtschaft/konjunktur/Arbeitslosigkeit-Armut-und-eine-ZombieWirtschaft/story/29801079; http://deutsche-wirtschafts-nachrichten.de/2013/03/25/euro-chef-dijsselbloem-kuendigt-weitere-haircuts-an/;*

http://www.stuttgarter-zeitung.de/inhalt.zypern-loesung-auch-berlin-koennte-banken-kurzfristig-schliessen.072bd4ae-5358-445f-9dd5-6606bab69fdc.html; http://deutsche-wirtschafts-nachrichten.de/2013/03/26/bank-of-cyprus-der-schneeball-rollt-ins-mittelmeer/; http://deutsche-wirtschafts-nachrichten.de/2013/03/26/chaos-in-bruessel-dijsselbloem-gegen-dijsselbloem/; http://eurodemostuttgart.wordpress.com/2013/03/25/zypern-fratze-der-euro-diktatur-enteignungen-ohne-parlamentsbeschluss/; http://www.mmnews.de/index.php/wirtschaft/12498-zypern-totalrasur; http://fortunanetz.de/?lesen=KW132613a#KW132613a

308 Ebd.

309 *http://www.tagesschau.de/wirtschaft/zypern478.html*

310 *http://www.t-online.de/wirtschaft/schuldenkrise/id_63075456/zypern-zwangsabgabe-trifft-auch-hilfsorganisationen.html*

311 *Handelsblatt* vom 23. April 2013

312 Quellen: *n-tv.de,* AFP/dpa/rts vom 28. März 2013

313 *http://www.t-online.de/wirtschaft/schuldenkrise/id_63075456/zypern-zwangsabgabe-trifft-auch-hilfsorganisationen.html*

314 *http://www.tagesschau.de/wirtschaft/zypern-bundestag104.html*

315 Vgl.: *http://deutsche-wirtschafts-nachrichten.de/2013/06/27/eurogruppe-einigt-sich-erst-zahlen-aktionaere-und-glaeubiger-dann-die-sparer/*

316 Vgl.: Pressemitteilung der EU-Kommission: »Council agrees position on bank resolution« vom 27. Juni 2013 *(http://www.consilium.europa.eu/uedocs/cms_data/docs/pressdata/en/ecofin/137627.pdf)*

317 Quellen: *http://deutsche-wirtschafts-nachrichten.de/2013/03/26/explosive-stimmung-in-zypern-tausend-studenten-vor-dem-parlament/; http://deutsche-wirtschafts-nachrichten.de/2013/03/26/kapital-macht-rueber-die-russen-sind-raus-aus-zypern/; http://www.welt.de/wirtschaft/article114721094/Zyprer-duerfen-nur-noch-100-Euro-taeglich-abheben.html; http://www.tagesanzeiger.ch/wirtschaft/konjunktur/Arbeitslosigkeit-Armut-und-eine-ZombieWirtschaft/story/29801079; http://deutsche-wirtschafts-nachrichten.de/2013/03/25/euro-chef-dijsselbloem-kuendigt-weitere-haircuts-an/; http://www.stuttgarter-zeitung.de/inhalt.zypern-loesung-auch-berlin-koennte-banken-kurzfristig-schliessen.072bd4ae-5358-445f-9dd5-6606bab69fdc.html; http://deutsche-wirtschafts-nachrichten.de/2013/03/26/bank-of-cyprus-der-schneeball-rollt-ins-mittelmeer/; http://deutsche-wirtschafts-nachrichten.de/2013/03/26/chaos-in-bruessel-dijsselbloem-gegen-dijsselbloem/; http://eurodemostuttgart.wordpress.com/2013/03/25/zypern-fratze-der-euro-diktatur-enteignungen-ohne-parlamentsbeschluss/; http://www.mmnews.de/index.php/wirtschaft/12498-zypern-totalrasur;*

http://fortunanetz.de/?lesen=KW132613a#KW132613a

318 *Handelsblatt* vom 23. Mai 2013

319 *Handelsblatt* vom 20. Juni 2013

320 *http://deutsche-wirtschafts-nachrichten.de/2013/06/28/erneute-panik-in-zypern-kapitalflucht-trotz-kontrollen/*

321 *Handelsblatt* vom 5. Juli 2013

322 *Handelsblatt* vom 4. Juli 2013

323 Quellen: *http://deutsche-wirtschafts-nachrichten.de/2013/03/26/explosive-stimmung-in-zypern-tausend-studenten-vor-dem-parlament/; http://deutsche-wirtschafts-nachrichten.de/2013/03/26/kapital-macht-rueber-die-russen-sind-raus-aus-zypern/; http://www.welt.de/wirtschaft/article114721094/Zyprer-duerfen-nur-noch-100-Euro-taeglich-abheben.html; http://www.tagesanzeiger.ch/wirtschaft/konjunktur/Arbeitslosigkeit-Armut-und-eine-ZombieWirtschaft/story/29801079; http://deutsche-wirtschafts-nachrichten.de/2013/03/25/euro-chef-dijsselbloem-kuendigt-weitere-haircuts-an; http://www.stuttgarter-zeitung.de/inhalt.zypern-loesung-auch-berlin-koennte-banken-kurzfristig-schliessen.072bd4ae-5358-445f-9dd5-6606bab69fdc.html; http://deutsche-wirtschafts-nachrichten.de/2013/03/26/bank-of-cyprus-der-schneeball-rollt-ins-mittelmeer/; http://deutsche-wirtschafts-nachrichten.de/2013/03/26/chaos-in-bruessel-dijsselbloem-gegen-dijsselbloem/; http://eurodemostuttgart.wordpress.com/2013/03/25/zypern-fratze-der-euro-diktatur-enteignungen-ohne-parlamentsbeschluss/; http://www.mmnews.de/index.php/wirtschaft/12498-zypern-totalrasur; http://fortunanetz.de/?lesen=KW132613a#KW132613a*

324 Ebd.

325 *Handelsblatt* vom 23. Mai 2013

326 *Handelsblatt* vom 21. Mai 2013

327 Hans-Werner Sinn im *Focus*, zit. in *Deutsche Wirtschafts Nachrichten*, Nr. 1/Juni 2013, S. 20

328 *http://www.spiegel.de/wirtschaft/soziales/spanien-pluendert-rentenreserve-seines-volks-a-875727.html*

329 *Handelsblatt* vom 5. Juli 2013

330 *Handelsblatt* vom 26. Juni 2013

331 *http://www.n-tv.de/wirtschaft/Arbeitslosigkeit-erreicht-Rekordwert-article10539606.html*

332 *http://www.tagesschau.de/wirtschaft/spanien-schulden100.html*

333 *http://www.tagesschau.de/wirtschaft/wirtschaftsdaten104.html*

334 *http://www.tagesschau.de/wirtschaft/wirtschaftsdaten104.html*

335 Ebd.

336 Dr. Martin D. Weiss: *Die deutsche Bankenkrise kommt!*, Bonn 2013, S. 13

337 *http://www.tagesspiegel.de/politik/ungarn-kurz-vor-dem-staatsbankrott/6065582.html*
338 Quelle: *Eurostat*
339 *http://www.europa-auf-einen-blick.de/ungarn/*
340 *http://www.google.de/imgres?imgurl=http://www.haushaltssteuerung.de/staatsschulden-eu-grafiken/staatsschulden-ungarn-prozent-bip.png&imgrefurl=http://www.haushaltssteuerung.de/staatsverschuldung-ungarn.html&h=370&w=599&sz=25&tbnid=Rwg1r_qFb6PmgM:&tbnh=75&tbnw=121&prev=/search%3Fq%3Dstaatsverschuldung%2Bungarn%2B2012%26tbm%3Disch%26tbo%3Du&zoom=1&q=staatsverschuldung+ungarn+2012&usg=__d42QfVMlyLp2-FJKHpMU53JMnoY=&docid=y5KBWbA-4qgZXM&hl=de&sa=X&ei=YUV6UZ-rMsel4ATPxIDIBw&sqi=2&ved=0CGEQ9QEwCg&dur=6625*
341 Ebd.
342 *http://www.tagesschau.de/wirtschaft/wirtschaftsdaten104.html*
343 *http://www.google.de/imgres?imgurl=http://www.haushaltssteuerung.de/staatsschulden-eu-grafiken/staatsschulden-ungarn-prozent-bip.png&imgrefurl=http://www.haushaltssteuerung.de/staatsverschuldung-ungarn.html&h=370&w=599&sz=25&tbnid=Rwg1r_qFb6PmgM:&tbnh=75&tbnw=121&prev=/search%3Fq%3Dstaatsverschuldung%2Bungarn%2B2012%26tbm%3Disch%26tbo%3Du&zoom=1&q=staatsverschuldung+ungarn+2012&usg=__d42QfVMlyLp2-FJKHpMU53JMnoY=&docid=y5KBWbA-4qgZXM&hl=de&sa=X&ei=YUV6UZ-rMsel4ATPxIDIBw&sqi=2&ved=0CGEQ9QEwCg&dur=6625*
344 *http://www.tt.com/%C3%9Cberblick/Wirtschaft/4484599-6/2-wachstum-2012-ungarn-in-investoren-krise.csp*
345 *Cicero,* 6/2013, S. 60
346 *Wirtschaftswoche,* Nr. 7 vom 9. Februar 2013
347 *Handelsblatt* vom 2. Mai 2013
348 *http://money.oe24.at/Topbusiness/Arbeitslosigkeit-in-Slowenien-weiter-angestiegen/97068876*
349 Quelle: *Eurostat*
350 *http://www.tagesschau.de/wirtschaft/schulden158.html*
351 *http://www.imf.org/external/pubs/ft/weo/2012/02/weodata/weoselco.aspx?g=2001&sg=All+countries*
352 *http://www.tagesschau.de/wirtschaft/wirtschaftsdaten104.html*
353 Ebd.
354 Ebd.
355 Arbeitsmarktdaten nach EU-Standard gem. *Eurostat*
356 *http://www.europa-auf-einen-blick.de/belgien/*
357 *http://www.euractiv.de/finanzen-und-wachstum/artikel/staatsverschuldung-in-der-eu-steigt-weiter-007445*
358 *http://wko.at/statistik/eu/europa-verschuldung.pdf*
359 *http://www.tagesschau.de/wirtschaft/wirtschaftsdaten104.html*

360 *http://europa.eu/rapid/press-release_STAT-13-64_de.htm*
361 *http://ahk.de/fileadmin/ahk_ahk/GTaI/belgien.pdf*
362 *Handelsblatt* vom 23. Mai 2013
363 *Handelsblatt* vom 11. Juli 2013
364 *Handelsblatt* vom 26. Juni 2013
365 *http://de.euronews.com/2009/06/19/arbeitslosigkeit-in-italien-steigt/*
366 *http://www.auswaertiges-amt.de/DE/Aussenpolitik/Laender/Laenderinfos/Italien/Wirtschaft_node.html*
367 *http://www.google.de/publicdata/explore?ds=ds22a34krhq5p_&met_y=gd_pc_gdp&idim=country:it&dl=de&hl=de&q=staatsverschuldung%20italien*
368 *Handelsblatt* vom 8. April 2014
369 *http://www.tagesschau.de/wirtschaft/wirtschaftsdaten104.html*
370 *http://www.tagesschau.de/wirtschaft/wirtschaftsdaten104.html*
371 *http://ahk.de/fileadmin/ahk_ahk/GTaI/italien.pdf*
372 *Handelsblatt* vom 23. Mai 2013
373 *http://www.finanzen.net/nachricht/aktien/Grossbritannien-Arbeitslosigkeit-sinkt-weniger-als-erwartet-2328515*
374 *http://www.handelsblatt.com/politik/konjunktur/nachrichten/statistik-arbeitslosenzahl-in-grossbritannien-steigt-weiter/3074852.html*
375 *http://europa.eu/rapid/press-release_STAT-13-64_de.htm*
376 *http://wko.at/statistik/eu/europa-verschuldung.pdf*
377 *http://www.tagesschau.de/wirtschaft/wirtschaftsdaten104.html*
378 *http://www.auswaertiges-amt.de/DE/Aussenpolitik/Laender/Laenderinfos/Grossbritannien/Wirtschaft_node.html*
379 *http://www.auswaertiges-amt.de/DE/Aussenpolitik/Laender/Laenderinfos/Grossbritannien/Wirtschaft_node.html*
380 *Handelsblatt* vom 13. Juni 2013
381 *http://www.faz.net/aktuell/wirtschaft/wirtschaftspolitik/frankreich-herabgestuft-hollande-gibt-sich-gelassen-12282213.html*
382 *Handelsblatt* vom 30. April 2013
383 *Handelsblatt* vom 26. Juni 2013
384 *http://www.epochtimes.de/arbeitslosigkeit-in-frankreich-auf-zwoelf-jahrestief-293816.html*
385 *Handelsblatt* vom 30. April 2013
386 *http://www.tagesschau.de/wirtschaft/wirtschaftsdaten104.html*
387 *http://www.euractiv.de/finanzen-und-wachstum/artikel/staatsverschuldung-in-der-eu-steigt-weiter-007445*
388 Quelle: *Eurostat*
389 *http://www.auswaertiges-amt.de/sid_C477AC41907028B0F3C2425C394B27D2/DE/Aussenpolitik/Laender/Laenderinfos/Frankreich/Wirtschaft_node.html*
390 *http://business-panorama.de/news.php?newsid=170489*
391 *Ein* Beispiel von vielen: Im Juni 2013 wurde bekannt, dass Berlin der sich wandelnden Militärdiktatur in Myanmar 542 Millionen Euro an Schulden erlassen will (vgl.: *Wirtschaftswoche,* Nr. 26 vom 24. Juni 2013).

392 Bericht Judith S. (Archiv Grandt)
393 Quellen für das ganze Kapitel: *Handelsblatt* vom 16. Januar 2013; *http://www.sueddeutsche.de/wirtschaft/bankenrettung-ein-verlustgeschaeft-fuer-die-steuerzahler-1.1560316 http://www.focus.de/finanzen/news/wirtschaftsticker/teure-bankenrettung-soffin-hat-noch-milliarden-im-feuer_aid_888083.html; http://www.focus.de/finanzen/news/wirtschaftsticker/teure-bankenrettung-mit-soffin-deutschlands-steuerzahler-stuetzen-banken-mit-milliarden_aid_888246.html; http://www.focus.de/finanzen/news/staatsverschuldung/nachwehen-der-finanzkrise-bankenrettungsfonds-kostet-schon-wieder-milliarden_aid_744219.html; http://www.welt.de/wirtschaft/article112717148/Deutschland-steckt-laengst-in-einer-Haftungsunion.html http://www.neopresse.com/finanzsystem/efsf-und-esm-wo-sind-die-rettungsmilliarden-geblieben/ http://www.handelsblatt-hochschulinitiative.de/index.php/startseite/stimmt-es-dass/2451-die-staatsschulden-trotz-haushalts%C3%BCberschuss-steigen.html*
394 *Handelsblatt* vom 7. Juni 2013
395 *http://statistik.arbeitsagentur.de/Statischer-Content/Arbeitsmarktberichte/Monatsbericht-Arbeits-Ausbildungsmarkt-Deutschland/Monatsberichte/Generische-Publikationen/Monatsbericht-201303.pdf*
396 Quellen zu diesem Kapitel: *http://www.tagesschau.de/wirtschaft/neuer-minusrekord-bei-arbeitslosigkeit-in-der-eurozone100.html; http://alles-schallundrauch.blogspot.de/2013/01/ikrk-warnt-vor-gewaltsamen-aufstanden.html; http://www.nachrichtenspiegel.de/2012/12/29/vom-mittelstand-direkt-nach-hartz-iv-auch-dann-wenn-man-wirklich-alles-richtig-macht-und-beim-jobcenter-selbst-arbeitet/; http://www.spiegel.de/wirtschaft/soziales/hartz-iv-mehr-als-drei-millionen-langzeitbezieher-a-875066.html; http://www.deutsche-mittelstands-nachrichten.de/2013/01/49338/; http://www.spiegel.de/wirtschaft/soziales/ernst-young-prognostiziert-20-millionen-arbeitslose-in-euro-zone-a-875578.html; http://www.randzone-online.de/?p=17083*
397 *Handelsblatt* vom 23. April 2010
398 *http://www.cecu.de/rentenbeitrag.html*
399 Studie des Deutschen Instituts für Altersvorsorge (DIA), Juni 2010
400 Dill, S. 205
401 *http://www.wiwo.de/politik/bundestag-beschliesst-rentenschutzklausel-400700/*
402 *http://www.welt.de/wirtschaft/article113504127/Wir-wissen-nicht-wie-wir-aus-der-Krise-kommen.html*
403 *http://www.bundesfinanzministerium.de/Content/DE/Monatsberichte/Standardartikel_Migration/2009/11/statistiken-und-dokumentationen/01-finanzwirtschaftliche-entwicklung/tabellen/Tabelle_S11.html*
404 *Handelsblatt* vom 16.08.2010

405 Zahlen des Statistischen Bundesamtes, Versorgungsempfänger des öffentlichen Dienstes
406 *Wirtschaftswoche*, Nr. 20 vom 13. Mai 2013
407 Ramb, *Der Zusammenbruch unserer Währung*, S. 40
408 Dill, S. 202
409 *http://www.steuerzahler.de/Verschuldung/7688c8973i1p477/index.html*
410 *http://www.rentenreform-alternative.de/rentenniveau.htm*
411 *Welt am Sonntag* vom 9. Januar 2011
412 *http://www.bundesfinanzministerium.de/Content/DE/Monatsberichte/Standardartikel_Migration/2009/11/statistiken-und-dokumentationen/01-finanzwirtschaftliche-entwicklung/tabellen/Tabelle_S11.html*
http://www.bundesfinanzministerium.de/Content/DE/Monatsberichte/Standardartikel_Migration/2009/11/statistiken-und-dokumentationen/01-finanzwirtschaftliche-entwicklung/tabellen/Tabelle_S05.html
413 *http://www.bundesfinanzministerium.de/Content/DE/Monatsberichte/2013/04/Inhalte/Kapitel-5-Statistiken/5-1-07-haushaltsquerschnitt.html*
414 *http://www.bundesfinanzministerium.de/Content/DE/Monatsberichte/Standardartikel_Migration/2009/11/statistiken-und-dokumentationen/01-finanzwirtschaftliche-entwicklung/tabellen/Tabelle_S11.html*
http://www.bundesfinanzministerium.de/Content/DE/Monatsberichte/Standardartikel_Migration/2009/11/statistiken-und-dokumentationen/01-finanzwirtschaftliche-entwicklung/tabellen/Tabelle_S05.html
415 *http://www.bundesfinanzministerium.de/Content/DE/Monatsberichte/2013/04/Inhalte/Kapitel-5-Statistiken/5-1-08-gesamtuebersicht-ueber-entwicklung.html*
416 *http://www.lohn-info.de/sozialversicherungsbeitraege2013.html*
417 *http://www.bundeshaushalt-info.de/startseite/#/2012/soll/ausgaben/funktion/92.html*
418 Vgl. dazu: *€uro*, 04/13, S. 40 ff.
419 *http://www.faz.net/aktuell/wirtschaft/wirtschaftspolitik/armut-und-reichtum/armut-und-reichtum-wie-schlaegt-sich-deutschlands-mittelschicht-12011427.html*
420 *http://www.faz.net/aktuell/wirtschaft/wirtschaftspolitik/armut-und-reichtum/armut-und-reichtum-wie-schlaegt-sich-deutschlands-mittelschicht-12011427.html*
421 Das Blatt beruft sich auf eine Studie des Karl-Bräuer-Instituts (KBI) des Bundes der Steuerzahler, vgl. *Welt am Sonntag* vom 5. April 2009
422 Ebd.
423 *http://www.handelsblatt.com/finanzen/recht-steuern/steuern/steuerzahlergedenktag-buerger-arbeiten-immer-laenger-fuer-den-staat/6851106.html*
424 *http://www.handelsblatt.com/finanzen/recht-steuern/steuern/steuerzahlergedenktag-buerger-arbeiten-immer-laenger-fuer-den-staat/6851106.html*

425 Zahlen der OECD *(http://info.kopp-verlag.de/hintergruende/deutschland/wie-der-deutsche-staat-uns-schroepft-.html)*
426 Quellen: *Federal Reserve Flow of Funds, Haver Analytics, McKinsey Global Institute,* in: Janne Jörg Kipp/Rolf Morrien: *Staatsbankrott voraus,* München 2010, S. 50
427 *http://www.tagesschau.de/wirtschaft/geldvermoegen100.html*
428 Bis Ende 2012; *http://www.steuerzahler.de/Verschuldung/7688c8973i1p477/index.html*
429 *Handelsblatt* vom 27. Juni 2013
430 Quellen: Bund der Steuerzahler sowie Statistisches Bundesamt; ebenso Schätzungen des Instituts für Weltwirtschaft, in: *Handelsblatt* vom 17.12.2010
431 *http://www.staatsverschuldung.de/schuldenuhr.htm*
432 Ebd.
433 *http://www.bundesfinanzministerium.de/Content/DE/Monatsberichte/Standardartikel_Migration/2009/11/statistiken-und-dokumentationen/01-finanzwirtschaftliche-entwicklung/tabellen/Tabelle_S15.html;*
434 *http://www.bundesfinanzministerium.de/Content/DE/Monatsberichte/2012/09/Inhalte/Kapitel-6-Statistiken/6-1-14-staatsschuldenquoten.html*
435 *http://www.welt.de/wirtschaft/article114944193/Finanzkrise-kostet-Deutschland-187-Milliarden.html*
436 *Handelsblatt* vom 6. April 2010
437 Prof. Dr. Bernd-Thomas Ramb: *Vor der nächsten Währungsreform,* Hamburg o. J., S. 38
438 *https://www.destatis.de/DE/PresseService/Presse/Pressekonferenzen/2013/BIP2012/Statement_Egeler_2012_PDF.pdf;jsessionid=C9BEBC042FA5E5DE0BC88E4E67478B06.cae3?__blob=publicationFile*
439 Durchschnitt der letzten zehn Jahre, 2012 mit 610 Mrd. Euro war bisher ein Ausnahmejahr.
440 Ohne Schuldzins
441 *http://www.steuerzahler.de/files/19765/Zinsausgaben.pdf*
442 *Handelsblatt* vom 27. Juni 2013
443 *http://www.handelsblatt.com/politik/konjunktur/nachrichten/staatsverschuldung-die-rechnung-bitte-seite-4/3405690-4.html;* diese Aussage wird von politisch korrekten Ökonomen zwischenzeitlich als »falsch« angesehen.
444 *Handelsblatt* vom 6. April 2010
445 *http://www.imf.org/external/pubs/ft/weo/2012/02/weodata/weoselco.aspx?g=2001&sg=All+countries*
446 *Handelsblatt* vom 3. April 2013
447 *Handelsblatt* vom 4. Juli 2013
448 Quellen: *Handelsblatt* vom 3. September 2012; *Handelsblatt* vom 19. September 2012; *http://www.ftd.de/unternehmen/finanzdienstleister/:in-der-finanzkrise-deutsche-bank-soll-milliardenverluste-versteckt-haben/70125877.html;*

http://www.sueddeutsche.de/wirtschaft/lehman-brothers-pleite-die-angst-vor-dem-crash-virus-bleibt-1.1468728; http://www.ftd.de/unternehmen/finanzdienstleister/:bankenregulierung-eu-plaene-gefaehrden-rating-der-deutschen-bank/70099294.html; http://www.focus.de/finanzen/banken/systemrelevante-banken-als-risiko-deutsche-bank-gehoert-zu-den-gefaehrlichsten-banken_aid_851729.html; http://www.spiegel.de/wirtschaft/soziales/eu-bangt-um-rating-fuer-rettungsschirm-esm-a-862254.html; http://www.deutsche-mittelstands-nachrichten.de/2012/02/38214/; http://www.handelsblatt.com/politik/deutschland/bundesbank-schuldenkrise-gefaehrdet-deutsche-banken/5823036.html

449 Quelle: BIS, in: *Handelsblatt* vom 26. April 2013

450 *Handelsblatt* vom 17. Mai 2013

451 *Wirtschaftswoche* vom 22. April 2013

452 Quelle: *McKinsey*, in: *Handelsblatt* vom 10. April 2013

453 Quellen: Antwort der Bundesregierung auf die Kleine Anfrage der Abgeordneten Dr. Gerhard Schick, Dr. Thomas Gambke, Britta Haßelmann, weiterer Abgeordneter und der Fraktion BÜNDNIS 90/DIE GRÜNEN – Drucksache 17/8272. *http://dipbt.bundestag.de/dip21/btd/17/085/1708524.pdf; http://www.bundesbank.de/Navigation/DE/Kerngeschaeftsfelder/Bankenaufsicht/Solvabilitaet/Eigenmittel/eigenmittel.html; http://www.spiegel.de/wirtschaft/soziales/top-oekonom-hans-werner-sinn-der-mann-und-die-milliarden-bombe-a-817004.html; http://www.faz.net/aktuell/wirtschaft/europas-schuldenkrise/bundesbankbilanz-schlesinger-kritisiert-die-bundesbank-11133470.html; http://www.faz.net/aktuell/wirtschaft/europas-schuldenkrise/schuldenkrise-ist-target-2-nur-ein-suendenbock-11964519.html; http://www.wiwo.de/politik/europa/euro-krise-wo-liegt-das-risiko-fuer-deutschland/6277238-5.html; http://www.wiwo.de/politik/europa/euro-krise-target-salden-draengen-deutschland-an-den-abgrund/6277238.html; http://www.zeit.de/2012/45/Bilanz-Europaeische-Zentralbank-Hans-Werner-Sinn; http://www.querschuesse.de/target2-salden/; http://www.rottmeyer.de/die-target-2-salden-kommen-deutschland-teuer-zu-stehen/; http://www.spiegel.de/wirtschaft/soziales/die-target-falle-von-hans-werner-sinn-auf-verlorenem-rechnungsposten-a-859508.html; http://www.ftd.de/politik/europa/:diskussion-ueber-target-salden-wie-sich-bundesbank-und-ifo-chef-in-der-sinn-frage-annaehern/70017201.html; http://www.sueddeutsche.de/wirtschaft/target-salden-der-bundesbank-brisante-milliarden-1.1300848.*

454 *http://www.badische-zeitung.de/wirtschaft-3/die-verdeckten-risiken-der-eurorettung-sinken--72109382.html*

455 *http://www.finanzen.net/nachricht/aktien/Konjunkturforscher-prognostizieren-mehr-Wachstum-fuer-Deutschland-2377495*

456 *http://www.focus.de/finanzen/news/konjunktur/tid-16144/staatsverschuldung-die-unterschaetzte-gefahr_aid_452723.html*

457 Das errechneten die Volkswirte der Unicredit *(http://www.focus.de/finanzen/news/konjunktur/tid-16144/staatsverschuldung-die-unterschaetzte-gefahr_aid_452723.html)*
458 Ronald Gläser: »Koalitionsverhandlungen: Staatsbankrott rückt näher« *(http://ef-magazin.de/2009/10/22/1588-koalitionsverhandlungen-staatsbankrott-rueckt-naeher)*
459 Ohne Leistungsbilanzausgleich (siehe Kapitel ➔ »Sie sind der Zahlmeister der ganzen Welt«)
460 Diese Bundesländer wurden unter Aufsicht gestellt, weil ihr Schuldenstand den festgelegten Schwellenwert regelmäßig überschreitet (vgl. *Süddeutsche Zeitung*)
461 O. Pfleiderer: »Währungen«, in: *Staatslexikon* (Band 8), Freiburg 1963, Spalte 406/407
462 Ebd.
463 *Der Grosse Ploetz,* 32. Auflage, Freiburg i. Br. 2001, S. 1403
464 Zit. nach: Werner Meyer: *Währungsreform – Das neue Geld ist da,* Augsburg 2005, S. 9
465 Zit. nach Meyer, S. 15
466 Zit. nach Meyer, S. 12
467 J. Priese und F. Rebentrost: *Kommentar zu den Gesetzen zur Neuordnung des Geldwesens,* Iserlohn 1948, S. 68
468 Meyer, S. 12 sowie *http://www.verfassungen.de/de/de45-49/bizone-waehrungsgesetz48.htm*
469 *WiGBl 1948,* Beilage Nr. 5 *(http://www.verfassungen.de/de/de45-49/bizone-waehrungsgesetz48.htm)*
470 Hannich, *Staatsbankrott,* S. 75
471 Prof. Dr. Bernd-Thomas Ramb: *Vor der nächsten Währungs-»Reform«,* Hamburg o. J., S. 73
472 Alfred Grosser: *Geschichte Deutschlands seit 1945. Eine Bilanz,* München 1981, S. 100 f.
473 Ergänzende Literatur: G. Colm/ M. Dodge/ W. Goldsmith: »A Plan for the Liquidation of War Finance and the Financial Rehabilitation of Germany«, in: *Zeitschrift für die gesamte Staatswissenschaft,* 111 (1955), S. 204–243; Siegfried Freick: *Die Währungsreform 1948 in Westdeutschland. Weichenstellung für ein halbes Jahrhundert,* Schkeuditz 2001; J. Priese und F. Rebentrost: *Kommentar zu den Gesetzen zur Neuordnung des Geldwesens unter Berücksichtigung der Durchführungsverordnungen,* Iserlohn 1948
474 Hans-Hermann Hertle: *Chronik des Mauerfalls,* Berlin 2006, S. 145
475 *http://www.euractiv.de/wahlen-und-macht/artikel/die-mythen-des-riccardo-ehrmann-002269*
476 Hans-Hermann Hertle: *Chronik des Mauerfalls,* Berlin 2006, S. 145
477 Ebd., S. 123
478 Susanne Hornberger: *13.8.1961. Der Bau der Berliner Mauer,* Augsburg 2005, S. 92

479 Ebd., S. 91
480 *http://www.chronik-der-wende.de/tvchronik_jsp/key=tvc9.11.1989.html*
481 Es wurde bereits im Jahr 1959 in Höhe von 15 Mark eingeführt und 1987 auf 100 Mark aufgestockt.
482 Hans-Herrman Hertle: *Der Fall der Mauer, Wiesbaden 1999,* S. 291
483 Hertle, S. 291; dagegen zählt Klaus Schroeder in: *Der Preis der Einheit, Eine Bilanz,* München/Wien 2000, S. 111, »nur« acht Millionen
484 Bundesinnenministerium, *Dokumente zur Deutschlandpolitik, Deutsche Einheit, Dokument Nr. 109, Gespräch zwischen dem Bundeskanzler mit Präsident Bush in Laeken bei Brüssel am 3. Dezember 1989,* S. 601–602
485 Bundesinnenministerium, *Dokumente zur Deutschlandpolitik, Deutsche Einheit,* S. 59
486 Eberhard Czichon/Heinz Marohn: *Das Geschenk. Die DDR im Perestroika-Ausverkauf,* Köln 1999, S. 302
487 Durchgeführt am 17.12.1989, vgl.: Hannes Bahrmann/Christoph Links: *Chronik der Wende,* Berlin 1999, S. 136
488 Grosser, S. 183 f.
489 Schroeder, S. 118
490 Mario Steinebach: »Wie DDR-Bürger den Wechsel zur DM erlebten« *(http://idw-online.de/pages/de/news1793)*
491 Die Währungs-, Wirtschafts- und Sozialunion zwischen der Bundesrepublik Deutschland und der DDR trat am 1. Juli 1990 aufgrund eines Staatsvertrages in Kraft, der am 18. Mai 1990 von den Finanzministern Theodor Waigel und Walter Romberg unterzeichnet wurde. Der komplette Vertragstext ist auf folgendem Link nachzulesen: *http://www.hdg.de/lemo/html/dokumente/DieDeutscheEinheit_vertrag WaehrungsWirtschaftsSozialunion/index.html*
492 *http://www1.bpb.de/wissen/07667223675721715062076783168456,2,0,W %E4hrungW%E4hrungsreformen.html#art2*
493 Zit. nach Meyer, S. 87
494 Uwe Andersen/Wichard Woyke (Hrsg.): *Handwörterbuch des politischen Systems der Bundesrepublik Deutschland,* Opladen 2003 *(http://www1.bpb.de/wissen/07667223675721715062076783168456,2,0,W%E4hrungW%E4hrungsreformen.html#art2)*
495 Ebd.
496 Günter Hannich: *Staatsbankrott – wann kommt die neue Währungsreform?,* Rottenburg 2006, S. 28
497 Ebd., S. 106 ff.
498 W. Meyer: *Währungsreform – das neue Geld ist da,* Augsburg 2005, S. 86
499 Ebd.
500 Bulletin des Presse- und Informationsamtes der Bundesregierung vom 05.10.1990; Karin Lau/Karlheinz Lau: *Einheit in Frieden und Freiheit. Dokumente der Wiedervereinigung Deutschlands,* Braunschweig 1991
501 *http://www.chronik-der-mauer.de/index.php/de/Chronical/Detail/month/Oktober/year/1990*

502 Bulletin des Presse- und Informationsamtes der Bundesregierung vom 05.10.1990; Karin Lau/Karlheinz Lau: *Einheit in Frieden und Freiheit. Dokumente der Wiedervereinigung Deutschlands*, Braunschweig 1991

503 Markus Pohlmann: »Die Industriekrise in Ostdeutschland. Zur Rolle ökonomischer Eliten und ihrer Unternehmenspolitiken«, in: *Deutschland Archiv*, 38 (3), Bonn 2005, S. 417

504 Hannich, *Staatsbankrott*, S. 105 ff.

505 250 Milliarden: Aussage des ehemaligen für den Aufbau Ost zuständigen Bundesministers Manfred Stolpe; die Zahl 1,2 Billionen stammt vom Zeithistoriker Klaus Schroeder, in Anlehnung an die Berechnung des IWH *(http://www.faz.net/s/RubFC06D389EE76479E9E76425072B196C3/Doc~E0C8A912F55FE4EE2973F82E8CCCD33E8~ATpl~Ecommon~Scontent.html)*.

506 Vgl.: *Die Welt* vom 31. März 2000

507 Vgl. dazu Hannich, *Staatsbankrott*, S. 113

508 Zit. nach Meyer, S. 92 f.

509 Interview von 2002, in: Jens Peter Paul: *Bilanz einer gescheiterten Kommunikation. Fallstudien zur deutschen Entstehungsgeschichte des Euro und ihrer demokratietheoretischen Qualität*, Dissertation; zitiert in: *Deutsche Wirtschafts Nachrichten* Nr. 1/Juni 2013, S. 14 f.

510 Ebd.

511 Im Vertrag war bis dahin der Name »Ecu« verwendet worden, die Abkürzung für »European Currency Unit« (europäische Währungseinheit), was bis dato eine Rechnungsgrundlage darstellte, um die einzelnen europäischen Währungen einstufen zu können.

512 Meyer, S. 89

513 Zit. nach Meyer, S. 92 f.

514 Zum ersten Mal sprach Waigel vom »Euro« bei einer Sitzung der europäischen Finanzminister im September 1995 in Valencia.

515 Günter Hannich: *Börsenkrach und Weltwirtschaftskrise*, Rottenburg 2006, S. 99

516 Hannich, *Staatsbankrott*, S. 111

517 *http://www.dw-world.de/dw/article/0,,3991018,00.html*

518 Zit. nach Meyer, S. 92

519 Blanchard/Illing, S. 40

520 Hannich schildert dieses Szenario ausführlich in: *Börsenkrach und Weltwirtschaftskrise*, S. 101

521 Hannich, *Staatsbankrott*, S. 113

522 Blanchard/Illing, S. 40

523 *Wirtschaftswoche*, Nr. 30 vom 23. Juli 2012

524 Ebd.

525 Ebd.

526 Quelle: *Livingston Research*

527 Richard Templar: *Die Regeln des Reichtums*, Kulmbach 2010, S. 156

528 Vgl. dazu das »Aufwertungsgesetz« von 1925; Umfang: 1035 Seiten

(http://www.bundesarchiv.de/aktenreichskanzlei/1919-1933/1021/ma3/ma31p/kap1_2/kap2_191/para3_2.html).

529 *http://www.gesetze-im-internet.de/bundesrecht/lag/gesamt.pdf*

530 Vgl.: »Immobilien sind keine Rettung beim Währungscrash«, in: *Welt Online* vom 20. Januar 2012

531 *http://www.fmsa.de/de/index.html*

532 Quellen zu diesem Kapitel: *Wirtschaftswoche* Nr. 28 vom 9. Juli 2012 und Nr. 17 vom 22. April 2013; *http://www.bundesfinanzministerium.de/Content/DE/FAQ/2012-10-19-einlagensicherung-anlegerentschaedigung.html*

533 *Handelsblatt* vom 2. Mai 2013

534 Vgl. zu diesem Unterkapitel: *http://www.finanzen.net/nachricht/devisen/Emerging-Markets-Trader-Euro-vor-Ende-So-wirkt-sich-eine-Waehrungsreform-auf-Ihr-Aktiendepot-aus-1871096*

535 Sir Isaac Newton (1643–1727), englischer Naturforscher und Verwaltungsbeamter. Aufgrund seiner Leistungen in der Physik und Mathematik gilt er als einer der bedeutendsten Wissenschaftler aller Zeiten (vgl.: Richard Westfall: *Isaac Newton, eine Biographie,* Heidelberg/Berlin 1996.

536 Laut Statistik der *US Geological Society*

537 Die Berechnung ist nur ein Beispiel, bei dem sich bestimmte Parameter nicht verändern dürfen, und soll lediglich dazu dienen, Ihre Affinität zum Thema zu stärken.

538 Durchschnittsverdiener 2012: 32 446 EUR p. a.; Beitrag durchschnittlich 19 Prozent; dies ergibt nach derzeitigem Stand 1752 Euro Rente, inflationsbereinigt (bei 2,8 Prozent Verzinsung, dem Durchschnitt der letzten 50 Jahre) werden daraus 1066 Euro monatlich, nach Besteuerung (Stand 2012) nur noch 958 Euro. Der Beitragssatz in der allgemeinen Rentenversicherung beträgt seit 1.1.2012 19,6 Prozent. Der Beitragssatz lag 1949 bei zehn Prozent, 1970 bei 17 Prozent, 1981 bei 18,5 Prozent, 1994 bei 19,2 Prozent, stieg bis auf 20,3 Prozent (Januar 1997 bis März 1999) an und liegt seit Anfang 2007 bei 19,9 Prozent. Die Beitragsbemessungsgrenze liegt in den alten Bundesländern bei 5600 Euro pro Monat bzw. 67 200 Euro pro Jahr, in den neuen Bundesländern bei 4800 Euro pro Monat bzw. 57 600 Euro pro Jahr. Die derzeitige Höchstrente beträgt 2200 Euro. Die Deutsche Rentenversicherung geht für 2012 von einem durchschnittlichen Einkommen von 32 446 Euro aus.

539 Quellen für dieses Unterkapitel: *http://www.finanzfrage.net/frage/taugt-gold-zur-altersvorsorge; http://www.manager-magazin.de/finanzen/artikel/0,2828,793038,00.html; http://www.trustablegold.de/1261/gold-zur-altersvorsorge/; http://www.finanztip.de/recht/bank/geldanlage-gold.htm; http://finanzmagazin.net/artikel/732.htm; http://www.glajj.com/finanzen/gold-als-altersvorsorge-3370.html; Handelsblatt* vom 23. April 2010; *oekotest.de* vom 27. Mai 2011; *sueddeutsche.de* vom 29. Mai 2011; Bareis/Nauhauser, S. 214; *Die Zeit* vom 10. Januar 2008; *Der Freie Berater*

3/2011, S. 51ff.; *http://de.statista.com/statistik/daten/studie/1045/umfrage/inflationsrate-in-deutschland-veraenderung-des-verbraucherpreisindexes-zum-vorjahresmonat/; http://www.preisentwicklung.eu/2012/01/goldpreis-laesst-sich-nicht-zweimal.html; http://www.n-heydorn.de/rentenbesteuerung.html; http://altersvorsorge-rente.t-online.de/rentenbezugsdauer-deutsche-beziehen-immer-laenger-rente/id_47448980/index; http://stooq.de/q/d/?s=gc.f*

540 Quellen zu diesem Unterkapitel: Rolf Beike/Johannes Schlütz: *Finanznachrichten,* Stuttgart 2010, S. 863 f.; Thorsten Schulte: *Silber, das bessere Gold,* Rottenburg 2010, S. 165 ff.; *http://www.silber-und-gold.com/gold-kaufen/gold-oder-silber-kaufen; http://gold.finanz-sektor.de/silberkurs-silberchart-usd-euro ; http://www.gold.de/historischer-silberpreis,1987.html*

541 Quellen für dieses Unterkapitel: *http://www.handelsblatt.com/finanzen/boerse-maerkte/anlagestrategie/nach-der-korrektur-droht-die-zweite-verkaufswelle/4493608.html?p4493608=all; Welt am Sonntag* vom 8. November 2009; *Handelsblatt* vom 10. August 2011; Carroll Quigley: *Katastrophe und Hoffnung,* Basel 2006, zit. in: Michael Mross: *Der Währungscrash kommt!,* Kulmbach 2011, S. 81; *Handelsblatt* vom 28. September 2011; Jürgen Müller: *Gewinnen mit Gold und Silber,* Rottenburg 2007, S. 45 ff., 185; *http://www.silber-und-gold.com/gold-kaufen/gold-oder-silber-kaufen; http://gold.finanz-sektor.de/silberkurs-silberchart-usd-euro;* empfehlenswerte Bücher zu dieser Thematik: Reinhard Deutsch: *Das Silberkomplott;* Jürgen Müller: *Generation Gold;* Jürgen Müller: *Gewinnen mit Gold und Silber;* Bruno Bandulet: *Das geheime Wissen der Goldanleger;* Ferdinand Lips: *Die Gold-Verschwörung*

542 Robert Klima: *Praktischer Wegweiser für die Weltwirtschaft,* Band 5, o. O., 2011, S. 58

543 *Wirtschaftswoche,* Nr. 21 vom 21. Mai 2012

544 Artikel 14 GG: »(2) Eigentum verpflichtet. Sein Gebrauch soll zugleich dem Wohle der Allgemeinheit dienen. (3) Eine Enteignung ist nur zum Wohle der Allgemeinheit zulässig. Sie darf nur durch Gesetz oder auf Grund eines Gesetzes erfolgen, das Art und Ausmaß der Entschädigung regelt. Die Entschädigung ist unter gerechter Abwägung der Interessen der Allgemeinheit und der Beteiligten zu bestimmen. Wegen der Höhe der Entschädigung steht im Streitfalle der Rechtsweg vor den ordentlichen Gerichten offen.« *(http://www.gesetze-im-internet.de/gg/art_14.html)*

545 *Wirtschaftswoche,* Nr. 11 vom 11. März 2013

546 *Handelsblatt* vom 4. Februar 2013

547 *http://www.nordkap.org/norwegen-will-konjunktur-beleben/*

548 *http://www.handelsblatt.com/finanzen/fonds/nachrichten/staatsfonds-norwegen-stoesst-irland-und-portugal-bonds-ab/6592066.html*

549 *http://www.nordkap.org/norwegen-will-konjunktur-beleben/*

550 Weitere Quellen zu diesem Unterkapitel: *Handelsblatt* vom 13. Februar 2012; *Wirtschaftswoche* Nr. 6 vom 6. Februar 2012; *Handelsblatt* vom

14. Februar 2012; *http://www.finanzkraft.de/finanzen/anlegen/wertpapiere/anleihen-franken.html;*

551 *http://www.deutsche-mittelstands-nachrichten.de/2012/01/36855; http://www.deutsche-mittelstands-nachrichten.de/2012/01/36845/; http://www.deutsche-mittelstands-nachrichten.de/2012/01/36661/ http://www.gevestor.de/details/deutsche-immobilienblase-wirklich-nur-ein-mythos-565408.html*

552 *Focus Money Spezial:* »Betongold – Jetzt zählt Sicherheit«, 09/2012, S. 5

553 *Wirtschaftswoche* Nr. 7 vom 9. Februar 2013

554 Aktienanalyse, Branchenbericht Immobilien März 2013

555 *Der Geldanlageberater,* Nr. 4 vom 23. Mai 2013

556 *Handelsblatt* vom 21. Dezember 2012 und 6. Februar 2013

557 *Handelsblatt* vom 10. August 2012

558 *Wirtschaftswoche,* Nr. 43 v. 22.10.2012

559 *Der Geldanlageberater,* Nr. 4 vom 23. Mai 2013

560 *Handelsblatt* vom 9. November 2012

561 *http://forum.finanzen.net/forum/Schweizer_Franken_wohin_gehts-t355062*

562 *Handelsblatt* vom 26. Oktober 2012

563 *Handelsblatt* vom 24. Juni 2013

564 *Handelsblatt* vom 27. März 2013

565 *Handelsblatt* vom 19. Februar 2013

566 Quellen hierfür: *Standard & Poor's, Measuring Worth, Wirtschaftswoche,* Nr. 38 vom 17. September 2012

567 *Handelsblatt* vom 9. November 2012

568 *FOCUS-MONEY,* 42/2012

569 *Wirtschaftswoche,* Nr. 2 vom 7. Januar 2013

570 *Handelsblatt* vom 28. Dezember 2012

571 *http://www.zitate-online.de/sprueche/historische-personen/975/eine-investition-in-wissen-bringt-noch-immer.html*

572 Etwa vom Zentrum für Europäische Wirtschaftsforschung (ZEW), Mannheim, oder der Goethe-Universität Frankfurt/M.

573 Sonstige Quellen zu diesem Unterkapitel: Mark Wahrenburg/Martin Weldi: *Return on Investment in Higher Education – Evidence for Different Subjects, Degrees and Gender in Germany,* 2007; *Martin Weldi: Financing Higher Education Cost through Human Capital Contracts – An Empirical Analysis by Subject and Degree for Germany,* 2006

574 *Deutsche Wirtschafts Nachrichten,* Nr. 1/Juni 2013, S. 20